U0519271

# 金融企业财务会计

*Jinrong Ziye Caiwu Kuaiji*

主 编 方萍 郭峨

Zhubian Fang Ping Guo E

[第二版]

西南财经大学出版社
SOUTHWESTERN UNIVERSITY OF FINANCE & ECONOMICS PRESS

# 再版说明

2005 年，我们组织编写了《金融企业财务会计》一书，得到了广大读者的热烈支持和认可，已经多次重印。但该教材主要是根据财政部 2001 年 11 月发布的《金融企业会计制度》编写的。财政部于 2006 年 2 月 15 日发布了一系列《企业会计准则》，其中包括修订后的《企业会计准则——基本准则》（"基本准则"）、22 项新发布的会计准则以及 16 项对原会计准则的修订（"38 项具体会计准则"）。以上新会计准则自 2007 年 1 月 1 日起在所有上市公司率先执行。执行该 39 项会计准则的企业不再执行现行企业会计准则、《企业会计制度》和《金融企业会计制度》。

新会计准则对金融企业影响深远：到 2009 年底，所有金融企业，无论上市与否，均执行新会计准则；金融工具系列准则的出台、金融资产和金融负债分类标准的变化、公允价值计量属性的引入、金融资产终止确认标准的确立、套期保值会计的建立、金融资产减值现值法的运用、保险合同的确认与计量等，无疑对原有的金融企业会计提出了新的挑战。为此，我们根据新准则的要求，结合对金融从业人员进行新会计准则系列培训的教学体会，以及我们多年从事金融企业会计教学与科研的经验，对 2005 年版《金融企业财务会计》教材进行了修订。

修订后的教材有如下变化：

（1）教材体例发生了变化，不再分篇，总共设计了十三章内容，更加突出了金融企业会计的特点，体现了新会计准则改革的最新成果。

（2）为了更加突出专业会计的属性，取消了原教材总论部分第二节、第三节有关金融企业会计基本前提和一般原则的内容，增补了"金融工具"和"金融企业会计的特点"两个内容。

（3）为了更加突出教学重点和符合教学计划的要求，修订后的教材取消了原教材的"现金出纳业务"、"信托业务"、"证券投资基金业务"和"金融企业投资和财产物资"的核算内容，增补了"金融资产转移及资产证券化业务的核算"和"衍生金融工具业务的核算"两章内容。

（4）修订后的第三章"银行贷款业务核算"，是按照《企业会计准则第 22 号——金融工具确认和计量》的要求编写的。其中，对贷款的后续计量、贷款利息的核算、抵债资产的核算、贴现业务的核算与原教材的第五章内容有较大差异。

（5）修订后的第七章"保险业务的核算"完全体现了《企业会计准则第 25 号——原保险合同》和《企业会计准则第 26 号——再保险合同》的最新要求，与原教材的第九章有很大的差异。

（6）修订后的第八章"证券业务的核算"完全按照《企业会计准则第 22 号——金融工具确认和计量》的要求修改，与原教材的第十章也有较大的差异。

（7）由于金融资产、金融负债分类的变化，由此引发的金融企业损益核算内容也有较大变化，这也体现在修订后教材的第十二章"金融企业损益的核算"中。

本教材具有如下特点：①及时地反映了我国金融会计改革的最新成果。②体现了金融企业特色业务的会计处理。③概念清晰，理论深入浅出，内容通俗易懂。④注重理论与实践紧密结合，举例形象、直观、实用。

本教材编写人员为西南财经大学会计学院方萍副教授、郭峨副教授、张雪岚副教授、王雪讲师和孙婷博士。具体分工如下：方萍撰写第一、七、八章以及第二～五章的部分内容并负责全书体例设计和最后的总纂工作；郭峨撰写第二、三、四、五章大部分内容并负责全书的第一次总纂工作；王雪撰写第六、十一章；张雪岚撰写第九、十二、十三章；孙婷撰写第十章。

由于我们水平有限，谬误之处在所难免，敬请广大读者批评指正。

编著者

2009 年 8 月于光华园

# 前　言

在经济全球化背景下,金融市场的竞争日趋激烈,对我国金融企业的生存和发展提出了新挑战。发展在于创新。然而,不管是创新管理、创新业务还是创新技术,都离不开有战略思维和创新意识的金融管理人才。培养和造就合格的金融管理人才,是时代赋予我们财经类高校教师的神圣使命。

金融会计是金融企业的一项基础性工作,它肩负着核算业务、监控过程、反映经营成果、预测业务发展前景和参与经营决策的重要职责,是金融企业实现稳健经营和持续发展的重要保证。

目前,我国存在着以中央银行为领导,商业银行为主导,证券公司、保险公司、信托公司等非银行金融机构和政策性银行并存的金融组织体系。在"分业经营,分业监管"的格局下,各个金融企业发挥着不同的功能,其经营业务的差异性使会计核算的内容与方法也各具特色。但是,随着我国金融体制改革的不断深入,金融企业混业经营已是大势所趋。

为使金融会计教材适应国际潮流,在一本书中,既体现出各类金融企业会计核算的共性,又反映出各自的差异,让读者能够较完整地把握金融企业会计的基本理论和基本方法,我们根据新的《金融企业会计制度》和有关金融法规,结合多年金融会计教学的实践,编写了本教材。

本教材的编写特点是:①较及时地反映了我国金融企业改革的最新动态。例如,书中加入了商业银行联行业务核算的改革、信托公司信息披露的规定等内容。②内容全面。本教材从金融企业财务会计基本理论入手,分别介绍了金融企业的基本业务和一般业务,在基本业务里分章论述了商业银行会计、证券业会计、保险业会计、信托业会计和基金业会计。③注重理论与实际并重。通过举例,能让读者加深对理论知识的理解。全书内容还体现了国际会计惯例。

本教材的编写人员有西南财经大学会计学院曾晓玲教授、方萍副教授、郭峨讲师、张雪南讲师、张东硕士以及上海审计局王友琴硕士。

本教材由曾晓玲、方萍担任主编,郭峨担任副主编。本教材共17章,编写分工如下:

曾晓玲撰写第一、二、八、九、十一、十二、十七章并负责全书体例设计和编写人员的分工,方萍撰写第七、十三章并负责全书的总纂,郭峨撰写第四、五、六章,张雪南撰写第三、十四章,张东撰写第十五、十六章,王友琴撰写第十章。

本教材是西南财经大学会计学院"财务与会计本科专业精品系列教材"之一,可作为大专院校、金融企业会计职业培训的教材,也可作为金融从业人员的参考书。

在本书的编写过程中,我们一直得到了西南财经大学会计学院博士生导师郭复初教授的关怀和指导,在此表示衷心的感谢。

由于我们水平有限,疏漏和错误之处在所难免,敬请广大读者批评指正。

编著者

2005 年 3 月

# 目　　录

# 第一章

## 绪　　论

### 第一节　金融企业简介

金融企业是指执行业务时需要取得金融监管部门授予的金融业务许可证的企业，包括执业需取得银行业务许可证的政策性银行、邮政储蓄银行、国有商业银行、股份制商业银行、信托投资公司、金融资产管理公司、金融租赁公司和财务公司等；执业需取得证券业务许可证的证券公司、期货公司和基金管理公司等；执业需取得保险业务许可证的各类保险公司等。

我国金融业在改革开放中不断发展壮大，已形成功能齐全、形式多样、分工协作、互为补充的多层次金融机构体系。具体见图1.1。

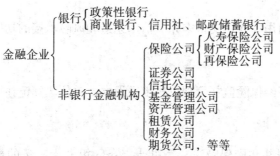

图 1.1　金融机构体系图

## 一、商业银行

商业银行是指依照《中华人民共和国商业银行法》和《中华人民共和国公司法》设立的吸收公众存款、发放贷款、办理结算等业务的企业法人。

其经营范围是：

根据《中华人民共和国商业银行法》第三条的规定，商业银行可以经营下列部分或者全部业务：

（1）吸收公众存款；

（2）发放短期、中期和长期贷款；

（3）办理国内外结算；

（4）办理票据承兑与贴现；

（5）发行金融债券；

（6）代理发行、代理兑付、承销政府债券；

（7）买卖政府债券、金融债券；

（8）从事同业拆借；

（9）买卖、代理买卖外汇；

（10）从事银行卡业务；

（11）提供信用证服务及担保；

（12）代理收付款项及代理保险业务；

（13）提供保管箱服务；

（14）经国务院银行业监督管理机构批准的其他业务。

其经营原则是：

商业银行以"安全性、流动性、盈利性"为经营原则且实行"自主经营，自担风险，自负盈亏、自我约束"。

其功能是：

商业银行具有信用中介、支付中介、信用创造和风险承接的功能。

## 二、保险公司

保险公司，是指经保险监督管理机构批准设立，并依法登记注册的经营保险业务的企业法人。

其经营范围是：

根据《中华人民共和国保险法》第九十二条、第九十三条的规定，保险公司的业务范围为：

（1）财产保险公司，包括财产损失保险、责任保险、信用保险等保险业务；

（2）人身保险业务，包括人寿保险、健康保险、意外伤害保险等保险业务。

同一保险人不得同时兼营财产保险业务和人身保险业务；但是，经营财产保险业务的保险公司经保监会核定，可以经营短期健康保险业务和意外伤害保险业务。

经保险监督管理委员会核定，保险公司可以经营前条规定的保险业务的再保险业务。

其功能是：

作为一个商业互助行业，保险公司应力求发挥出保险本身所具备的经济补偿、资金融通和社会管理的功能。

### 三、证券公司

证券公司，是指依照公司法规定和经国务院证券监督管理机构审查批准的从事证券经营业务的有限责任公司或者股份有限公司，是连接证券市场和投资人的桥梁和纽带。

其经营范围是：

根据《中华人民共和国证券法》第一百二十五条，经国务院证券监督管理机构批准，证券公司可以经营下列部分或者全部业务：

（1）证券经纪；

（2）证券投资咨询；

（3）与证券交易、证券投资活动有关的财务顾问；

（4）证券承销与保荐；

（5）证券自营；

（6）证券资产管理；

（7）其他证券业务（如融资融券业务等）。

证券市场的功能：资源配置、推动经济结构调整、信息收集、企业监控和筹资。

证券公司的作用：作为证券市场最为重要的参与者与中介机构，证券公司在促进我国证券市场发展、提高证券市场运行效率、为投资者提供服务等方面发挥着极为重要的作用。

### 四、其他

信托公司是指依照《中华人民共和国公司法》和《信托公司管理办法》设立的主要经营信托业务的金融机构。

信托，就是信任委托，是指委托人（法人或自然人）基于对受托人（信托公司或信托银行等）的信任，将其财产权委托给受托人，由受托人按委托人的意愿以自己的名义，为受益人（即享受信托利益的人，可以是委托人或指定的其他人）的利益或者特定目的，进行管理或者处分的行为，体现出"受人之托，代人理财"的实质。

信托业务是指信托公司以营业和收取报酬为目的，以受托人身份承诺信托和处理信托事务的经营行为。

基金管理公司是指依据法律、法规和基金契约对基金发起设立与经营管理的专业性金融机构。基金的发展经历了从封闭式基金到封闭式基金和开放式基金共存阶段。随着金融市场的成熟与金融自由化的深入，开放式基金将成为我国基金业发展的主流。

租赁公司是指从事租赁业务的金融企业。按照租赁业务的性质划分，租赁业务分为融资租赁和经营性租赁两种。

期货公司是指专门从事期货经纪的金融企业。

财务公司是指以加强企业集团资金集中管理和提高企业集团资金使用效率为目的，为企业集团成员单位提供财务管理服务的非银行金融机构。

货币经纪公司是指承担为金融机构媒介金融产品、提供交易信息、促进交易达成的金融中介服务的微观主体。

以上金融企业分别由银行监督管理委员会（监管商业银行、农村信用社、信托公司、资产管理公司、租赁公司和财务公司）、证券监督管理委员会（监管证券公司、基金管理公司和期货公司）和保险监督委员会（监管保险公司）监督和管理。

在国际上有巴塞尔银行监管委员会（BCBS）、国际证监会组织（IOSCO）和国际保险监督官协会（LAIS）三个重要的监管组织。

# 第二节　金融企业的会计要素

会计要素是根据交易或事项的经济特征所确定的财务会计对象的基本分类。基本准则规定，会计要素按照其性质分为资产、负债和所有者权益、收入、费用和利润。其中，资产、负债、所有者权益要素侧重于反映企业的财务状况，收入、费用和利润要素侧重于反映企业的经营成果。

### 一、银行会计的基本要素

银行资产：现金及存放中央银行款项、存放同业款项、贵金属、拆出资金、交易性金融资产、衍生金融资产、买入返售金融资产、应收利息、发放贷款及垫款、可供出售金融资产、持有至到期投资、长期股权投资、投资性房地产、固定资产、无形资产、递延所得税资产、其他资产等。

银行负债：向中央银行借款、同业及其他金融机构存放款项、拆入资金、交易性金融负债、衍生金融负债、卖出回购金融资产款、吸收存款、应付职工薪酬、应交税费、应付利息、预计负债、应付债券、递延所得税负债、其他负债等。

银行所有者权益：实收资本、盈余公积、资本公积、未分配利润和一般准备。

银行收入：利息收入、手续费及佣金收入、投资收益（＋）、汇兑收益（＋）、公允价值变动损益（＋）、其他业务收入等。

银行费用：利息支出、手续费及佣金支出、投资收益（－）、汇兑收益（－）、公允价值变动损益（－）、业务及管理费、营业税金及附加、资产减值损失、其他业务成本、所得税费用等。

其中：

买入返售金融资产是指金融企业按返售协议约定先买入再按固定价格返售的票据、证券、贷款等金融资产所融出的资金。

卖出回购金融资产款是指金融企业按回购协议卖出票据、证券、贷款等金融资产所融入的资金。

一般准备是指商业银行按照一定比例从净利润中提取的、用于弥补尚未识别的可能性损失的准备。

利息收入是指银行业发放各项贷款（银团贷款、贴现贷款、银行卡透支等）而取得的利息收入；与其他金融机构（中央银行、同业等）之间发生资金往来业务而取得的利息收入。

手续费及佣金收入是指银行在为他人办理结算业务、代理融通、代理发行国债、担保业务、咨询服务、代保管业务、委托贷款及办理其他各类金融服务业务的过程中获得的收入。

汇兑收益是指银行在从事外汇交易、外币兑换业务中，因不同期限、不同货币之间，以及国际之间的利率、汇率水平的差异而获得的收入。即已经收入的外币资金在使用时，或已经发生的外币债权、外币债务在偿还时，由于期末汇率与记账汇率的不同而发生的折合为记账本位币的差额。

其他业务收入是指银行除存款、贷款、投资、证券买卖、代理业务，以及金融企业往来等业务所取得的收入以外的其他营业收入。如无形资产使用权转让收入、金银买卖收入等。

公允价值变动损益是指企业交易性金融资产、交易性金融负债，以及采用公允价值模式计量的投资性房地产、衍生工具、套期保值业务等公允价值变动形成的应计入当期损益的利得或损失。

## 二、保险会计的基本要素

保险公司的资产：货币资金、拆出资金、交易性金融资产、买入返售金融资产、应收利息、应收保费、应收代位追偿款、应收分保账款、应收分保未到期责任准备金、应收分保未决赔款准备金、应收分保寿险责任准备金、应收分保长期健康险责任准备金、保户质押贷款、定期存款、可供出售金融资产、持有至到期投资、长期股权投资、存出资本保证金、投资性房地产、固定资产、无形资产、独立账户资产、递延所得税资产、其他资产等。

保险公司的负债：短期借款、拆入资金、交易性金融负债、卖出回购金融资产款、预收保费、应付手续费及佣金、应付分保账款、应付职工薪酬、应交税费、应付赔付款、应付保单红利、保户储金及投资款、未到期责任准备金、未决赔款准备金、寿险责任准备金、长期健康险责任准备金、长期借款、应付债券、独立账户负债、递延所得税负债、其他负债等。

保险公司的所有者权益：实收资本、盈余公积、资本公积、未分配利润和总准备金。

保险公司的收入：保费收入、分保费收入、摊回赔付支出、摊回分保费用、摊回保险责任准备金、投资收益（+）、汇兑收益（+）、公允价值变动损益（+）、其他业务收入等。

保险公司的费用：退保金、赔付支出、提取未到期责任准备金、提取保险责任准备金、分出保费、保单红利支出、分保费用、手续费及佣金支出、投资收益（-）、汇兑收益（-）、公允价值变动损益（-）、业务及管理费、营业税金及附加、资产减值损失、其他业务成本、所得税费用等。

其中：

应收代位追偿款是指企业按照原保险合同约定承担赔付保险金责任后确认的代位追偿款。

存出资本保证金是指保险公司按规定比例缴存的、用于清算时清偿债务的保证金。

保户储金及投资款是指收到投保人以储金本金增值作为保费收入的储金。

未决赔款准备金是指保险人为非寿险保险事故已发生尚未结案的赔案提取的准备金。未决赔款准备金包括已发生已报案未决赔款准备金、已发生未报案未决赔款准备金和理赔费用准备金。

未到期责任准备金是指保险人为尚未终止的非寿险保险责任提取的准备金。

寿险责任准备金是指保险人为尚未终止的人寿保险责任提取的准备金。

长期健康险责任准备金是指保险人为尚未终止的长期健康保险责任提取的准备金。

总准备金是指保险公司从净利润中按一定比例提取的并逐年积累，用以应付巨大赔款时弥补损失的资金。

摊回赔付支出是指再保险分出公司向分入公司（保险接受人）摊回的赔付成本。

赔付支出是指保险人支付的赔款、给付，以及在理赔过程中发生的律师费、诉讼费、损失检验费、相关理赔人员薪酬等理赔费用。具体又包括赔款支出、死伤医疗给付、满期给付、年金给付、分保赔付支出。

### 三、证券会计的基本要素

证券公司的资产：货币资金、结算备付金、拆出资金、交易性金融资产、买入返售金融资产、应收利息、存出保证金、可供出售金融资产、持有至到期投资、长期股权投资、投资性房地产、固定资产、无形资产、递延所得税资产、代理兑付证券、其他资产等。

证券公司的负债：短期借款、拆入资金、交易性金融负债、卖出回购金融资产款、代理买卖证券款、代理承销证券款、应付职工薪酬、应交税费、应付利息、预计负债、应付债券、递延所得税负债、其他负债等。

证券公司的所有者权益：实收资本、盈余公积、资本公积、未分配利润和一般风险准备金。

证券公司的收入：利息收入、手续费及佣金收入、投资收益（＋）、汇兑收益（＋）、公允价值变动损益（＋）、其他业务收入等。

证券公司的费用：利息支出、手续费及佣金支出、投资收益（－）、汇兑收益（－）、公允价值变动损益（－）、业务及管理费、营业税金及附加、资产减值损失、其他业务成本、所得税费用等。

其中：

结算备付金是指证券公司为证券交易的资金清算与交收而存入指定清算代理机构的款项。

存出保证金是指证券公司因办理业务需要存出或缴纳的各种保证金款项。

代理兑付证券是指证券公司接受客户委托代理兑付到期的证券。

代理买卖证券款是指证券公司接受客户委托，代理买卖股票、债券和基金等有价证券而收到的款项。

代理承销证券款是指证券公司接受委托采用余额承购包销方式或代销方式承销证券所形成的应付证券发行人的承销资金。

一般风险准备金是指证券公司从净利润中提取并逐年积累，用以弥补亏损的资金。

利润，是指金融企业在一定期间的经营成果，是衡量金融企业经营业绩的重要指标。利润应当包括营业利润、投资损益、利得和损失等。

# 第三节　金融工具

新会计准则（以下简称 CAS）38 项具体准则中有 4 项是针对金融工具的确认、计量、列示与披露问题而制定的，这些金融工具系列准则将对金融企业的会计确认、计量、记录和披露产生重大而深远的影响。其中：CAS22《金融工具确认和计量》、CAS23《金融资产转移》、CAS24《套期保值》与 IAS（《国际会计准则》）39《金融工具确认和计量》实质性的趋同，主要是规范了金融工具的确认和计量问题；CAS37《金融工具列报》是根据 IAS32《金融工具列示》、IFRS（《国际财务报告准则》）7《金融工具披露》制定的，CAS37 包括总则、金融工具列示和金融工具披露三方面内容。金融工具列示的核心是权益与负债的划分；金融工具披露的重点是流动风险、信用风险和市场风险这三大风险的披露。

## 一、金融工具的概念

金融工具是指形成一个企业的金融资产，并形成其他单位的金融负债或权益工具的合同。其中：

金融资产是指企业的现金、持有的其他单位的权益工具、从其他单位收取现金或其他金融资产的合同权利以及在潜在有利条件下，与其他单位交换金融资产或金融负债的合同权利等。

金融负债是指企业从其他单位交付现金或其他金融资产的合同义务；在潜在不利条件下，与其他单位交换金融资产或金融负债和合同权利等。

权益工具是指能证明拥有某个企业在扣除所有负债后的资产中的剩余权益的合同。通常情况下，不可回售的普通股、某些类型的优先股、认股权证或签出的买入期权，允许其持有人以固定金额的现金或其他金融资产认购或购买固定数量的不可回售的发行人的普通股，属于权益工具。

其他属于非金融工具的资产、负债和所有者权益包括：固定资产、无形资产、抵债资产、应付工资、应付税金、资本公积、盈余公积和未分配利润等。

## 二、金融工具的分类

（一）金融工具之间的关系

金融工具之间的关系如图 1.2 所示。

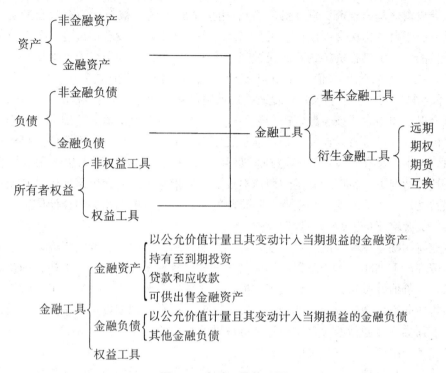

**图1.2 金融工具关系图**

（二）金融工具的分类

金融工具有不同的分类标准，按照衍生类别可分为基础金融工具和衍生金融工具。

1. 基础金融工具

基础金融工具包括：现金、银行存款、存放同业、贷款、票据贴现、普通股以及代表在未来期间收取或支付金融资产的合同权利或合同义务等。

基础金融工具的特点：其一，当时交割；其二，有实际资金的流进与流出。

2. 衍生金融工具

衍生金融工具包括：远期、期货、互换、期权或者其组合。衍生金融工具的特点：其一，合同价值随利率、汇率等变动而变动；其二，取得该合同不要求初始投资，或投资相对较少；其三，在未来某一日期结算。

（三）金融资产和金融负债的分类

其分类标准是持有意图的不同。

1. 金融资产

第一类金融资产：以公允价值计量且其变动计入当期损益的金融资产。

（1）交易性金融资产：为了近期出售或回购（如企业作为短期投资核算的股票投

资、债券投资、基金投资、权证投资等）；衍生金融工具（被指定为有效套期工具的衍生工具、属于财务担保合同的衍生工具以及与在活跃市场中没有报价且其公允价值不能可靠计量的权益工具投资挂钩并需通过交付该权益工具结算的衍生工具除外）。

（2）指定为以公允价值计量且其变动计入当期损益的金融资产。它是为了解决"会计不匹配"问题；企业风险管理或投资策略的正式书面文件已载明，该金融资产组合、该金融负债组合或该金融资产和金融负债组合，以公允价值为基础进行管理、评价并向关键管理人员报告。比如，企业准备运用衍生工具对某持有至到期债券投资进行套期保值，但由于套期有效性未能达到套期保值准则规定的条件而无法运用套期会计方法。在这种情况下，将该持有至到期债券投资直接指定为以公允价值计量且其变动计入当期损益类，可以更好地反映企业风险管理的实际，提供更加相关的会计信息。

第二类金融资产：持有至到期投资。

企业有明确意图并有能力持有至到期，到期日固定、回收金额固定或可确定的非衍生金融资产。下列非衍生金融资产不应当被划分为持有至到期投资：①初始确认时被指定为以公允价值计量且其变动计入当期损益的非衍生金融资产；②初始确认时被指定为可供出售的非衍生金融资产；③贷款和应收款项。持有至到期投资可包括从二级市场购买的政府债券、金融债券、公司债券和拆放同业款项等。

第三类金融资产：贷款和应收款项。

贷款和应收款项，具有一般的债权特征。它是指在活跃的市场中无报价、回收金额固定或可确认的非衍生金融资产。企业不应当将下列非衍生金融资产划分为贷款和应收款项：①准备立即出售或在近期出售的非衍生金融资产；②初始确认时被指定为以公允价值计量且其变动计入当期损益的非衍生金融资产；③初始确认时被指定为可供出售的非衍生金融资产；④因债务人信用恶化以外的原因，使持有方可能难以收回几乎所有初始投资的非衍生金融资产。如贷款、商业银行持有的无活跃市场的债券（票据）投资、存放款项、工商企业的应收款项等。

第四类金融资产：可供出售金融资产。

可供出售金融资产，是指初始确认时即被指定为可供出售的非衍生金融资产，以及除下列各类资产以外的金融资产：①贷款和应收款项；②持有至到期投资；③以公允价值计量且其变动计入当期损益的金融资产。

通常情况下，可供出售金融资产的公允价值能够可靠地计量。如企业购买的产业投资基金等。

2. 金融负债

第一类金融负债：以公允价值计量且其变动计入当期损益的金融负债。

（1）交易性金融负债：为了近期出售或回购（如发行的可转让存单等）；衍生金融

工具（除套期保值外）。

（2）指定为以公允价值计量且其变动计入当期损益的金融负债。如结构性存款等。

第二类金融负债：其他金融负债。

其他金融负债，是指没有被划分为以公允价值计量且其变动计入当期损益的金融负债。通常情况下，企业购买商品形成的应付账款、应付票据，向商业银行申请的长短期借款，商业银行吸收的存款等，均应归类为其他金融负债。

需要注意的是，企业在将金融资产和金融负债进行初始分类后，通常不能对其分类再进行调整。具体来说，分为以下三种情况：

（1）企业在初始确认时将某金融资产或某金融负债划分为以公允价值计量且其变动计入当期损益的金融资产或金融负债后，不能重新分类为其他类金融资产或金融负债。其他类金融资产或金融负债也不能重新分类为以公允价值计量且其变动计入当期损益的金融资产或金融负债。

企业在初始确认时将某金融资产划分为贷款和应收款项后，不能重新分类为其他类金融资产，其他类金融资产也不能重新分类为贷款和应收款项。

（2）企业因持有意图或能力发生改变，使某项金融资产不再适合划分为持有至到期投资的，应当将其重新分类为可供出售金融资产。企业将持有至到期投资部分出售或重新分类的金额较大，且出售或重新分类不属于企业无法控制、预期不会重复发生且难以合理预计的独立事件所引起的，也应当将该类投资的剩余部分重新分类为可供出售金融资产。

（3）企业因持有意图或能力发生改变，使某项金融资产不再适合划分为持有到期投资的，应当将其重新分类为可供出售金融资产；企业将持有至到期投资部分出售或重新分类的金额较大，且出售或重新分类不属于企业无法控制、预期不会重复发生且难以合理预计的独立事件所引起的，也应当将该类投资的剩余部分重新分类为可供出售金融资产。且"'两个完整会计年度'内不能将任何金融资产划分为持有至到期投资"。

# 第四节　金融企业会计的特点

商业银行、保险公司、证券公司是金融企业的三大主体，其会计各具特色。

## 一、银行会计的特点

（1）会计要素的特殊性。其表现是：货币性资产多，实物性资产少，无存货；贷款是主体；主动性负债少，被动性负债多，吸收存款是主体；所有者权益有一般准备项目；收入（费用）以资金价格收入（支出）、提供金融服务收入（支出）为主。此外，汇兑损益突出。

（2）从会计性质上看，银行会计既是微观会计，又是宏观会计。

（3）整个会计处理工作政策性较强，而且特别重视防范操作风险。

（4）会计方法有其特殊性。银行会计核算方法分为基本核算方法和各项业务的核算手续两大部分。基本核算方法是各项业务的核算手续的概括；各项业务的核算手续是基本核算方法在各项业务核算中的具体运用。而银行会计基本核算方法主要包括：设置会计科目、确定记账方法、审查和填制会计凭证、登记账簿、账务组织和编制会计报表。其中，会计科目数量较多，且有表内和表外会计科目之分。资产负债表内业务运用的是借贷复式记账方法，资产负债表外业务运用的是单式记账方法。会计凭证可以采用单式会计凭证，外来特定凭证多，而且可以以合格的原始凭证登入账簿。登记账簿的特殊性表现在分户账有甲、乙、丙、丁四种类型，且要求逐笔登记，逐笔结出余额；总账要求至少每日登记，每日结余。账务组织是明细核算系统和综合核算系统同时进行双线核算，非常强调账务核对。会计报表的对内报表种类较多。

### 二、保险会计的特点

（1）会计要素的特殊性。其表现是：资产中没有"存货"项目，投资资产比重大，有保户质押贷款；负债占总资产的比例较高，且主要由保单负债（各种准备金）构成，其负债具有不确定性，需要估算得出；所有者权益有总准备金项目，且强调所有者权益在保证保险公司偿付能力中的重要性；收入的主要来源是保费收入和投资收益，而且保险收入先于保险成本发生；费用主要包括保单取得成本、赔付成本、提取的各种准备金和营业费用，且保险成本具有估算性；保险企业的利润由承保利润与投资利润组成，保险企业的利润具有估算性。

（2）会计行为规范具有二重性。保险业务核算要同时遵循公认会计原则和保险业法定会计原则。其中：遵循公认会计原则是保证对外披露信息的公允、真实和可比，其反映了保险公司的期间会计利润和资产负债表编报日的财务状况，以满足信息使用者决策的需要。遵循保险业法定会计原则（又称监管会计原则），主要是服务于保险监管要求，满足为保证保单持有人利益而监控保险公司偿付能力的需要。

（3）各种责任准备金是保险公司的特有负债。保险合同成立并生效后，保险公司即负有合同约定的保险责任，具有在被保险人发生保险事故或在规定年龄的情况下，向保险受益人提供赔偿或给付的义务，在向保险受益人支付赔偿或给付之前，这项内容实质上构成了保险公司的一项负债。由于保费通常在被保险人发生保险事故之前收取，而赔偿或给付则在发生保险事故之后，为了保证未来赔偿或给付有充足的资金来源，保险公司需要确认这项负债，同时将计提数额计入当期损益。其中，原保险合同准备金包括未到期责任准备金、未决赔款准备金、寿险责任准备金和长期健康险责任准备金。

（4）保险资产与保险负债的会计计量基础不同，且会计计量还需要运用保险精算技术。目前，在我国保险企业中，保险资产的计量主要采用历史成本等；而以各种责任准备金为主的保险负债，其计量主要采用未来现金贴现值计价基础。而且，在负债的估计中需运用精算技术。保险精算的结果直接影响资产负债表披露的负债金额和损益表中列示的准备金的提取金额，对保险企业的财务状况和经营成果有决定性影响。在完整的会计信息披露体系中，保险精算方面的信息以及独立精算师的报告是不可缺少的内容。

（5）年度决算的重点是估算负债。保险公司的会计年度与保险年度在多数情况下处于分离的状态，这种分离决定了保险公司会计年度核算的以当年收入扣除当年赔款的余额并非保险公司的利润，而是还包含了保险公司应有的责任准备基金。

CAS25《原保险合同》第十一条规定：保险人应当在资产负债表日，按照保险精算重新计算确定的未到期责任准备金金额与已提取的未到期责任准备金余额的差额，调整未到期责任准备金余额。第十四条规定：保险人至少应于每年年终，对未决赔款准备金、寿险责任准备金、长期健康险责任准备金进行充足性测试。

保险人按照保险精算重新计算确定的未决赔款准备金、寿险责任准备金、长期健康险责任准备金金额超过充足性测试日已提取的相关准备金余额的差额，应当按照其差额补提相关准备金。准备金余额若小于充足性测试日已提取的相关准备金余额的，不调整相关准备金。

### 三、证券会计的特点

（1）会计要素的特殊性。其表现是：资产主要是有价证券，价值变化频繁；负债有融券业务产生的交易性金融负债以及代理业务形成的临时性负债等；所有者权益有"一般风险准备金"项目；收入（费用）以手续费及佣金收入（支出）为主；收入（费用）受系统性风险影响较大，公允价值变动损益突出；利润受系统性风险影响，出现损失的几率较大。

（2）证券会计业务针对性较强。一笔证券业务涉及证券公司、证券交易所、证券登记结算机构的核算，各主体的经营范围不同，具体设置和运用的会计科目既有联系，也有区别。例如，结算备付金，对证券公司而言是资产，但对证券登记结算机构而言却形成了其负债。各单位具体业务处理也有所差异，如对风险准备金的计提：证券公司从每年的税后利润中提取一般风险准备金，用于弥补证券交易的损失。证券交易所应当从其收取的交易费用和会员费、席位费中提取一定比例的金额设立风险基金。证券登记结算机构应当从业务收入和收益中提取或由证券公司缴纳证券结算互保金以用于因违约交收、技术故障、操作失误、不可抗力造成的证券登记结算机构损失的弥补。因此，证券业务的会计核算对证券公司、证券交易所和证券登记结算机构的针对性较强。本章站在证券公司会计主体立场上讲授证券业会计核算。

（3）实施客户保证金第三方存管制度，而且结算有其独特性。"第三方存管"是指证券公司将客户证券交易结算资金交由银行存管，客户证券交易结算资金的存取、管理由存管银行负责。在实施第三方存管制度以前，投资者必须将交易结算资金存入证券公司，然后以证券公司的名义存入商业银行，这就为证券公司挪用资金打开了方便之门。实施第三方存管制度后，投资者证券账户在证券公司开立和管理，日常交易活动仍在所开户的证券公司营业部进行。但是客户交易结算资金账户需以投资者自己的名义在存管银行开立，由存管银行进行管理、核算，投资者资金转账和存取全部通过存管银行办理。

这里所指结算是指清算和交收。清算，是指按照确定的规则计算证券和资金的应收应付数额的行为。交收，是指根据确定的清算结果，通过转移证券和资金而履行相关债权债务的行为。

整个证券的登记结算业务采取全国集中统一的运营方式，由证券登记结算机构依法集中统一办理。而且，证券和资金结算实行分级结算原则。证券登记结算机构负责办理证券登记结算机构与结算参与人之间的集中清算交收；结算参与人负责办理结算参与人与客户之间的清算交收。

证券公司在证券登记结算机构开立的结算备付金账户、在存管银行开立的客户交易结算资金存管专户以及投资者以自己名义又在商业银行开立的交易结算资金账户均由存管银行进行管理，存管银行后台稽核系统在三者之间建立了严密的勾稽关系，证券公司与证券登记结算机构、证券公司与投资者之间的资金交收也都由存管银行代为完成。

# 第二章

## 银行存款业务的核算

## 第一节　存款业务核算概述

### 一、存款的意义和种类

（一）存款的意义

存款系指经国务院银行业监督管理机构批准的金融机构，以信用方式吸收的单位和居民个人的暂时闲置待用的货币资金。

存款是商业银行负债的重要组成部分，是商业银行主要的信贷资金来源，是发放和扩大贷款规模的前提条件。商业银行通过吸收存款取得充足的信贷资金，并投入社会再生产过程，一方面能够满足国民经济各部门的资金需要，在市场经济中发挥应有的金融杠杆作用；另一方面可获得存放款的利息差额带来的收入，形成银行利润，保证商业银行持续、稳定经营和不断发展壮大。

存款业务系指经国务院银行业监督管理机构批准的金融机构，以信用方式吸收社会闲散资金的活动。

（二）存款的种类

商业银行为了更好地组织和管理存款，依据存款的对象、存款期限与支取方式、存款的缴存范围和存款的币种对存款进行了不同类别的划分。

1. 按存款的对象分类

按存款的对象不同可分为单位存款和居民个人储蓄存款。单位存款属于公款，是社会有关部门、单位闲置待用的资金，具体包括各类企业、事业、机关、学校、部队和社会团体等单位的暂时闲置资金形成的存款。储蓄存款属于私款，是城乡居民个人生活节余或持有的资金形成的存款，存款人以自然人名义存入银行。

2. 按存款期限与支取方式分类

按存款期限与支取方式不同可分为活期存款、定期存款、定活两便存款、通知存款。

活期存款是存入时不约定存期，可以随时存取，按结息期计算利息的存款，主要包括单位活期存款和活期储蓄存款。定期存款是在存入时约定存期，到期才能支取本息的存款，包括单位定期存款和定期储蓄存款，如整存整取、零存整取、整存零取、存本取息等。定活两便存款是存入时不约定存期，存款人可以随时支取，支取时按相同档次定期存款利率打一定折扣计算存款利息的一种存款。通知存款是存款人在存入款项时不约定存期，支取时需提前通知金融机构，约定支取日期和金额后方能支取的存款。

3. 按存款的缴存范围分类

存款按缴存范围划分，可分为一般性存款和财政性存款。

一般性存款是指银行吸收的各企事业单位、机关团体、部队和居民个人存入的，并可由其自行支配的资金形成的存款。财政性存款是指商业银行经办的各级财政拨入的预算资金、应交上级财政的各项资金以及财政安排的专项资金形成的存款。

4. 按存款的币种分类

存款按币种划分，可分为人民币存款和外币存款。

人民币存款是指单位或个人以人民币存入形成的存款。外币存款是指单位或个人以外币存入形成的存款。目前，我国商业银行开设了港币、美元、欧元、日元、英镑、澳大利亚元等外币存款业务。

此外，目前商业银行还开办了单位协定存款、集团账户存款、保险公司协议存款等。

## 二、存款账户的开立

存款账户是各经济单位和个人通过商业银行办理信贷、结算和现金收付业务所必需的工具。银行对每一个与其发生资金往来的存款单位和个人都必须按规定开立相应的存款账户。

存款账户包括人民币银行结算账户、外币存款账户、个人储蓄账户和单位定期存款账户。其中，人民币银行结算账户的开立和使用应遵守中国人民银行制定的《人民币银行结算账户管理办法》；外币存款账户的开立和使用应遵守国家外汇管理局制定的《境内外汇账户管理规定》；个人储蓄账户的开立和使用应遵守《储蓄管理条例》；单位定期存款账户的开立和使用应遵守《人民币单位存款管理办法》。

为规范人民币结算账户的开立和使用，维护经济金融秩序，中国人民银行制定和颁布了《人民币银行结算账户管理办法》。该办法对银行结算账户的开立、使用、变更与撤销及管理方面作了详细规定。以下着重说明人民币银行结算账户的开户和使用。

（一）人民币银行结算账户的概念

人民币银行结算账户是指银行为存款人开立的用于办理现金存取、转账结算等资金收付活动的人民币活期存款账户。它是存款人办理存、贷款和资金收付活动的基础。按照存款人的不同，可分为单位银行结算账户和个人银行结算账户。

单位银行结算账户，是指存款人以单位名称开立的银行结算账户。个体工商户凭营业执照以字号或经营者姓名开立的银行结算账户纳入单位银行结算账户管理。

个人银行结算账户是指存款人凭个人身份证件，以自然人名称开立的银行结算账户。个人因使用借记卡、贷记卡而在银行或邮政储蓄机构开立的银行结算账户，纳入个人银行结算账户管理。

（二）人民币银行结算账户的种类

人民币银行结算账户包括单位银行结算账户和个人银行结算账户。

1. 单位银行结算账户

单位银行结算账户按用途分为基本存款账户、一般存款账户、专用存款账户和临时存款账户。

基本存款账户，是指存款人在银行开立的，用于办理日常经营活动的资金收付及其工资、奖金和现金支取的账户。基本存款账户是存款人在银行开设的主办账户。存款人只能在一家银行开设一个基本存款账户。

一般存款账户，是指存款人在基本存款账户开户银行以外的银行营业机构开立的银行结算账户，其主要用于办理存款人借款转存、借款归还和其他结算的资金收付。该账户可以办理现金缴存，但不得办理现金支取。

专用存款账户，是指存款人按照法律、行政法规和规章，对其特定用途资金进行专项管理和使用而开立的银行结算账户。如财政预算外资金、粮棉油收购资金、基本建设资金、更新改造资金、社会保障资金等，可申请开立专用存款账户，其只能专款专用。

临时存款账户，是指存款人因设立临时机构、异地临时经营活动或注册验资的需要在规定期限内使用而开立的银行结算账户。它与基本存款账户的主要区别在于时间。临时存款账户的有效期，最长不得超过两年。

2. 个人银行结算账户

个人银行结算账户是指自然人因投资、消费、结算等而开立的可办理支付结算业务的银行结算账户。通常下列情况可以申请开立个人银行结算账户：①使用支票、信用卡等信用支付工具的；②办理汇兑、定期借记、定期贷记、借记卡等结算业务的。自然人可以根据需要申请开立个人银行结算账户，也可以在已开立的储蓄账户中选择并向开户银行申请确认为个人银行结算账户。

单位银行结算账户的存款人通常是指企业法人，非法人企业，机关、事业单位，团级（含团级）以上军队、武警部队及分散执勤的支（分）队，社会团体，民办非企业组织，异地常设机构，外国驻华机构，个体工商户，居民委员会、村民委员会及社区委员会，单位设立的独立核算的附属机构及其他组织。个人银行结算账户的存款人通常是指自然人。

（三）人民币银行结算账户的开立

1. 单位银行结算账户的开立

存款人开立基本存款账户、临时存款账户和预算单位开立专用存款账户实行核准制，经中国人民银行核准后，由开户银行核发开户登记证。但存款人因注册验资需要开立的临时存款账户除外。存款人申请开立银行结算账户时，向银行提交开户申请书，并提供规定的证明文件。

申请人开立基本存款账户时，应向银行出具下列证明文件：

（1）企业法人，应出具企业法人营业执照正本。

（2）非企业法人，应出具企业营业执照正本。

（3）机关和实行预算管理的事业单位，应出具政府人事部门或编制委员会批文或登记证书和财政部门同意其开户的证明；非预算管理的事业单位，应出具政府人事部门或编制委员会批文或登记证书。

（4）军队、武警团级（含）以上单位以及分散执勤的支（分）队，应出具军队军级以上单位财务部门、武警总队财务部门的开户证明。

（5）社会团体，应出具社会团体登记证书，宗教组织还应出具宗教事务管理部门的批文或证明。

（6）民办非企业组织，应出具民办非企业登记证书。

（7）外地常设机构，应出具其驻地政府主管部门的批文。

（8）外国驻华机构，应出具国家有关主管部门的批文或证明，外资企业驻华代表处、办事处应出具国家登记机关颁发的登记证。

（9）个体工商户，应出具个体工商户营业执照正本。

（10）居民委员会、村民委员会、社区委员会，应出具其主管部门的批文或证明。

（11）独立核算的附属机构，应出具其主管部门的基本存款账户开户登记证和批文。

（12）其他组织，应出具政府主管部门的批文或证明。

对存款人为从事生产、经营活动纳税人的，还应出具税务部门颁发的税务登记证。

申请开立一般存款账户时，应向开户银行出具其开立基本存款账户规定的证明文件、基本存款账户开户登记证和下列证明文件：

（1）存款人因向银行借款需要，应出具借款合同。

（2）存款人因其他结算需要，应出具有关证明。

申请开立临时存款账户时，存款人应向银行出具下列证明文件：

（1）临时机构，应出具其驻在地主管部门同意设立临时机构的批文。

（2）异地建筑施工及安装单位，应出具其营业执照正本或其隶属单位的营业执照正本，以及施工及安装地建设主管部门核发的许可证或建筑施工及安装合同以及基本存款账户开户登记证。

（3）异地从事临时经营活动的单位，应出具其营业执照正本以及临时经营地工商行政管理部门的批文。

（4）注册验资资金，应出具工商行政管理部门核发的企业名称预先核准通知书或有关部门的批文以及基本存款账户开户登记证。

申请开立专用存款账户时，存款人应向银行出具其开立基本存款账户规定的证明文件、基本存款账户开户登记证和相关证明文件。

银行在收到存款人提交的开户申请书、印鉴卡片及有关证明文件后，应对开户申请书填写的事项和证明文件的真实性、完整性、合规性进行认真审查。开户申请书填写的事项齐全，符合开立基本存款账户、临时存款账户、预算单位专用存款账户条件的，银行应将存款人的开户申请书、相关证明文件和银行审核意见等开户资料报送中国人民银行各当地分支行，经其核准后办理开户手续。符合开立一般存款账户和其他专用存款账户条件的，银行应办理开户手续，并于开户之日起5个工作日内向中国人民银行各当地分支行备案。

存款人开立单位银行结算账户，自正式开立之日起3个工作日后，方可办理付款业务，但注册验资的临时存款账户转为基本存款账户和因借款转存而开立的一般存款账户除外。

2. 个人银行结算账户的开立

申请开立个人银行结算账户，应向银行出示存款人的身份证明文件，包括居民身份证或临时身份证、军人身份证件、武警身份证件、港澳居民往来内地通行证、台湾居民来往大陆通行证或者其他有效旅行证件，外国公民应出示护照以及法律、法规和国家有关文件规定的其他有效证件。

银行为个人开立银行结算账户时，根据需要，还可以要求申请人出示户口簿、驾驶执照、护照等有效证件。

符合个人银行结算账户条件的，银行应办理开户手续，并于开户之日起5个工作日内向中国人民银行各当地分行备案。

3. 存款人应遵守的开户要求

（1）一个单位只能选择一家银行的一个营业机构开立一个基本存款账户，不允许在多家银行开立基本存款账户。

（2）存款人的账户只能办理存款人本身业务活动范围内的资金收付，不允许出借、出租或转让给其他单位和个人使用。

（3）存款人必须在存款账户的余额内签发各种支款凭证，不准开空头或远期支票，套取银行信用，严禁利用银行账户从事非法活动。

（4）存款人因被撤并、解散、宣告破产或关闭，或者注销、被吊销营业执照等原因，需要撤销银行账户时，必须与开户银行核对银行账户存款余额，交回各种重要空白票据及结算凭证和开户登记证，经银行核对无误后，方可办理销户手续。

### 三、存款账户的管理

人民币银行结算账户是社会资金流动的起点和终点，是银行业金融机构为社会公众提供支付服务的基础。加强银行结算账户管理，对于从源头上加强现金管理，规范经济行为，维护金融安全和稳定，防范利用多头或虚假开户逃税、逃债和逃贷，遏制洗钱、腐败、金融诈骗等违法犯罪行为有着十分重要的意义。

强化账户管理、保障资金安全需要从源头、事中、事后建立相应的控制措施。源头控制主要在于开户，事中控制主要在于支付，而事后控制主要在于对账。

（一）开户控制

开户控制的关键在于保证开户资料的真实性、完整性和合规性。

2005年6月底，中国人民银行如期完成账户管理系统在全国的推广应用。人民币账户管理系统对存款人证明文件的完整性、合规性以及基本存款账户的唯一性进行了严密的控制，可防止存款人伪造或变造开户证明文件，违规开立银行结算账户的事件。

账户管理系统的建设和运行，有效地控制了开户银行违规为存款人开户的行为，强化了开户银行验证开户证明文件真实性的手段，促进了银行账户实名制的落实，将我国银行结算账户管理水平提高到了一个新的水平。

（二）支付控制

支付业务应严格操作程序，并通过增加控制手段的科技含量来提高控制水平。如支付密码、电脑验印、指纹验证等，从技术上提高了银行防范虚假支付指令的能力。同时，对于大额资金出账，必须要落实双人复核和授权管理制度，以杜绝业务操作"一手清"现象。

（三）对账控制

在支付业务办理完毕后，还需要通过适时对账来核实账户资金余额的真实性、准确性。银企对账是银行和企业对各自账户处理结果的交叉核对。要坚持对账岗与原记账岗相分离；在对账频率上，应做到随时可对、定期必对；在对账方式上，应结合客户特点，采取灵活多样的对账单派送和回收方式；在考核、监督机制上，应将对账工作纳入员工考核体系，上级业务主管部门和内审部门应进行定期或不定期的检查，以确保各项控制措施落实。

### 四、存款业务核算的要求

（一）正确使用存款账户

商业银行在办理存款业务时，要正确使用有关会计科目，正确设置账户。开立单位账户时，要按单位资金性质和账户管理要求办理；开立居民账户时，也应按有关规定程序办理，以便正确反映每一储户的存款情况。

（二）维护存款人的合法权益

企业单位及个人将资金存入银行，仅仅是暂时让渡资金的使用权，因此，存款人对其在银行的存款享有自主的支配权并受国家法律保护。商业银行在办理存款业务时，必须坚持"谁的钱进谁的账，由谁支配"的原则。对居民储蓄存款还要坚持"存款自愿、取款自由、存款有息、为储户保密"的具体原则，切实维护存款人的合法权益。除国家法律和有关制度规定外，在未经存款人同意之前，银行不得接受任何单位或个人的要求代为扣款，也不得停止存款的正常支付。

（三）银行不予垫付款项

存款账户是存款人办理存取款项的工具，拥有一定的存款才能委托银行办理款项的收付。因此，各存款人必须在银行存款账户上保持一定的余额，支用存款时，不得超过存款余额发生透支。商业银行不得为任何单位或个人垫付款项。

（四）办理业务准确即时

存款业务是商业银行的主要业务之一，具有涉及面广、政策性强、工作量大、存取频繁的特点。因此，要求银行在办理业务时，按照规定的操作程序，认真填审凭证，正确设置和运用账户，即时登记账簿，编制会计报表，努力提高工作质量和工作效率，以如实反映各项存款的增减变化情况，发挥存款负债应有的作用。

# 第二节 对公存款业务的核算

对公存款，即单位存款，是指各企事业单位、机关团体、部队、社会团体和个体工商户等单位存入银行的款项。各单位应按照《现金管理条例》的规定，把暂时闲置的资金存入商业银行。

各单位存入银行的款项根据存款期限长短不同划分为活期存款和定期存款。此外，银行还开办了单位通知存款和单位协定存款。

## 一、单位活期存款

单位活期存款是一种随时可以存取，按结息期计算利息的单位存款。这是我国单位存款的主要方式。

单位活期存款按业务处理与核算手续不同分为支票户与存折户两种；按存取款方式不同又分为现金存取和转账存取两种。其中现金业务的办理应遵守中国人民银行《现金管理条例》，实行大额现金收支报备、大额支出审批制度。对现金收款业务，先收款后记账；对现金付款业务，先记账后付款。转账业务应按《支付结算办法》的要求认真审查办理。

（一）支票户存取现金的核算

支票户是指存款人在银行开立的凭支票、进账单等结算凭证办理款项存取的账户，适用于财务制度比较健全、存款金额大、存取款业务频繁的单位使用。

1. 存入现金

存入现金时，存款单位向开户行出纳部门缴存现金及一式两联现金缴款单，经审核点收现金无误，登记现金收入日记簿，复核签章后，第一联回单加盖"现金收讫"章退存款单位；第二联交会计部门代现金收入传票，据以登记分户账，做出如下会计分录：

借：库存现金
　贷：吸收存款——活期存款××户（本金）

例 2.1　红旗连锁超市向其开户银行缴存现金 120 000 元。该银行审核无误后，以客户提交的现金缴款单代现金收入凭证，做出如下会计分录：

借：库存现金　　　　　　　　　　　　　　　　　　　　　　　120 000
　贷：吸收存款——活期存款红旗连锁超市户　　　　　　　　　　　120 000

2. 支取现金

支取现金时，取款单位应签发现金支票交会计部门。经审核无误后，将出纳对号单交给取款单位，据以到出纳部门取款。现金支票代现金付出传票入账，做出如下会计分录：

借：吸收存款——活期存款××户（本金）

　　贷：库存现金

现金支票由会计人员签章、复核后交出纳员付款。出纳员根据现金支票登记现金付出日记簿，配款复核后，凭对号单向取款单位支付现金。

例2.2　互惠超市向其开户银行提交现金支票一份，支取现金50 000元。银行审核无误后，以现金支票代现金付出凭证，做出如下会计分录：

借：吸收存款——活期存款互惠超市户 50 000

　　贷：库存现金 50 000

（二）存折户存取现金的核算

存折户是指存款人在银行开立的凭存折、存款凭条等结算凭证办理款项存取的账户，适用于业务规模小、存款金额小、不经常发生存取款业务的单位使用。

1. 存入现金

存款人存入现金时，应填制存款凭条连同现金、存折一同交出纳员，收妥款项后，登记存折，其余手续与支票户相同。做出如下会计分录：

借：库存现金

　　贷：吸收存款——活期存款××户（本金）

2. 支取现金

存款人支取现金时，应填写取款凭条，并加盖预留印鉴，连同存折一并交会计部门。经审核无误后，以取款凭条代现金付出传票登记分户账、存折，取款凭条及存折交出纳人员凭以付款，并将存折退取款人。其余手续与支票户相同。做出如下会计分录：

借：吸收存款——活期存款××户（本金）

　　贷：库存现金

（三）账务核对

为防止记账差错而导致的银行与存款单位双方账务不符或产生未达账项，保证资金的安全，银行与存款单位间需进行账务核对。对支票户，每月由电脑打印出对账单交单位对账；或定期向单位填发余额对账单。对存折户，应在办理存取款业务时进行账折见面，随来随对。

（四）单位活期存款利息的核算

商业银行除吸收的财政性预算内存款以及有特殊规定的有关款项不计利息外，其余吸收的各种存款均为有偿占有，应按规定支付利息。

商业银行对单位活期存款按月确认利息，按季结息。即，每月的月末日确认利息的发生；每季末月的 20 日为结息日，计息后于次日入账。存款账户销户时，应在销户当时将利息结算清楚，利随本清。

1. 计息的基本公式

利息 = 本金 × 存期 × 利率

其中：本金是存款单位存入银行的存款余额。本金"元"位起息，"元"以下不计利息。

存期是存款人的存款时间，要求按日历天数计算，算头不算尾，即存入日计息，支取日不计息，存期从存入日算至支取的前一日为止。

利率是一定存款的利息与存款本金的比率，由中央银行统一规定。利率可用三种方式表示，即年利率、月利率、日利率，利率的三种表示方式可以相互换算，其换算公式为：

年利率 ÷ 12 = 月利率

年利率 ÷ 360 = 日利率

月利率 ÷ 30 = 日利率

计息时应注意利率与存期时间单位上的一致，如存期以天数计算时，用日利率；存期以月数计算时，用月利率；存期以年数计算时，用年利率。

2. 计息的方法

由于活期存款存取频繁，存款余额经常发生变动，因此，在实际工作中采用累计日积数法计息。累计日积数是各存款账户每日最后余额的逐日累计数，其计算公式为：

累计日积数 = Σ（每日存取款后该日余额 × 存款日数）

这样，计息基本公式可转化为：

利息 = 累计日积数 × 月利率 ÷ 30

其实质是将存款余额化作一日的存款数额乘以日利率计息。采用累计日积数法计息的方法有两种，即账页计息和余额表计息。

（1）账页计息

采用该种方法计息，需使用乙种账页格式。当每次发生存取款业务时，以上一次最后余额乘以该余额的实存天数计算出积数，填入"积数"栏。在季末结息日，求出本季累计日积数，计算利息。见表2.1。

表2.1 　　　　　　　　　　　活期存款分户账

户名：食品加工厂 　　　　　　　　账号：2011001 　　　　　　年利率：0.36%

| ××年 | | 摘 要 | 借 方 | 贷 方 | 借或贷 | 余 额 | 日数 | 积 数 |
|---|---|---|---|---|---|---|---|---|
| 月 | 日 | | | | | | | |
| 3 | 1 | 承前页 | | | 贷 | 20 000 | 70 4 | 518 000 80 000 |
| 3 | 5 | 转借 | 10 000 | | 贷 | 10 000 | 2 | 20 000 |
| 3 | 7 | 转贷 | | 5 000 | 贷 | 15 000 | 3 | 45 000 |
| 3 | 10 | 现付 | 1 000 | | 贷 | 14 000 | 1 | 14 000 |
| 3 | 11 | 现收 | | 2 000 | 贷 | 16 000 | 5 | 80 000 |
| 3 | 16 | 转借 | 9 000 | | 贷 | 7 000 | 4 | 28 000 |
| 3 | 20 | 转贷 | | 8 000 | 贷 | 15 000 | 1 | 15 000 |
| 3 | 21 | 结息转存 | | 8 | 贷 | 15 008 | 90 | 800 000 |

利息 = 800 000 × 0.36% ÷ 360 = 8（元）

3月21日转存利息，做出如下会计分录：

借：应付利息——活期存款利息户 　　　　　　　　　　　　　　　　　8

　贷：吸收存款——活期存款食品加工厂户（本金） 　　　　　　　　　8

（2）余额表计息

使用该方法时，在每日营业终了，将各存款账户当日的余额抄入余额表内，表中各户余额逐日相加即为利息积数。如遇错账冲正应注意调整积数。结息日根据本期未计息累计积数乘以日利率，即为利息，见表2.2。

表2.2 　　　　　　　　　　　计息余额表

20××年3月份

科目名称：吸收存款 　　　　　　利率：0.36% 　　　　　　共 页 第 页

| 账 号 余 额 户 名 日 期 | 2011021 服装加工厂 | | | 201 合计 | 复核 盖章 |
|---|---|---|---|---|---|
| 1 | 30 000 | | | | |
| 2 | 25 000 | | | | |
| 3 | 40 000 | | | | |

表2.2（续）

| 账号<br>余额<br>户名<br>日期 | 2011021<br>服装加工厂 | | | | | 201<br>合计 | 复核<br>盖章 |
|---|---|---|---|---|---|---|---|
| 4 | 20 000 | | | | | | |
| 5 | 35 000 | | | | | | |
| 6 | 30 000 | | | | | | |
| 7 | 50 000 | | | | | | |
| 8 | 36 000 | | | | | | |
| 9 | 32 000 | | | | | | |
| 10 | 28 000 | | | | | | |
| 10 天小计 | 326 000 | | | | | | |
| 11～20 | …… | | | | | | |
| | …… | | | | | | |
| 20 天累计 | 600 000 | | | | | | |
| 本月合计 | 600 000 | | | | | | |
| 至上月底未计息积数 | 1 000 000 | | | | | | |
| 应加积数 | 2 000 | | | | | | |
| 应减积数 | | | | | | | |
| 至本月底累计未计息积数 | 1 602 000 | | | | | | |
| 付息时计算利息数 | 16.02 | | | | | | |

利息 = 1 602 000 × 0.36% ÷ 360 = 16.02（元）

3 月 21 日转存利息，做出如下会计分录：

借：应付利息——活期存款利息户 16.02

　　贷：吸收存款——活期存款服装加工厂户（本金） 16.02

**二、单位定期存款**

单位定期存款是指单位一次性存入款项并约定存期，到期支取本息的存款。单位定期存款起存金额为一万元，多存不限。存期分为三个月、半年、一年、两年、三年、五年六个档次。财政拨款、预算内资金以及银行贷款不得作为单位的定期存款存入银行。

（一）开户

单位应提交开户申请书、企业法人营业执照或营业执照正本，并预留银行印鉴。银行应查询或审查该客户基本信息，为客户开立单位定期存款账户，登记开销户登记簿，办理预留银行印鉴手续。

（二）存入

1. 现金存入

存款单位填写单位定期存款缴款凭证连同现金交银行。

银行柜员应审查凭证内容、联次是否完整齐全，账号户名是否一致，大小写金额是否相等。清点款项无误后，以单位定期存款缴款凭证第二联作为收款人的记账凭证进行账务处理，做出如下会计分录：

借：库存现金

　　贷：吸收存款——定期存款××户（本金）

打印单位定期存款开户证实书一式两联，第一联作为回单与签章后的缴款凭证退存款人，第二联作为银行的留底卡加以保管。

另编制表外科目付出传票登记表外科目明细账：

（付出）：空白重要凭证——存款开户证实书

2. 转账存入

存款单位应填写支付凭证及进账单交银行。

银行柜员审核支付凭证及进账单无误后，以支付凭证代转账借方传票、进账单的第二联代转账贷方传票进行账务处理，做出如下会计分录：

借：吸收存款——活期存款××户（本金）

　　贷：吸收存款——定期存款××户（本金）

打印单位定期存款开户证实书一式两联，第一联作为回单与签章后的进账单回单联退存款人，第二联作为银行的留底卡加以保管。

编制表外科目付出传票登记表外科目明细账：

（付出）：空白重要凭证——存款开户证实书

如上述分录借、贷方存在差额，应将差额借记或贷记"吸收存款——定期存款××户（利息调整）"账户。

（三）支取

单位定期存款的支取分为到期支取、提前支取和逾期支取。

1. 到期支取

单位定期存款到期后支取本息时，不能提取现金或用于结算，只能转存到单位基本存款账户。

存款单位持证实书办理到期支取时，银行柜员审核证实书无误后，按规定利率计息，开具利息清单。证实书收回，在两联证实书上注明"注销"字样，一并作为借方传票附件。计算单位利息时填制两借一贷特种转账凭证，一联代利息支出账户转账借方凭证，一联代应付利息账户转账借方凭证，另一联代存款单位存款账户转入利息贷方凭证。另编制借贷特种转账凭证各一张，作为支付本利和时存款人账户借贷方凭证。同时登记开销户登记簿，做出转账会计分录为：

（1）支付存入资金利息：

借：应付利息——定期存款利息户（已提应付利息额）

利息支出——定期存款利息支出户（未提应付利息额）

贷：吸收存款——定期存款××户（本金）

（2）支付到期的本息和：

借：吸收存款——定期存款××户（本金）

贷：吸收存款——活期存款××户（本金）

2. 提前支取

单位定期存款可以全部提前支取或部分提前支取。

全部提前支取时，银行应根据提前支取利息计算的有关规定，计算全部提前支取利息。并在卡片账及审查无误的存单上加盖"提前支取"戳记，其余手续与到期支取相同。转账会计分录为：

（1）支付存入资金利息：

借：应付利息——定期存款利息户（提前支取利息额）

贷：吸收存款——定期存款××户（本金）

（2）支付全部提前支取的本息和：

借：吸收存款——定期存款××户（本金）

贷：吸收存款——活期存款××户（本金）

单位定期存款部分提前支取，只能办理一次，剩余部分应不低于起存金额（10 000元）。若剩余部分低于起存金额，则应全部支取。提前支取部分的处理手续与全部提前支取相同，其会计分录为：

（1）支付提前支取部分的存入资金利息：

借：应付利息——定期存款利息户（提前支取部分的利息）

贷：吸收存款——定期存款××户（本金）

（2）支付部分提前支取的本息和：

借：吸收存款——定期存款××户（本金）

贷：吸收存款——活期存款××户（本金）

（四）单位定期存款利息的计算

计息公式：

利息 = 本金 × 时间 × 利率（逐笔计息法）

单位定期存款到期支取，按存入日挂牌公告的利率计息，利随本清，遇有利息调整不分段计息。

单位定期存款全部提前支取，按支取日挂牌公告的活期存款利率计息；单位定期存款部分提前支取，若剩余部分不低于起存金额（10 000 元），提前支取部分按支取日挂牌公告的活期存款利率计息。若剩余部分低于起存金额，则应全部支取，支取金额按支取日挂牌公告的活期存款利率计息。

单位定期存款逾期支取，逾期部分按支取日挂牌公告的活期存款利率计息。

例 2.3 格林配送公司 2008 年 3 月 28 日开出转账支票 50 000 元，转存定期存款一年。存入日银行挂牌公告的一年期定期存款利率为 3.36%。该公司于存款到期日 2009 年 3 月 28 日支取。其开户银行做出如下会计分录：

到期利息 = 50 000 × 1 × 3.36% = 1 680（元）

2008 年 3 月 28 日转账存入时：

借：吸收存款——活期存款格林配送公司户（本金）　　　　　　　　　50 000

　　贷：吸收存款——定期存款格林配送公司户（本金）　　　　　　　　50 000

2009 年 3 月 28 日到期支取时：

借：应付利息——定期存款利息户　　　　　　　　　　　　　　　　　1 680

　　贷：吸收存款——定期存款格林配送公司户（本金）　　　　　　　　1 680

借：吸收存款——定期存款格林配送公司户（本金）　　　　　　　　　51 680

　　贷：吸收存款——活期存款格林配送公司户（本金）　　　　　　　　51 680

例 2.4 赛维干洗店于 2008 年 12 月 25 日存入三个月期定期存款 100 000 元。因急需用款，于 2009 年 2 月 25 日提前支取 20 000 元，其余的续存。存入日银行挂牌公告的三个月期定期存款利率为 1.71%，支取日银行活期存款利率为 0.36%。2009 年 2 月 25 日其部分提前支取时，开户银行做出如下会计分录：

提前支取部分利息 = 20 000 × 2 × 0.36% / 12 = 12（元）

借：应付利息——定期存款利息户　　　　　　　　　　　　　　　　　　12

　　贷：吸收存款——定期存款赛维干洗店户（本金）　　　　　　　　　　12

借：吸收存款——定期存款赛维干洗店户（本金）　　　　　　　　　　20 012

　　贷：吸收存款——活期存款赛维干洗店户（本金）　　　　　　　　　20 012

例 2.5 灵秀美容院于 2008 年 3 月 3 日存入一年期定期存款 80 000 元。2009 年 3 月 3 日存款到期，该存款人于 2009 年 4 月 3 日逾期支取。存入日银行挂牌公告的一年期定期存款利率为 3.36%，支取日银行活期存款利率为 0.36%。其开户银行做出如下会计分录：

到期利息 = 80 000 × 1 × 3.36% = 2 688（元）

逾期利息 = 80 000 × 1 × 0.36% / 12 = 24（元）

应付利息 = 2 688 + 24 = 2 712（元）

借：应付利息——定期存款利息户　　　　　　　　　　　　　　2 688

　　利息支出——到期存款利息支出户　　　　　　　　　　　　　24

　　　贷：吸收存款——定期存款灵秀美容院户（本金）　　　　　2 712

借：吸收存款——定期存款灵秀美容院户（本金）　　　　　　82 712

　　　贷：吸收存款——活期存款灵秀美容院户（本金）　　　　82 712

### 三、单位其他存款

单位存款还包括单位通知存款和单位协定存款。以下简要介绍其基本规定和做法。

#### （一）单位通知存款

单位通知存款是存款人在存入款项时不约定存期，支取款项时需提前通知银行，约定取款日期和取款金额，并按通知约定支取款项的一种存款方式。单位通知存款起存金额 50 万元，一次存入，一次或分次支取，支取金额最低为 10 万元。单位通知存款分为一天和七天两个档次。一天通知存款需提前一天通知银行约定取款，七天通知存款需提前七天通知银行约定取款，存款档次由存款人在存款时自行选择。

单位存入通知存款时，从活期存款账户转入，由银行开具单位通知存款证实书，并注明"通知存款"字样。做出如下会计分录：

借：吸收存款——活期存款××单位户

　　贷：吸收存款——通知存款××单位户

单位支取通知存款时，应按存入时确定的通知存款种类提前书面通知银行，并于确定的取款日来行办理取款手续，同时银行按规定的利率计算利息。做出如下会计分录：

借：应付利息——通知存款利息

　　利息支出——通知存款利息

　　贷：吸收存款——通知存款××单位户

借：吸收存款——通知存款××单位户

　　贷：吸收存款——活期存款××单位户

#### （二）单位协定存款

单位协定存款是存款人与开户银行签订协定存款合同，约定结算账户的留存额度，超过约定留存额度部分的存款转为协定存款，单独计算计息积数并按协定存款利率计算利息的一种存款方式。

协定存款必须由存款人与开户银行签订合同，由银行按协定存款的规定主动办理，并在结算账户中进行核算。

协定存款只对结算账户流水 50 万元以上的存款单位办理，结算账户转协定存款后的留存额度最低为 10 万元。

单位存款资金往来全部通过结算账户往来，由银行根据结算账户存款变化情况以及约定留存额度自动在活期存款与协定存款之间进行调整，调整的金额起点为 1 万元。

结算账户存款余额超过约定留存额度的，将超过部分自动计入协定存款积数中；存款余额低于约定留存额度或通过结算账户支付款项超过留存额度，由会计系统自动从协定存款转入活期存款。结算账户中的活期存款与协定存款分别计算计息积数，结息日根据活期存款与协定存款计息积数分别按照活期存款利率和协定存款利率计算利息。

# 第三节 储蓄存款业务核算

人民币储蓄存款是指城乡居民个人将自己节余或待用货币资金存入银行，由银行开具存折或存单作为凭证，个人凭存折或存单可以支取本息的一种信用活动。

储蓄存款根据储蓄期限的长短可分为活期储蓄、定期储蓄、定活两便储蓄和通知储蓄存款。定期储蓄存款按存取方式不同，又分为整存整取、零存整取、整存零取和存本取息四种。

商业银行办理储蓄业务必须坚持"存款自愿，取款自由，存款有息，为存款人保密"的原则。存款自愿，即储户存款的多少、存何种储种、选择哪家银行的哪个分支机构存储，是储户自愿的行为，任何单位和个人都不得干涉。取款自由，即储户取款多少、何时取，由储户自己决定，任何单位和个人不得干涉。存款有息，即对于储户在银行的存款，银行必须按照国家规定的利率向储户支付利息。为存款人保密，即储户存款的多少、种类、户名、地址、印章式样等情况，银行不得泄露，以保障储户存款的安全。

储蓄存款实行实名制，即存款人开立账户时需使用真实姓名。

## 一、活期储蓄存款

活期储蓄存款是一种不规定期限，随时可以存取的储蓄存款。一元起存，多存不限。

（一）开户与续存的核算

1. 开户

储户申请开户时，应填写存款凭证，连同身份证件（如居民身份证、户口簿、军人证、外籍人员护照、居住证等）、现金交与银行柜员。银行柜员审核存款凭证上的户名、金额、地址等项目填写是否齐全，身份证明是否有效，证件号码与客户提供的证件是否一致；根据存款凭证的金额清点现金，根据系统提示录入相关信息，预留密码由客户输入账户密码；交易成功后，打印存款凭证、活期存折；以存款凭证代现金收入传票入账的会计分录为：

借：库存现金
　　贷：吸收存款——活期储蓄存款××户（本金）

银行柜员核对打印的存款凭证和活期存折，在存款凭条上加盖"业务清讫章"、在活期存折上加盖"存单（折）专用章"，将存折、身份证件交还客户。存款凭证作为业务凭证送监督中心。

同时，编制表外科目付出传票并登记表外科目明细账：

（付出）：空白重要凭证——活期储蓄存折

2. 续存

储户持存折来银行办理续存时，应填写存款凭证，连同现金一并交与银行柜员。银行柜员审核无误后，清点现金，其余手续与开户时相同。做出如下会计分录：

借：库存现金
　　贷：吸收存款——活期储蓄存款××户（本金）
或：其他应付款——通存通兑应付款户

（二）支取与销户的核算

1. 支取

储户来银行办理支取时，应填写取款凭证，连同存折交银行柜员。若为大额支取，还应出示身份证件。银行柜员核对证折无误后，根据系统提示录入相关信息。预留密码由客户输入账户密码。交易成功后，打印取款凭证和活期存折。以取款凭证代现金付出传票入账的会计分录为：

借：吸收存款——活期储蓄存款××户（本金）
或：其他应收款——通存通兑应收款户
　　贷：库存现金

银行柜员核对打印内容，按取款凭证配款。在取款凭证上盖章后，将现金、存折、身份证件交还客户。取款凭证作为业务凭证送监督中心。

2. 销户

储户支取全部存款，不再续存，称为销户。其处理手续与支取基本相同，但需打印利息清单。在取款凭证和利息清单上加盖"业务清讫章"，将现金、证件、利息清单（第二联）交给客户。销户时，做出如下会计分录：

借：利息支出——活期储蓄存款利息户

　　贷：吸收存款——活期储蓄存款××户（本金）

借：吸收存款——活期储蓄存款××户（本金）

　　贷：库存现金

（三）活期储蓄存款利息的核算

银行对活期储蓄存款采用按季结息，每季末月 20 日为结息日，其计息方法与单位活期存款计算方法一致。未到规定结息日销户的，利息按清户日活期储蓄存款利率计算，利随本清。

### 二、定期储蓄存款

定期储蓄存款是指存入时约定存款期限，一次或分次存入本金，到期一次或分次支取本金和利息的一种储蓄方式。

定期储蓄存款按存取方式不同可分为整存整取、零存整取、整存零取、存本取息四种。

（一）整存整取定期储蓄存款

整存整取定期储蓄存款是本金一次存入，约定存期，到期一并支取本息的储蓄存款。此种储蓄 50 元起存，多存不限，存期分为三个月、半年、一年、二年、三年、五年六个档次。

1. 开户

储户申请开户时，应填写存款凭证，连同身份证件、现金交与银行柜员。

银行柜员审核存款凭证上的户名、金额、地址等项目填写是否齐全，身份证件是否有效，证件号码与客户提供的证件是否一致。根据存款凭证的金额清点现金。根据系统提示录入相关信息，预留密码由客户输入账户密码。交易成功后，打印存款凭证、整存整取定期存单等，登记开销户登记簿。以存款凭证代现金收入传票入账的会计分录为：

借：库存现金

　　贷：吸收存款——整存整取定期储蓄存款××户（本金）

银行柜员核对打印的存款凭证、整存整取定期存单等凭证上各项内容。核对无误后，在存款凭证上加盖"业务清讫章"，在存单上加盖"存单（折）专用章"。将存单、身份证件交给客户。存款凭证作为业务凭证送监督中心。同时，编制表外科目付出传票并登记表外科目明细账：

（付出）：空白重要凭证——整存整取储蓄存单

2. 销户

整存整取定期存款因支取而销户，包括到期支取、提前支取和逾期支取。

（1）到期支取

储户将到期整存整取定期存单交与银行柜员（若为大额支取，还需出示身份证件原件）。

银行柜员审核存单的各项要素是否完整、印章是否齐全、存单是否本行签发、身份证件是否有效。审核无误后，根据系统提示录入相关信息。预留密码由客户输入账户密码。交易成功后，打印整存整取定期存单和利息清单，以整存整取定期存单代现金付出凭证、利息清单（第一联）代转账借方凭证入账的会计分录为：

支付存入资金利息时：

借：应付利息——定期储蓄存款利息户

 贷：吸收存款——整存整取定期储蓄存款××户（本金）

支付到期的本息和时：

借：吸收存款——整存整取定期储蓄存款××户（本金）

 贷：库存现金

银行柜员核对打印内容，按取款凭证配款。在整存整取定期存单和利息清单上加盖"业务清讫章"后，将现金、利息清单（第二联）、身份证件交与客户。整存整取定期存单和利息清单（第一联）作为业务凭证送监督中心。

（2）提前支取

存款尚未到期，储户如急需用款，可以凭本人身份证件办理全部提前支取或部分提前支取。

全部提前支取时，储户将整存整取定期存单和本人身份证件原件交柜员。银行柜员审核存单的各项要素是否完整、印章是否齐全、存单是否本行签发、身份证件是否有效、存款凭证上的内容填写是否齐全。经查验无误后，在存单背面摘录证件名称、号码、发证机关，然后在存单上加盖"提前支取"戳记，并按提前支取的规定计付利息。其余手续与到期支取相同。

部分提前支取时，除对支取部分按提前支取办法支付本息并注销原存单外，对未支取部分应另开新存单，并在新存单上注明原存单存入日期、利率和到期日以及"由××号存单部分转存"字样（采用定存一本通的存户办理部分提前支取除外）。并做出如下会计分录：

支付提前支取部分的存入资金利息时：

借：利息支出——活期储蓄存款利息户

 贷：吸收存款——整存整取定期储蓄存款××户（本金）

满付实收、更换新存单：

借：吸收存款——整存整取定期储蓄存款××户（本金）

贷：库存现金

　　吸收存款——整存整取定期储蓄存款××户（本金）

同时，编制表外科目付出传票并登记表外科目明细账：

（付出）：空白重要凭证——整存整取储蓄存单

（3）逾期支取

储户持逾期存单支取时，其处理手续与到期支取相同，但利息计算应包括到期利息和逾期利息。做出如下会计分录：

支付存入资金利息时：

借：应付利息——定期储蓄存款利息户

　　利息支出——活期储蓄存款利息户

　　贷：吸收存款——整存整取定期储蓄存款××户（本金）

支付到期和逾期的本息和时：

借：吸收存款——整存整取定期储蓄存款××户（本金）

　　贷：库存现金

整存整取定期储蓄存款计息的基本原理与单位定期存款基本一致。

例2.6　储户李颖于2008年5月30日存入整存整取定期储蓄存款10 000元，定期一年，存入日利率为3.36%。该档利率在2008年12月23日调至2.25%。该储户于2009年5月30日到期支取。存款银行做出如下会计分录：

2008年5月30日存入时：

借：库存现金　　　　　　　　　　　　　　　　　　　　　　　　　　　　10 000

　　贷：吸收存款——整存整取定期储蓄存款李颖户（本金）　　　　　　　10 000

2009年5月30日到期支取时：

应付利息 = 10 000 × 1 × 3.36% = 336（元）

借：应付利息——定期储蓄存款利息户　　　　　　　　　　　　　　　　　　336

　　贷：吸收存款——整存整取定期储蓄存款李颖户（本金）　　　　　　　　336

借：吸收存款——整存整取定期储蓄存款李颖户（本金）　　　　　　　　　10 336

　　贷：库存现金　　　　　　　　　　　　　　　　　　　　　　　　　　10 336

例2.7　储户王波于2008年11月5日存入整存整取定期储蓄存款50 000元，定期一年，存入日利率为3.36%。该储户于2009年1月5日全部提前支取，设支取日活期储蓄存款利率为0.36%。存款银行做出如下会计分录：

提前支取时应付利息 = 50 000 × 2 × 0.36% / 12 = 30（元）

借：利息支出——定期储蓄存款利息户　　　　　　　　　　　　　　　　　　 30

　　贷：吸收存款——整存整取定期储蓄存款王波户（本金）　　　　　　　　 30

借：吸收存款——整存整取定期储蓄存款王波户（本金） 50 030
  贷：库存现金 50 030

例2.8　储户赵宇于2009年1月8日存入整存整取定期储蓄存款100 000元，定期一年，存入日利率为2.25%。该储户于2009年5月8日部分提前支取40 000元，其余部分续存。支取日活期储蓄存款利率为0.36%。存款银行做出如下会计分录：

提前支取部分应付利息 = 40 000 × 4 × 0.36%/12 = 48（元）

借：利息支出——活期储蓄存款利息户 48
  贷：吸收存款——整存整取定期储蓄存款赵宇户（本金） 48
借：吸收存款——整存整取定期储蓄存款赵宇户（本金） 100 048
  贷：库存现金 40 048
   吸收存款——整存整取定期储蓄存款赵宇户（本金） 60 000

例2.9　储户蒋珊于2008年12月31日存入整存整取定期储蓄存款60 000元，定期三个月，存入日利率为1.71%。该储户于2009年4月12日逾期支取。设支取日活期储蓄存款利率为0.36%。存款银行做出如下会计分录：

应付到期利息 = 60 000 × 3 × 1.71%/12 = 256.5（元）

应付逾期利息 = 60 000 × 12 × 0.36%/360 = 7.2（元）

应付利息合计 = 256.5 + 7.2 = 263.7（元）

借：应付利息——定期储蓄存款利息户 256.5
  利息支出——活期储蓄存款利息户 7.2
  贷：吸收存款——整存整取定期储蓄存款蒋珊户（本金） 263.7
借：吸收存款——整存整取定期储蓄存款蒋珊户（本金） 60 263.7
  贷：库存现金 60 263.7

**（二）零存整取定期储蓄存款**

零存整取定期储蓄存款是定期定额存储，到期一次支取本息的一种定期储蓄存款。

零存整取定期储蓄存款5元起存，多存不限。存期分一年、三年、五年三个档次。这种储蓄存款每月存入一次，如中途漏存一次，应在次月补存，未补存或漏存次数在一次以上的，视同违约，存折上打印违约标志，对违约后存入的部分，支取时按活期利率计息。

1. 开户

储户开立零存整取定期储蓄存款账户需凭本人身份证件办理，若委托他人代理，还需出示代理人身份证件。储户填写存款凭证，连同身份证件、现金交与银行柜员。

银行柜员审核存款凭证上的户名、月存金额、地址等项目填写是否齐全，身份证件是否有效，证件号码与客户提供的证件是否一致。根据存款凭证的金额清点现金。根据系统提示录入相关信息，预留密码由客户输入账户密码。交易成功后，打印存款凭证、零存整取定期存折，登记开销户登记簿。以存款凭证代现金收入传票入账的会计分录为：

借：库存现金

贷：吸收存款——零存整取定期储蓄存款××户（本金）

银行柜员核对打印的存款凭证、零存整取存折等凭证上各项内容。核对无误后，在存款凭证上加盖"业务清讫章"，在存折上加盖"存单（折）专用章"。将存折、身份证件交与客户。存款凭证作为业务凭证送监督中心。

同时，编制表外科目付出传票并登记表外科目明细账：

（付出）：空白重要凭证——零存整取储蓄存折

2. 续存

储户将存款凭证、零存整取存折、现金交与银行柜员。

银行柜员审核凭证的内容填写是否齐全、准确，并根据存款凭证上的金额清点现金。根据系统提示录入相关信息，预留密码由客户输入账户密码。交易成功后，打印存款凭证、零存整取定期存折。以存款凭证代现金收入传票入账的会计分录为：

借：库存现金

贷：吸收存款——零存整取定期储蓄存款××户（本金）

银行柜员在存款凭证上加盖"业务清讫章"，将零存整取存折交还客户。存款凭证作为业务凭证送监督中心。

3. 销户

储户将取款凭证、零存整取定期储蓄存折交与银行柜员（若为大额支取或全部提前支取，还需出示身份证件原件）。

银行柜员审核凭证的内容填写是否齐全、准确。根据系统提示录入相关信息。预留密码由客户输入账户密码。交易成功后，打印取款凭证和零存整取定期储蓄存折和利息清单，以取款凭证代现金付出凭证、利息清单代转账借方凭证入账的会计分录为：

支付存入资金利息时：

借：应付利息——定期储蓄存款利息户

贷：吸收存款——定期储蓄存款××户（本金）

支付到期的本息和时：

借：吸收存款——定期储蓄存款××户（本金）

贷：库存现金

银行柜员核对打印内容，按取款凭证配款。在取款凭证和利息清单上加盖"业务清讫章"后，将现金、利息清单（第二联）、身份证件交与客户。取款凭证和利息清单

（第一联）作为业务凭证送监督中心。

4. 零存整取定期储蓄存款的计息

计息方法有固定基数法、月积数法和日积数法。

（1）固定基数计息法，指事先算出每元存款本金利息基数，到期乘以存款余额的计息方法。这种方法适用于存款逐月全存、到期支取的计息。其计算公式为：

$$每元存款利息基数 = \frac{1+存款月数}{2} \times 月利率$$

例如，一年期每元存款计息基数 $= \frac{1+12}{2} \times 1.425‰ = 0.0092625$（元）

例2.10 储户林芳于 2008 年 12 月 23 日来行办理零存整取定期储蓄存款，月存1 000 元，存期一年，利率为 1.71%，则 2009 年 12 月 23 日存款到期时，应付利息 = 12 000 × 0.009 262 5 = 111.15（元）。

同样，三年期、五年期也可按各档次利率参照上述公式算出基数，乘以存款余额，计算应付利息。

（2）月积数计息法，适用于存款已到期但有漏存月份的情况下计算利息的方法。将零存整取储蓄存款分户账的每月存款余额，乘以所存月数，就是月积数，到期支取时，按月积数之和乘以同档月利率，即为应付利息数。

依上例存款情况如表2.3 所示。

表2.3 零存整取储蓄存款分户账

账号：2155003  户名：王路  期限 1 年  利率：1.71%

| 2008 年 | | 存入 | 结存 | 月数 | 积数 | 记账 | 复核 |
|---|---|---|---|---|---|---|---|
| 月 | 日 | （位数） | （位数） | | （位数） | | |
| 12 | 23 | 1 000 | 1 000 | 1 | 1 000 | | |
| 2009 年 | | | | | | | |
| 1 | 9 | 1 000 | 2 000 | 1 | 2 000 | | |
| 2 | 6 | 1 000 | 3 000 | 1 | 3 000 | | |
| 3 | 10 | 1 000 | 4 000 | 1 | 4 000 | | |
| 4 | 4 | 1 000 | 5 000 | 1 | 5 000 | | |
| 5 | 3 | 1 000 | 6 000 | 1 | 6 000 | | |
| 6 | 8 | 1 000 | 7 000 | 1 | 7 000 | | |
| 7 | 6 | 1 000 | 8 000 | 1 | 8 000 | | |
| 8 | 13 | 1 000 | 9 000 | 1 | 9 000 | | |
| 9 | 5 | 1 000 | 10 000 | 1 | 10 000 | | |
| 10 | 15 | 1 000 | 11 000 | 1 | 11 000 | | |
| 11 | 2 | 1 000 | 12 000 | 1 | 12 000 | | |

该储户存款到期按月积数法计算存款利息为：

$78\ 000 \times 1.71\% / 12 = 111.15$（元）

（3）日积数计息法，指按零存整取储蓄存款分户账的每次存款余额，乘以所存天数，即是日积数，到期支取时，按日积数之和乘以同档日利率，即为应付利息数。

零存整取定期储蓄存款也有到期支取、全部提前支取和逾期支取情况。其计息原理同整存整取。

（三）存本取息定期储蓄存款的核算

存本取息定期储蓄存款指本金一次存入，在约定存期内分次支取利息，到期支取本金的一种储蓄存款。存本取息 5 000 元起存，多存不限，由银行发给存款凭证，到期一次支取本金，利息凭存单分期支取，由储户与银行商定每月或几个月支取一次，其存期分为一年、三年、五年。

1. 开户

储户申请开户应填写一式三联定期存本取息储蓄存单，存单各联的用途及核算手续与整存整取相同，但签发存单时，经办员应根据存入金额、存期、利率和取息次数，计算出每次应付利息金额，填入存单的有关栏目内。做出如下会计分录：

借：库存现金

　　贷：吸收存款——定期储蓄存款存本取息××户（本金）

2. 支取利息

储户在存期内按约定时间持存单来行支取利息时，应填写存本取息定期储蓄取息凭条。经办员审核无误后，将取息日期和取息金额记入存单和卡片账，凭条作为利息支出科目传票。做出如下会计分录：

借：应付利息——定期储蓄存款利息户

　　贷：吸收存款——定期储蓄存款存本取息××户（本金）

借：吸收存款——定期储蓄存款存本取息××户（本金）

　　贷：库存现金

如储户到期未取利息，以后可以随时支取，但利息不计复利。

3. 支取本金

到期取本：储户在到期日来行取本的同时，支取最后一次利息，取息手续如上所述，取本手续与整存整取储蓄到期支取手续相同。做出如下会计分录：

借：应付利息——定期储蓄存款利息户

　　贷：吸收存款——定期储蓄存款存本取息××户（本金）

借：吸收存款——定期储蓄存款存本取息××户（本金）

贷：库存现金

提前取本：储户如需提前支取本金，可凭存单和身份证明一次全部支取，不允许部分提前支取。支取时，先对已经支取的利息用红字冲回，再按照该储户实际存期和支取日活期储蓄存款利率计算应支付的利息，与本金一并付给储户。若冲回的已付利息大于储户应得的利息，应从本金中扣除，然后再办理付款手续。其会计分录为：

借：应付利息——定期储蓄存款利息户（红字）

贷：吸收存款——定期储蓄存款存本取息××户（本金）（红字）

借：吸收存款——定期储蓄存款存本取息××户（本金）（红字）

贷：库存现金（红字）

按提前支取的规定计算应付利息，办理本息支取手续。其会计分录为：

借：利息支出——定期储蓄存款利息户

贷：吸收存款——定期储蓄存款存本取息××户（本金）

借：吸收存款——定期储蓄存款存本取息××户（本金）

贷：库存现金

逾期取本：储户逾期支取本金，除按规定计付逾期利息外，其余手续与到期支取相同。

4. 利息的计算

存本取息每次支取的利息数，可按下列公式求得：

$$每次支取利息数 = \frac{本金 \times 存款月数 \times 月利率}{支取利息次数}$$

月利率与零存整取存款相同。

例2.11　储户黎明于2008年11月25日存入本金100 000元，存期一年，月利率为1.65‰，每4个月支取利息一次，则储户每次支取利息时，存款银行做出如下会计分录：

$$每次支取利息数 = \frac{100\ 000 \times 12 \times 1.65\%_0}{3} = 660（元）$$

借：应付利息——定期储蓄存款利息户　　　　　　　　　　　　　　　660

贷：吸收存款——定期储蓄存款存本取息黎明户（本金）　　　　　660

借：吸收存款——定期储蓄存款存本取息黎明户（本金）　　　　　660

贷：库存现金　　　　　　　　　　　　　　　　　　　　　　　660

（四）整存零取定期储蓄存款的核算

整存零取定期储蓄存款是本金一次存入，约定存期分次支取本金，到期支取利息的一种储蓄存款。其核算手续与存本取息基本相同，在开户时要在存单内填写取本金次数和每次支取数额。这种储蓄存款，到期计息可采用本金平均数法和月积数法。

本金平均数法计息公式为：

$$到期应付利息 = \frac{全部本金 + 每次支取本金额}{2} \times 存期 \times 利率$$

例 2.12 储户殷梦一次存入本金 12 000 元，存期一年，每月支取一次 1 000 元，月利率 1.425‰，最后一次支取日期为到期日，连同利息一并支取，银行应付利息为：

$$到期应付利息 = \frac{12\ 000 + 1\ 000}{2} \times 12 \times 1.425‰ = 111.15（元）$$

储户在存期内若要求部分提前支取，可提前支取一次至二次，但必须在以后月份内停取一次至二次。剩余款项的支取日按原定不变。如果提前支取全部余额，则根据实存金额及实存日期按规定的活期储蓄利率计息。逾期支取可比照零存整取储蓄存款原则办理。

### 三、定活两便储蓄存款

定活两便储蓄存款是一种本金一次存入，一般以 50 元起存，多存不限；不约定存期，可随时一次支取本息的存款方式。其既有活期之便，又有定期之利。

定活两便储蓄存款利息的计算，根据与实际存期同档的整存整取定期储蓄利率按一定的折扣计算。不满规定存期的按活期利率计算。

具体规定为：

（1）存期不满三个月的，按支取日挂牌公告的活期利率计息；

（2）存期三个月（含）以上不满半年的，整个存期按支取日挂牌公告的整存整取三个月定储利率打六折计息；

（3）存期半年（含）以上不满 1 年的，整个存期按支取日挂牌公告的整存整取半年期定储利率打六折计息；

（4）存期在 1 年以上的（含 1 年），无论存期多长，整个存期一律按支取日整存整取一年期存款利率打六折计息。

例 2.13 储户王靖 2009 年 3 月 8 日存入定活两便储蓄存款 50 000 元，于 2009 年 7 月 8 日支取。该储户实际存期为 4 个月，按三个月期整存整取利率打六折计息。应付利息为：

$$50\ 000 \times 4 \times 1.71\% / 12 \times 60\% = 171（元）$$

### 四、储蓄所日结与管辖行账务处理及事后监督

日结是指储蓄所每天账务处理的最后环节。由于储蓄所是非独立核算单位，其账务

通过并表或并账方式，纳入管辖行账务处理。每日营业终了，经过结账、对账之后，向其管辖行处报账。

（一）储蓄所日结的处理

1. 并账储蓄所结账和对账

（1）结账

结账程序包括：①根据已付款的各种利息清单，按定、活期分别加计总数，分别编制利息付出传票，利息清单作为传票附件。②编制科目日结单。根据各种传票，按科目和储蓄种类分别编制科目日结单。③编制营业汇总日报表。营业汇总日报表是综合反映储蓄所当天业务情况的报表，是轧平当日账务的工具。根据科目日结单、开销户登记簿、空白重要凭证登记簿编制日报表。本表一式二份，一份留存，另一份上报管辖行。

（2）对账

对账程序包括：①核对库存现金。现金实际库存数与日报表现金科目本日余额核对相符。②核对活期储蓄存款科目余额。可采用核计变动户昨日余额和本日余额，通过变动户余额核对活期储蓄存款科目余额的方法。③核对开销户数。新开户和结清户账卡数与日报表上的开销户数核对相符。④核对重要空白凭证及有价单证。各种重要空白凭证及有价单证的实际收进、付出和结存数与营业日报表及登记簿上的收付数和结存数核对相符。

2. 并表储蓄所结账和对账

并表储蓄所各科目都设有总账，因此，每日进行结账时，应编制科目日结单，据以登记总账并编制营业汇总日报表。所有的存、取款凭证自行保存不上报管辖行。其账务核对方法与并账储蓄所相同。

（二）管辖行的账务处理及事后监督

基层储蓄所系非独立核算单位，其账务必须纳入管辖行处进行完整核算，并由管辖行处对其进行事后监督以保证储蓄账务的正确无误。

1. 管辖行的账务处理

（1）并账

并账是在储蓄所实行简易核算（不设总账）的基础上进行的。管辖行对各储蓄所报送的日报表及各种储蓄凭证经审查无误后，对各储蓄所的存、取款凭条及传票按储蓄所及储蓄存款种类设立并登记分户账。根据审查后各储蓄所科目日结单重新汇编科目日结单并登记总账。在总账与分户账核对相符后，将各储蓄所账并入全辖账内，编制全行日计表。

（2）并表

并表储蓄所自己设有分户账和总账，每日自行进行总分账核对，所以，管辖行对各储蓄所账务不再分设账户记载，只将审查后的各储蓄所日报表与管辖行当日的日计表进行合并，编制全辖日计表。

2. 管辖行的事后监督

（1）审核凭证和日报表

审核各项业务凭证内容是否真实完整，处理手续是否符合规定，凭证所记载金额与日报表各科目的借贷发生额是否相符，根据昨日与本日日报表复核总账余额，储蓄结存户数、空白重要凭证结存数是否计算正确，审查库存现金数是否超过规定限额。

（2）逐笔明细监督

管辖行对储蓄所的各类储蓄存款应设立明细分户账进行监督。由于银行电算化的普及，大中城市的储蓄所多已采用电脑进行事后监督。一般是对原始凭证进行二次记账，即在审查凭证、日报表无误的基础上，将各类凭证按新开户、续存、支取、销户等类型进行清分，然后将各种凭证再输入电脑，由电脑进行逐户逐日核对监督。

### 五、其他储蓄品种

（一）教育储蓄存款

1999 年，国家为了支持非义务教育的发展，鼓励家庭积蓄资金，帮助孩子完成求学人生，出台了教育储蓄这一扶植政策。

教育储蓄存款是一种零存整取方式的储蓄种类，开户起存金额为 50 元，本金合计最高限额为 2 万元，存期分为一年、三年、六年。具体办法是：

（1）教育储蓄的对象是小学四年级至高中的在校学生 。

（2）教育储蓄存款在其约定的存期内至少要存款两次，也就是说，在 2 万元的限额内，可以一次存入 1 万元，不能一次性存入最高限额 2 万元。

（3）教育储蓄实行优惠利率。储户凭开始接受非义务教育（含全日制高中、大中专、大学本科、硕士、博士研究生）的录取通知书原件或学校开具的相应证明原件到期支取时，一年期、三年期按开户日同期同档次整存整取定期储蓄存款利率计息；六年期按开户日五年期整存整取定期储蓄存款利率计息，免征储蓄存款利息所得税。

储户到期支取不能提供证明的，一年期、三年期按开户日同期同档次零存整取定期储蓄存款利率计息，六年期按开户日五年期零存整取定期储蓄存款利率计息；征收储蓄存款利息所得税。

（4）逾期支取时：储户提供证明的，存期内计息与到期支取相同，逾期部分按活期储蓄存款利率计息，并对逾期部分利息代扣储蓄存款利息所得税。

储户不能提供证明的，存期内计息与到期支取相同，逾期部分按活期储蓄存款利率计息，并对全部利息代扣储蓄存款利息所得税。

（5）提前支取时：储户提供证明的，该笔存款利率按实际存期和开户日同期档次整存整取定期储蓄存款利率计息，免征储蓄存款利息所得税。储户不能提供证明的，按实际存期和支取日活期储蓄存款利率计息。

（二）个人通知储蓄存款

个人通知储蓄存款是一次存入本金，由银行发给存折，不约定存期，支取时需提前通知银行，约定支取时间和金额，一次或多次提取存款的储蓄。

个人通知储蓄存款的起存金额为 5 万元。包括一天通知存款和七天通知存款。个人取款时应提前一天或七天通知银行约定支取存款。利率按实际存期的同档次利率计算，以取款当日中国人民银行公告的利率为准。

# 第三章

## 银行贷款业务核算

## 第一节 贷款业务核算概述

### 一、贷款业务核算的意义

贷款系指经国务院银行业监督管理机构批准的金融机构，以社会公众为服务对象，以还本付息为条件出借的货币资金。贷款业务系指经国务院银行业监督管理机构批准的金融机构所从事的以还本付息为条件出借货币资金使用权的营业活动。贷款业务是商业银行资产类的主要业务，在商业银行资产业务中所占的比重较大，也是我国商业银行三大传统业务之一。

商业银行根据国家的政策导向，通过贷款业务分配资金，一方面从宏观上调节全社会资金的总量和结构，从微观上促进企业改善经营管理，提高经济效益，增强偿贷能力；另一方面，贷款是目前我国商业银行的主要生息资产，是商业银行利润的主要来源。因此，做好贷款业务的核算工作，对保证各项贷款业务的顺利实现、调节市场资金供求、促进经济发展、增加银行收入等意义重大。

### 二、贷款的分类

银行贷款按照不同的分类标准，有着多种不同的形式。

（一）银行贷款按期限划分

根据《贷款通则》第九条规定，银行贷款根据期限的长短，可分为短期贷款、中期贷款、长期贷款。短期贷款系指贷款期限在 1 年以内（含 1 年）的贷款；中期贷款系指贷款期限在 1 年以上、5 年以下（含 5 年）的贷款；长期贷款系指贷款期限在 5 年（不含 5 年）以上的贷款。

（二）银行贷款按质量划分

银行贷款按资产质量划分，可分为正常贷款和不良贷款两大类。

根据《贷款风险分类指导原则》的规定，银行贷款可以划分为五类。即正常、关注、次级、可疑和损失。后三类合称为不良贷款。

其中：

（1）正常贷款，是指借款人能够履行合同，没有足够的理由怀疑贷款本息不能按时足额偿还的贷款。

（2）关注贷款，是指尽管借款人目前有能力偿还本息，但存在某种可能对偿还产生不利影响的因素的贷款。

（3）次级贷款，是指借款人的还款能力出现明显问题，完全依靠其正常营业收入已无法保证足额偿还本息，即使执行担保，也可能会造成一定的损失的贷款。

（4）可疑贷款，是指借款人无法保证足额偿还本息，即使执行抵押或担保，也肯定要造成较大损失的贷款。

（5）损失贷款，是指在采取所有可能的措施和一切必要的法律程序之后，本息仍然无法收回，或只能收回极少部分的贷款。其相当于原来划分的呆账贷款。

（三）银行贷款按方式划分

银行贷款按方式可以划分为信用贷款、担保贷款和票据贴现三种类型。

（1）信用贷款，是指没有担保，仅依据借款人的信用状况发放的贷款。

（2）担保贷款，是指由借款人或第三方依法提供担保而发放的贷款。担保贷款包括保证贷款、抵押贷款和质押贷款。保证贷款、抵押贷款和质押贷款是指按《中华人民共和国担保法》规定的保证方式、抵押方式或质押方式发放的贷款。

（3）票据贴现，是指贷款人以购买借款人未到期商业票据的方式发放的贷款。

（四）银行贷款按对象划分

银行贷款按贷款对象划分，可分为对公贷款和个人消费贷款。

此外，按贷款资金的用途不同，还可分为流动资金贷款、固定资产贷款、更新改造贷款、技术改造贷款、并购融资贷款、国债技改贴息贷款、消费信贷等。短期贷款按借款行业不同可分为工业贷款、商业贷款、建筑业贷款、农业贷款、乡镇企业贷款、"三资"企业贷款、私营企业贷款和其他短期贷款；贷款还可按责任主体不同，分为自营贷款和委托贷款；按功能划分为政策性贷款和商业性贷款等。

### 三、贷款业务的账务核算方式

在银行贷款中，贷款的审批权由银行信贷部门负责，贷款的具体发放与收回则是会计部门的职责。目前，会计部门的账务核算采用了四种核算方式：逐笔核贷、存贷合一、定期调整和下贷上转。

在这四种核算方式中，逐笔核贷最为常用。逐笔核贷的核算方式是指银行根据借款单位逐笔申请、银行逐笔审查、逐笔立据、逐笔发放，到期一次或分次收回本金。它适合所有贷款方式。

存贷合一的核算方式又称为活放活收核算方式，是指将存款和贷款统一在一个账户内核算。此账户既核算贷款的发放与收回，又反映存款的增加或减少。期末，贷方余额，反映存款；借方余额反映贷款。特别应注意借方余额不得超过核定的限额。采用这种核算方式，借款人不需要逐笔申请，只需要在核定的限额内进贷销还。目前，四大国有商业银行开办的法人存款账户巨额透支业务以及信用卡业务的贷记卡、准贷记卡实行的就是存贷合一核算方式。

定期调整贷款核算方式是为办理异地托收承付结算方式的结算贷款而设置的。企业办理托收承付的结算向异地发货时，由于在途资金的占用，往往造成企业经营资金周转困难。为帮助企业资金正常运转，商业银行以企业的托收金额为贷款保证向企业发放贷款，并随时追踪在途资金的增减变化，主动调整贷款金额。目前，此种贷款已改为临时（短期）贷款。

下贷上转贷款核算方式是指银行用来核算非独立核算单位收购农副产品时所发放贷款的核算方式。这些单位在批准的贷款额度内，直接在采购地贷款，然后定期将贷款上划上级借款单位。目前，银行为存款人的收入汇缴资金和业务支出资金（即基本存款账户存款人附属的非独立核算单位或派出机构发生的收入或支出的资金）开设了专用存款账户，从而取代了这种贷款方式。

### 四、贷款业务核算的要求

（一）坚持国家信贷政策和贷款原则

商业银行必须依据国家信贷政策所确定的贷款投向和规模、贷款扶持和限制的对象以及利率标准等来办理信贷业务。

商业银行会计部门应配合信贷部门坚持贷款必须按计划发放和使用；坚持有借有还，到期归还；坚持区别对待、有保有压、择优扶持等信贷原则。

（二）加强期限管理，监督贷款的使用和归还

贷款发放后，银行应随时监督贷款的使用情况，防止借款人改变借款用途造成贷款资金使用效益低下，银行贷款回收产生风险。同时，银行还应随时查看贷款到期情况，在到期前及时通知借款人备款还贷，促使贷款如期归还。若借款人到期无故拖延还贷，银行可主动一次或分次从借款人存款账户中扣收到期贷款。

（三）正确核算贷款本息

（1）贷款初始计量采用公允价值，资产负债表日，按实际利率计算其摊余成本及各期利息收入。

（2）商业性贷款与政策性贷款分别核算。发放政策性贷款是由国家依据产业政策和经济发展需要，以计划形式安排的。政策性贷款支持的项目或企业不仅是必保项目，而且具有优先发展的性质。由于这种贷款侧重于长远利益，所以风险大，且低息或无息。商业性贷款是银行自主决策的贷款，以盈利为目的。因此，政策性贷款与商业性贷款应分账核算，会计期末，分别编制会计报表。

（3）自营贷款与委托贷款分别核算。自营贷款是指商业银行以合法方式筹集的资金自主发放的贷款，其风险由商业银行承担，并由商业银行收取本金和利息。委托贷款是指委托人提供资金，由商业银行（受托人）根据委托人确定的贷款对象、用途、金额、期限、利率等而代理发放、监督使用并协助收回的贷款，其风险由委托人承担。商业银行发放委托贷款时，只收取手续费，不得代垫资金。商业银行因发放委托贷款而收取的手续费，按收入确认条件予以确认。

# 第二节　对公贷款与票据贴现业务的核算

## 一、对公贷款业务的核算

（一）应设置和运用的账户

1."贷款"账户

属资产类账户，用于核算商业银行按规定发放的各种客户贷款。本账户可按贷款类别、客户，分别"本金"、"利息调整"、"已减值"等进行明细核算。本账户期末借方余额，反映商业银行按规定发放尚未收回贷款的摊余成本。

2."贷款损失准备"账户

属资产类账户，用于核算商业银行贷款的减值准备。本账户可按计提减值准备的资

产类别进行明细核算。本账户期末贷方余额，反映商业银行已计提但尚未转销的贷款损失准备。

3. "应收利息"账户

属资产类账户，用于核算商业银行交易性金融资产、持有至到期投资、可供出售金融资产、发放贷款、存放中央银行款项、拆出资金、买入返售金融资产等应收取的利息。本账户可按借款人或被投资单位进行明细核算。本账户期末借方余额，反映商业银行尚未收回的利息。

4. "利息收入"账户

属损益类账户，用于核算商业银行确认的利息收入。本账户可按业务类别进行明细核算。期末，应将本账户余额转入"本年利润"账户，结转后本账户无余额。

5. "资产减值损失"账户

属损益类账户，用于核算商业银行计提各项资产减值准备所形成的损失。本账户可按资产减值损失的项目进行明细核算。期末，应将本账户余额转入"本年利润"账户，结转后本账户无余额。

6. "抵债资产"账户

属资产类账户。本账户核算商业银行依法取得并准备按照有关规定进行处置的实物抵债资产的成本。本账户可按抵债资产类别及借款人进行明细核算。本账户期末借方余额，反映商业银行取得的尚未处置的实物抵债资产的成本。

7. "贴现资产"账户

属资产类账户。本账户核算商业银行办理商业票据的贴现、转贴现等业务所融出的资金。本账户可按贴现类别和贴现申请人进行明细核算。本账户期末借方余额，反映商业银行办理的贴现、转贴现等业务融出的资金。

（二）信用贷款的核算

信用贷款是商业银行根据借款单位的信誉而发放的不需要提供担保的一种贷款。

商业银行是否向客户采用信用方式发放贷款，需根据借款人的信用等级进行综合考评。对信用等级符合要求的或者符合国家产业政策、资产负债低、具有良好的盈利性和成长性、财务管理日趋稳健、无不良信用记录的企业，可考虑发放信用贷款。

1. 贷款发放的核算

借款单位向银行申请贷款时，应向银行信贷部门提出书面申请，经信贷部门审核批准后，双方商定贷款的额度、期限、用途和利率等，并签订借款合同。借款单位填制一式五联借款凭证（借款借据）送交银行信贷部门审批。凭证第一联为回单联；第二联为转账借方凭证；第三联为转账贷方凭证；第四联由信贷部门留存；第五联由会计部门专夹保管，在贷款本息还清或核销时做相应账务处理凭证的附件。单位在各联借据上加盖预留印鉴。

借款凭证经信贷部门审查同意后,送交会计部门凭以办理借款手续,并发放电子许可证。

会计部门收到借款凭证和许可证后,应认真审查有无信贷部门审批意见,各项内容的填写是否正确完整、大小写金额是否一致,印鉴是否相符等。审查无误后,录入记账要素,由系统自动与电子许可证核对。核对无误,记账的会计分录为:

借:贷款——信用贷款××户(本金)

贷:吸收存款——活期存款××户

如有差额,借记或贷记"贷款——利息调整"账户。

第一联借据回单联加盖银行业务公章后退借款单位;第五联由会计部门按贷款到期日先后顺序排列保管。

2. 资产负债表日的核算

资产负债表日,贷款要按实际利率法,采用摊余成本进行后续计量。即按贷款的合同本金和合同利率计算确定的应收未收利息,借记"应收利息"账户,按贷款的摊余成本和实际利率确定的利息收入,贷记"利息收入"账户,按其差额,借记或贷记"贷款——利息调整"账户。记账的会计分录为:

借:应收利息

或借:贷款 ——××贷款××户(利息调整)

贷:利息收入

贷:贷款 ——××贷款××户(利息调整)

所谓实际利率法,是指按照金融资产或金融负债(含一组金融资产或金融负债)的实际利率计算其摊余成本及各期利息收入或利息费用的方法。

摊余成本,是指该金融资产或金融负债的初始确认金额经下列调整后的结果:

(1)扣除已偿还的本金;

(2)加上或减去采用实际利率法(而非直线法)将该初始确认金额与到期日金额之间的差额进行摊销形成的累计摊销额;

(3)扣除已发生的减值损失(仅适用于金融资产)。

实际利率,是指将金融资产或金融负债在预期存续期间或适用的更短期间内的未来现金流量,折现为该金融资产或金融负债当前账面价值所使用的利率。即当"金融资产或金融负债到期本金的贴现值+各期利息贴现值=该金融资产或金融负债的面值+溢价(-折价)+交易费用或贷款本金+(-)贷款利息调整"时的贴现率。

例3.1 甲银行于2007年1月1日发放一笔2 000万元的贷款,客户预付费用0.5%(10万元),贷款利率8%,于每年年末支付利息,2009年12月31日偿还本金。

首先，计算确定实际利率：

2 000 万元 – 10 万元 = 三年来每年利息 160 万元的贴现值 + 第三年末贷款本金的贴现值

经计算，实际利率为 8.151 47%。

其次，计算确定 2007 年年末摊余成本：

初始确认贷款金额为：

2 000 万元 – 10 万元 + 按实际利率计算的利息 162.214 3 万元 – 按合同确定利率计算的利息 160 万元 = 1 992.214 3 万元。

表 3.1                                贷款还本付息表

| 年度 | 年初摊余成本 ① | 利息收入 ②＝①×实际利率 8.151 47% | 现金流入 ③＝面值×合同利率 8% | 年末摊余成本 ④＝①＋②－③ |
|---|---|---|---|---|
| 2007 | 1 990 | 162.214 3 | 160 | 1 992.214 3 |
| 2008 | 1 992.214 3 | 162.394 8 | 160 | 1 994.609 1 |
| 2009 | 1 994.609 1 | 165.390 9 | 160＋2 000 | 0 |

甲银行应做如下会计分录：

发放贷款时：

借：贷款——××贷款××户（本金）                                20 000 000

　　贷：吸收存款——活期存款××户                             19 900 000

　　　　贷款 ——××贷款××户（利息调整）                      100 000

2007 年年末，确认实际利息收入、收到票面利息时：

借：应收利息                                                  1 600 000

　　贷款——××贷款××户（利息调整）                          22 143

　　贷：利息收入                                              1 622 143

借：吸收存款——活期存款××户                                1 600 000

　　贷：应收利息                                              1 600 000

2008 年年末确认实际利息收入、收到票面利息时：

借：应收利息                                                  1 600 000

　　贷款——××贷款××户（利息调整）                          23 948

　　贷：利息收入                                              1 623 948

借：吸收存款——活期存款××户                                1 600 000

   贷：应收利息              1 600 000

2009 年年末，确认实际利息收入、收到票面利息和本金时：

  借：应收利息               1 600 000

    贷款 ——××贷款××户（利息调整）      53 909

   贷：利息收入             1 653 909

  借：吸收存款——活期存款××户        2 160 000

   贷：应收利息              1 600 000

    贷款——××贷款××户（本金）      20 000 000

  3. 贷款到期收回的核算

  贷款到期，应由借款单位主动向银行签发转账支票，会计部门审查支付凭证后，据此填制特种转账借、贷方凭证等办理转账。记账的会计分录为：

  借：吸收存款——活期存款××户（客户归还金额）

   贷：应收利息

    贷款——信用贷款××户（本金）

    利息收入（差额）

  存在利息调整余额的，还应同时结转。

  转账后，将特种转账借方凭证（做付款通知）盖章后交还款人。贷款到期若借款单位未主动归还贷款，银行可视单位存款账户余额，按有关规定主动予以扣收。由银行填制特种转账凭证等进行账务处理。

  4. 贷款展期与逾期的核算

  （1）贷款展期的核算

  贷款到期，借款单位因故不能按期归还贷款时，应在贷款到期前三天填制贷款展期申请书送交银行信贷部门审查。银行同意展期的贷款，由银行信贷部门通知会计部门办理展期手续。会计部门只需在原借款借据和贷款分户账上批注展期后的还款日期，展期申请书与原借据一并保管，不另外进行账务处理。

  （2）贷款逾期的核算

  逾期贷款是指借款合同到期未归还的贷款。

  会计部门应在贷款到期日营业终了前，根据原借据编制特种转账借、贷方传票将原贷款转入逾期贷款账户。记账的会计分录为：

  借：贷款——逾期贷款××户

   贷：贷款——信用贷款××户

  将逾期贷款的借据另行保管。对逾期贷款则从转入逾期贷款账户之日起，至还款之日止，按实际逾期天数和规定的罚息率（0.3‰~0.5‰）计收罚息。

（三）担保贷款的核算

担保贷款包括抵押贷款、质押贷款和保证贷款。抵押贷款是指借款人或第三人不转移对抵押物的占有，银行将该抵押物作为债权的担保而发放的贷款。质押贷款是指借款人或第三人将其动产移交银行占有，或将某项权利出质给银行，银行以该动产或权利作为债权的担保而发放的贷款。保证贷款是指以第三人承诺在借款人不能偿还贷款时按约定承担一般保证责任或连带责任为前提而发放的贷款。

1. 抵押贷款的核算

抵押贷款的特点：抵押贷款必须以借款人或第三人的财产作为抵押物，可减少银行贷款风险，比信用贷款安全；借款人能以较低的利率获得资金；由于具有还本付息的刚性，可促进借款人加强核算，合理使用贷款。

抵押贷款是以借款人的财产作为还款担保的，因此，必须严格按照规定审核抵押品。

《中华人民共和国担保法》第三十四条规定，下列财产可以抵押：抵押人所有的房屋和其他地上定着物；抵押人所有的机器、交通运输工具和其他财产；抵押人依法有权处分的国有的土地使用权、房屋和其他地上定着物；抵押人依法有权处分的国有的机器、交通运输工具和其他财产；抵押人依法承包并经发包方同意抵押的荒山、荒沟、荒丘、荒滩等荒地的土地使用权；依法可以抵押的其他财产。

《中华人民共和国物权法》第一百八十条也规范了债务人或者第三人有权处分的可以抵押财产，包括：建筑物和其他土地附着物；建设用地使用权；以招标、拍卖、公开协商等方式取得的荒地等土地承包经营权；生产设备、原材料、半成品、产品；正在建造的建筑物、船舶、航空器；交通运输工具；法律、行政法规未禁止抵押的其他财产。

（1）抵押贷款的发放

与信用贷款核算所不同的是要办理抵押品入账手续，进行表外科目的核算：

（收入）：待处理抵押品——××资产××户

发放抵押贷款入账的分录是：

借：贷款——抵押贷款××户（本金）

　　贷：吸收存款——活期存款××户

若有差额，借或贷：贷款——抵押贷款××户（利息调整）

（2）资产负债表日的核算

资产负债表日，抵押贷款要按实际利率法，采用摊余成本进行后续计量。可参照信用贷款该部分的核算方法。

（3）抵押贷款到期收回的核算

抵押贷款到期，应由借款单位主动向银行签发转账支票，会计部门审查支付凭证后，据此填制特种转账借、贷方凭证等办理转账。记账的会计分录为：

借：吸收存款——活期存款××户（客户归还金额）

贷：应收利息

贷款——抵押贷款××户（本金）

利息收入（差额）

存在利息调整余额的，还应同时结转。

同时，根据信贷部门的通知办理抵押物退还手续，销记表外科目和抵押品登记簿。

（付出）：待处理抵押品——××资产××户

（4）贷款到期不能收回的核算

①抵押贷款到期，借款人未破产，银行依法取得抵债资产，按抵债资产的公允价值入账时：

借：抵债资产——××资产××户

贷款损失准备（营业外支出）

贷：贷款——抵押贷款××户（已减值）

应收手续费及佣金

应交税费

资产减值损失

销记表外科目和抵押品登记簿时：

（付出）：待处理抵押品——××资产××户

计算抵押资产保管期间取得的收入和发生的直接费用时：

借：库存现金等

贷：其他业务收入

借：其他业务成本

贷：库存现金等

抵押资产处置时：

借：库存现金等

应交税费（营业外支出）

贷：抵债资产（营业外收入）

同时，做如下会计分录：

借：抵债资产跌价准备

贷：资产减值损失

②取得抵债资产后转为自用。《金融企业财务规则》第二十八条规定，抵债资产不得转为自用。因客观条件需要转为自用的，应当在履行规定的程序后，纳入相应的资产

进行管理。应在转换日做出如下会计分录：

借：固定资产等

　　贷：抵债资产（账面余额）

同时，借：抵债资产跌价准备

　　贷：资产减值损失

2. 保证贷款的核算

保证贷款是指以第三人承诺在借款人不能偿还贷款时按约定承担一般保证责任或连带责任为前提而发放的贷款。为了保证贷款资金的安全，商业银行对经营风险较大、信用较差、大额贷款或情况特殊、经营项目复杂的贷款，应要求借款申请人提供贷款保证人，当债务人不能偿还借款时，保证人应按照规定履行债务或者承担还款的责任。

商业银行发放保证贷款时，必须严格审查保证人的资格。保证人必须是具有代为清偿债务的法人、其他经济组织或者公民。国家机关、企业法人的分支机构、职能部门不得作为保证人，但企业法人的分支机构如有企业法人的书面授权，可以在授权范围内提供保证。除此之外，银行还要审查保证人的清偿能力，了解保证人的财务会计报表、经营情况、未来发展情况等。只有那些符合保证资格且确实有担保偿债能力的保证人，才可以接受其提供的担保，以避免出现在借款人不能按期偿还贷款的同时，保证人也不能履行其保证责任的情况。

同一债务有两个以上保证人的，保证人应当按照保证合同约定的保证份额，承担保证责任；没有约定保证份额的，保证人承担连带责任，债权人可以要求任何一个保证人承担全部保证责任。保证人都负有保证全部债权实现的义务，履行了债务的保证人，有权向债务人追偿或要求其他承担连带责任的保证人偿付其应当承担的份额。

保证贷款的发放与收回的处理与抵押贷款的核算相同，所不同的是保证贷款在借款人不能偿还贷款时，保证人按照规定履行债务或者承担责任。

3. 质押贷款的核算

质押贷款是指借款人或第三人将其动产移交银行占有，或将某项权利出质给银行，银行以该动产或权利作为债权的担保而发放的贷款。质押贷款的关系人为借款人、出质人和质权人。出质人可以是借款人、借款人以外的第三人，质权人是发放贷款的商业银行。出质人和质权人应以书面形式订立质押合同，质押合同相关的质物移交给质权人占有时质押合同才正式生效。

质押贷款的发放基础是质物，质物可以是动产也可以是财产权利。以动产作为质押的，必须将动产移交给发放贷款的商业银行占有，并订立质押合同。可以作质押的财产权利包括汇票、支票、本票、债券、存款单、仓单、提单，可以依法转让的股份、股票，可以依法转让的商标专用权、专利权、著作权中的财产权。以汇票、支票、本票、债券、存款单、仓单、提单作为质物的，应当在合同约定的期限内将权利凭证交付给发放贷款的商业银行；可以依法转让的股份、股票作为质物的，应向证券登记机构办理出质登记；可以依法转让的商标专用权、专利权、著作权中的财产权作为质物的，应向出质人的管理机构办理出质登记。

质押贷款的会计处理与抵押贷款基本相同，贷款到期不能收回时，商业银行可以所得质物的价款来抵偿贷款本息及其他相关费用。

### 二、票据贴现业务的核算

票据贴现是指贷款人以购买借款人未到期商业票据的方式发放的贷款。通过票据贴现，持票人可提前收回垫支于商业信用的资金，对贴现银行则是一种将商业信用转化为银行信用的融资业务。

（一）贴现业务的特点

贴现业务与贷款业务都是银行的资产业务，但两者相比又有明显的区别：

（1）行为方式不同。贷款是借款人与贷款人之间的资金借贷行为，只转移了资金使用权，遵循的是资金的有偿性原则；贴现是票据的买卖和资金让渡的过程，遵循的是给付对价原则即银行取得票据要给付资金，贴现申请人背书转让票据，要取得相应的对价并贴付一定利息。贴现申请人到期不再还本付息。票据到期，其收款权由银行行使。

（2）法律关系不同。贷款体现的是银行与借款人之间的民事法律关系，主要受民法、经济合同法及相关金融法规的约束；贴现体现的是银行与票据付款人之间的权利与义务关系，贴现申请人只负责担保该票据到期付款的责任，这种关系主要受票据法的规范和约束。

（3）流动性不同。贴现期限不超过 6 个月，流动性较强，且持有银行可办理转贴现、再贴现，提前收回资金；贷款的期限除个别为短期外，一般比票据贴现期限长，无特殊情况不能提前收回，故流动性弱。

（4）计息方法不同。贷款是到期或定期计收利息；贴现则是预扣利息。

（二）贴现业务的核算

1. 审核并受理贴现凭证

持票人持未到期的商业汇票来行申请贴现时，应填制贴现凭证一式五联。第一联代贴现借方凭证，第二联代收款户贷方凭证，第三联代利息收入贷方凭证，第四联代收账通知，第五联为票据贴现到期卡。在第一联上加盖预留印鉴后，连同汇票送交银行。

银行信贷部门进行审查，符合贴现条件的，在贴现凭证"银行审批"栏签注"同意"字样，加盖有关人员印章送交会计部门。

会计部门接到贴现凭证及汇票后，经审核无误，按规定的贴现利率计算贴现利息和实付贴现金额。其计算公式为：

汇票到期值＝汇票票面金额＋汇票票面金额×年利率÷360×汇票天数

贴现利息＝汇票到期值×贴现天数×（月贴现率÷30）

实付贴现金额＝汇票到期值——贴现利息

在贴现凭证有关栏内填上贴现率、贴现利息和实付贴现金额。以贴现凭证第一联代贴现科目借方传票，第二、三联分别作为有关科目贷方传票办理转账。按贴现票面金额，借记"贴现资产"账户（面值）；按实际支付的金额，贷记"吸收存款"账户，按其差额，贷记"贴现资产"（利息调整）账户。记账的会计分录为：

借：贴现资产——商业承兑汇票或银行承兑汇票××户（面值）

　　贷：吸收存款——活期存款××户

　　　　贴现资产——商业承兑汇票或银行承兑汇票××户（利息调整）

编制表外科目收入传票，登记表外科目明细账时：

（收入）有价单证——买入票据业务

2. 资产负债表日

按照实际利率计算确认当期贴现利息收入，借记"贴现资产"（利息调整）账户，贷记"利息收入"账户。

其会计分录为：

借：贴现资产——商业承兑汇票或银行承兑汇票××户（利息调整）

　　贷：利息收入

3. 贴现票据到期

商业汇票贴现款的收回是通过委托收款方式进行的。贴现银行作为收款人，应于汇票到期前匡算邮程，提前填制委托收款凭证，连同汇票一并向付款人开户行或承兑银行收取票款。

（1）付款人开户行或承兑银行的处理

付款人开户行或承兑银行收到委托收款凭证和汇票后，对于商业承兑汇票，于汇票到期日将票款从付款人账户付出。记账的会计分录为：

借：吸收存款——活期存款××户

　　贷：清算资金往来

如付款人无款支付或拒绝付款，付款人开户行应将凭证、汇票、拒付理由书退回贴现银行。

对于银行承兑汇票，承兑银行做出如下会计分录：

借：吸收存款——其他存款

　　贷：清算资金往来

（2）贴现行收到汇划款项的处理

贴现银行收到划回款项时，按照委托收款的款项划回的有关手续处理。按实际收到的金额，借记"清算资金往来"、"存放中央银行款项"等账户；按贴现的票面金额，贷记"贴现资产"账户（面值），结转存在的利息调整余额，借记"贴现资产"账户（利息调整）；按其差额，贷记"利息收入"账户。记账的会计分录为：

借：清算资金往来

贴现资产——商业承兑汇票或银行承兑汇票××户（利息调整）

贷：贴现资产——商业承兑汇票或银行承兑汇票××户（面值）

利息收入

编制表外科目付出传票，登记表外科目明细账时：

（付出）有价单证——买入票据业务

（3）到期未收回

贴现银行如收到付款人开户行退回的委托收款凭证、拒付理由书和汇票时，向贴现申请人收回已贴现的票款。收款时填制两联特种转账借方传票，在"转账原因"栏注明"未收回××号汇票，贴现款已从你账户收回"，一联代单位存款户借方传票，另一联加盖业务公章随同汇款交贴现申请人，原留存的第五联贴现凭证代贷方传票办理转账。记账的会计分录为：

借：吸收存款——活期存款××户

贷：贴现资产——商业承兑汇票××户

如贴现申请人存款账户余额不足支付票款，则将不足部分转作逾期贷款：

借：吸收存款——活期存款××户

贷款——逾期贷款××户

贷：贴现资产——商业承兑汇票××户

例3.2  2009年1月31日，某银行为其客户华西科技公司办理票据贴现。华西科技公司申请贴现的商业汇票票面金额100万元，6个月后到期。该银行办妥贴现业务，将实付贴现金额转入华西科技公司账户。2009年7月31日贴现到期，该银行收到票款100万元。设月贴现率为1.4‰。该银行做出会计分录如下：

（1）2009年1月15日办理贴现时：

贴现利息 = 1 000 000 × 6 × 1.4‰ = 8 400（元）

实付贴现金额 = 1 000 000 - 8 400 = 991 600（元）

借：贴现资产——银行承兑汇票户（面值）　　　　　　　　　　1 000 000

　　贷：吸收存款——活期存款华西科技公司户　　　　　　　　　991 600

　　　　贴现资产——银行承兑汇票户（利息调整）　　　　　　　　8 400

编制表外科目收入传票，登记表外科目明细账时：

（收入）有价单证——买入票据业务　　　　　　　　　　　　　　　　　　1 000 000

（2）资产负债表日，按照实际利率计算确认当期贴现利息收入并办理转账时：

借：贴现资产——银行承兑汇票户（利息调整）　　　　　　　　　　　　　　1 400

　　贷：利息收入　　　　　　　　　　　　　　　　　　　　　　　　　　　1 400

（3）2009 年 7 月 31 日，贴现到期收回时：

借：清算资金往来　　　　　　　　　　　　　　　　　　　　　　　　1 000 000

　　贷：贴现资产——银行承兑汇票户（面值）　　　　　　　　　　　　1 000 000

借：贴现资产——银行承兑汇票户（利息调整）　　　　　　　　　　　　　　1 400

　　贷：利息收入　　　　　　　　　　　　　　　　　　　　　　　　　　　1 400

编制表外科目付出传票，登记表外科目明细账时：

（付出）有价单证——买入票据业务　　　　　　　　　　　　　　　　　　1 000 000

# 第三节　个人贷款业务的核算

　　个人贷款是指商业银行向借款人个人发放的，用于其本人或家庭进行消费的人民币担保贷款。按照国外的经验，当人均 GDP 达到 1 000 ~ 3 000 美元时，该国就进入了消费信贷时期。在我国，许多城市人均 GDP 已超过 1 000 美元，与此同时，消费观念的变化也令大量的城市消费者把目光投向消费信贷。因此，积极开展个人贷款业务，对促进消费、扩大内需、推动生产，支持国民经济持续、稳定发展以及调整信贷结构，提高信贷资产质量，具有十分重要的意义。

## 一、个人贷款的种类

　　目前我国商业银行开展的个人信贷业务品种主要有个人消费贷款、国家助学贷款和个人住房贷款三大类。此外，各商业银行还在积极开发各种新的消费信贷品种，逐步扩大消费信贷的服务领域，如旅游贷款、个人小额度短期信用贷款、房车组合贷款、个人综合消费贷款等。

　　个人汽车消费贷款是指贷款人向申请购买汽车的借款人发放的人民币担保贷款，期限 3 ~ 5 年，担保方式可采用质押、抵押和保证等。贷款金额随担保方式不同而有所不同。

　　个人大额耐用消费品贷款是指贷款人向借款人发放的、用于其本人及家庭购买耐用

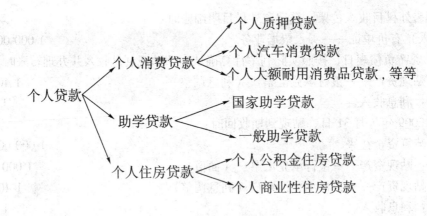

图 3.1　个人贷款的种类

消费品的人民币担保贷款。期限半年至两年。担保方式可采用质押、抵押和保证等。贷款金额 2 000 ~ 100 000 元，借款额最高不超过购物款的 70% ~ 80% 。

个人质押贷款是指借款人以储蓄存款、凭证式国债等有效权利作为质押向贷款人提出申请并获得的人民币贷款。一般期限不得超过 1 年且不得超过质押品的到期日，只能采用质押担保方式。以储蓄存单质押的，贷款额度的起点是人民币 2 000 元，每笔贷款额不超过存单面额的 90% 。以国债质押的，贷款额度的起点是人民币 5 000 元，每笔贷款额不超过存单面额的 90% 。

"按揭"也称为住房抵押贷款，指以购买者支付一定数额的首期付款为条件，用新购买的房产作为抵押物，向金融机构申请长期贷款，然后按月偿还贷款本息的一种金融活动。

## 二、个人住房贷款的核算

个人住房贷款，通常其贷款额度最高为所购住房全部价款或评估价值的 80%；住房公积金贷款数额不得超过借款人家庭成员退休年龄所交住房公积金数额的两倍。贷款期限最长为 30 年。

（一）贷款发放的核算

借款人到经办银行申请办理个人住房贷款时，应填写书面申请并按要求提交有关资料，包括有效身份证件、收入证明、购房合同，以及抵押物或质押物清单、权属证明、有处分权人同意抵押或质押的证明，或保证人同意提供担保的书面文件和保证人的资信证明。经办银行审查客户提交的资料无误，填写个人消费信贷资料清单，资料原件退还客户。

经审批同意向借款人贷款的，通知借款人来行办理贷款手续，签订借款合同和担保合同（指抵押合同、质押合同或保证合同）。由经办人员填写开立贷款账户通知书，注明贷款种类、期限、利率及合同金额等，连同借款合同副本及借款人填写的个人住房贷款支付凭证交会计部门办理放款手续。

会计部门收到信贷部门转来的凭证，凭以办理开户手续。为借款人开立贷款账户，编列账号，开户书专夹保管。如借款人担保方式为抵押或质押，还需根据抵押或质押金额通过"担保物"表外科目登记反映。

借款人使用贷款时，应审查其填写的支付凭证有无信贷部门审批意见；各项内容填写是否正确、完整；大小写金额是否正确、一致；印鉴是否相符等。审查无误后，办理转账。

如售房单位未在本行开户时：

借：贷款——个人住房贷款××户

　　贷：清算资金往来

如售房单位在本行开户时：

借：贷款——个人住房贷款××户

　　贷：吸收存款——活期存款××售房单位户

（二）贷款按期收回的核算

个人住房贷款的还款方式有多种，比较常用的是等额本息还款法和等额本金还款法。

1. 等额本息还款法

即贷款每月以相等的额度平均偿还贷款本息。其计算公式是：

$$每月偿还贷款本息金额 = \frac{贷款本金 \times 日利率 \times 30 \times (1 + 日利率 \times 30) \times 还款总月数}{(1 + 日利率 \times 30) \times 还款总月数 - 1}$$

还款当月应还利息 = 贷款本金 × 日利率 × 30

应还本金 = 每月偿还贷款本息金额 - 当月应还利息

2. 等额本金还款法

即在每月（季）固定的还款日，等额偿还贷款的本金，贷款利息随本金逐月递减。

（1）按月等额本金归还法计算公式

贷款每次归还的本金 = 贷款总金额 ÷ 贷款期月数

贷款每次归还的利息 =（贷款总金额 - 已归还贷款本金累计金额）× 日利率 × 30

（2）按季等额本金归还法计算公式

贷款每次归还的本金 = 贷款总金额 ÷ 贷款期季数

贷款每次归还的利息 =（贷款总金额 - 已归还贷款本金累计金额）× 日利率 × 90

借款人偿还贷款本息有现金还款和委托扣款方式。记账的会计分录分别为：

借：库存现金

或借：吸收存款——活期储蓄存款××户

  贷：贷款——个人住房贷款××户

   利息收入

# 第四节　贷款减值业务的核算

## 一、贷款减值概述

《企业会计准则第 8 号——资产减值》规定，企业应当在资产负债表日判断资产是否存在可能发生减值的迹象，如存在，应当估计其可收回金额，当资产的可收回金额低于其账面价值时，企业需要通过计提减值准备的形式将资产的账面金额调减至可收回金额，调减的金额直接以成本形式计入当期损益。

《企业会计准则第 22 号——金融工具确认与计量》规定，除交易性金融资产外，其他金融资产均应在期末采用个案基准和组合基准相结合的方式，通过公允价值或未来现金流量折现法确认和计量资产减值损失。减值一经确认，不得随意转回。

（一）可收回金额的估计——预期未来经济利益的流入

（1）企业继续使用资产代表了资产的使用价值，一般用资产预计未来现金流量的现值来计量，所采用的折现率是在购置或投资资产时所要求的必要报酬率；

（2）可以来自资产出售，代表了资产的交换价值，准则要求用公允价值减去处置费用来计量。

由于理性的企业经营者自然会选择能带来较高经济利益的资产处置方式，因此，减值准则要求根据资产的公允价值减去处置费用后的金额与现值两者之间较高者确定可收回金额。

（二）减值的确认

对于单项金额重大的贷款，有客观证据表明其发生了减值的，应当计算资产负债表日的未来现金流量现值（以初始确认时确定的实际利率作为折现率），该现值低于其账面价值之间的差额确认为贷款减值损失。

采用组合方式进行减值测试的贷款，商业银行可以根据自身风险管理模式和数据支持程度，选择合理的方法确认和计量减值损失，例如，"迁移模型法"、"滚动率模型法"等。

贷款资产发生减值时，应当将该金融资产的账面价值减记至预计未来现金流量（不包括尚未发生的未来信用损失）现值，减记的金额确认为资产减值损失，计入当期损益。

（三）计提贷款损失准备的资产范围

计提贷款减值准备的资产包括贴现资产、拆出资金、客户贷款、银团贷款、贸易融资、协议透支、信用卡透支、转贷款和垫款等。

**二、贷款减值的核算**

以摊余成本计量的贷款资产发生减值时，应当将该金融资产的账面价值减记至预计未来现金流量（不包括尚未发生的未来信用损失）现值，减记的金额确认为资产减值损失，计入当期损益。

根据金融工具会计准则的要求，按摊余成本核算的金融资产预计未来现金流的现值，应当按照金融资产的原始实际利率（而非名义利率）进行折现。

（一）资产负债表日的核算

资产负债表日，银行确定贷款发生减值的，按应减记的金额，借记"资产减值损失"账户，贷记"贷款损失准备"账户。同时，将"贷款"账户（本金、利息调整）余额转入"贷款"账户（已减值），借记"贷款"账户（已减值），贷记"贷款"账户（本金、利息调整）。记账的会计分录为：

借：资产减值损失
　　贷：贷款损失准备
同时，借：贷款——××贷款××户（已减值）
　　贷：贷款——××贷款××户（本金、利息调整）

对已减值的贷款，在资产负债表日，应按贷款的摊余成本和实际利率计算确定利息收入，借记"贷款损失准备"账户，贷记"利息收入"账户。记账的会计分录为：

借：贷款损失准备
　　贷：利息收入
同时，按合同本金和利率计算确定的应收利息，在表外进行登记时：
收入：应收未收利息

（二）收回减值贷款的核算

商业银行收回减值贷款时，应按实际收到的金额，借记"吸收存款"、"存放中央银行款项"等账户；按相关贷款损失准备余额，借记"贷款损失准备"账户，按相关贷款余额，贷记"贷款"账户（已减值）；按其差额，贷记"资产减值损失"账户。记账的会计分录为：

借：吸收存款等

　　贷款损失准备

　　贷：贷款——××贷款××户（已减值）

　　　　资产减值损失（按以上差额）

（三）减值恢复的核算

贷款资产确认减值损失后，如有客观证据表明该资产价值已恢复，且客观上与确认该损失后发生的事项有关（如债务人的信用评级已提高等），原确认的减值损失应当予以转回，计入当期损益。但是，该转回后的账面价值不应当超过假定不计提减值准备情况下该贷款资产在转回日的摊余成本。按恢复增加的金额，借记"贷款损失准备"账户，贷记"贷款减值损失"账户。记账的会计分录为：

借：贷款损失准备

　　贷：资产减值损失

（四）呆账核销的核算

从政策层面理解，呆账核销有如下规定：

一是在核销内容上明确可核销的呆账包括债权和股权的本金及利息（或股息），息随本清。

二是确定以法院执行终结裁定书、破产终结裁定书、工商局注销企业营业执照证明等法律文件作为呆账核销的主要依据。

三是明确"账销案存"（法律法规规定债务与债权关系已完全终结除外）。

银行对于确实无法收回的各项贷款，按照管理权限报经批准后转销各项贷款。借记"贷款损失准备"账户，贷记"贷款"账户（已减值）。记账的会计分录为：

借：贷款损失准备

　　贷：贷款——××贷款××户（已减值）

按管理权限报经批准后转销表外应收未收利息：

付出：应收未收利息

（五）已核销的贷款又收回的核算

对于已确认并转销的贷款以后又收回的，按原转销的已减值贷款账面余额恢复，借记"贷款"账户（已减值），贷记"贷款损失准备"账户；按实际收到的金额，借记"吸收存款"、"存放中央银行款项"等账户；按原转销的已减值贷款余额，贷记"贷款"账户（已减值）；按其差额，贷记"资产减值损失"账户。记账的会计分录为：

借：贷款——××贷款××户（已减值）

　　贷：贷款损失准备

借：吸收存款等
　　贷：贷款——××贷款××户（已减值）
　　贷：资产减值损失

# 第四章

## 银行中间业务的核算

## 第一节　中间业务核算概述

### 一、中间业务的概念

《巴塞尔协议》对中间业务的定义是：中间业务包括客户资产管理、贷款承诺业务、担保业务和金融工具创新业务。

银监会颁发的《商业银行中间业务暂行规定》第三条规定，中间业务是指不构成商业银行表内资产、表内负债，形成银行非利息收入的业务。

### 二、中间业务的分类

根据《商业银行中间业务参考分类及定义》，商业银行中间业务可分为九大类：

（1）支付结算类中间业务，包括国内外结算业务；

（2）银行卡业务，包括信用卡和借记卡业务；

（3）代理类中间业务，包括代理证券业务、代理保险业务、代理金融机构委托、代收代付等；

（4）担保类中间业务，包括银行承兑汇票、备用信用证、各类银行保函等；

（5）承诺类中间业务，主要包括贷款承诺业务；

（6）交易类中间业务，例如远期外汇合约、金融期货、互换和期权等；

（7）基金托管业务，例如封闭式或开放式投资基金托管业务；

（8）咨询顾问类业务，例如信息咨询、财务顾问等；

（9）其他类中间业务，例如保管业务等。

以上中间业务按照是否给商业银行带来或有事项，可以分为不形成或有事项的中间业务和形成或有事项的中间业务。

不形成或有事项的中间业务：发生时会为商业银行带来手续费、佣金等收入，业务类型有本外币结算、银行卡、代理业务、咨询顾问类业务等；

形成或有事项的中间业务：发生时不但为商业银行带来手续费，而且同时形成或有事项，这些或有事项在一定条件下可能会转化为表内资产或表内负债，业务类型有信用证、备用信用证、票据担保、贷款承诺等。所以对两类中间业务的会计处理方法也就不同。

### 三、对两类中间业务的会计处理方法

对于不形成或有事项的中间业务，在发生时应确认为手续费及佣金收入；对于形成或有事项的中间业务，在发生时确认手续费及佣金收入，同时记表外账（单式记账法），期末，在资产负债表的附注中披露此类中间业务引起的或有负债的期末余额。

# 第二节 支付结算业务的核算

### 一、支付结算业务概述

（一）相关概念

结算（Settlement）系为实现因货物买卖、服务贸易、金融投资、消费等引发的债权债务及资金转移而发生的货币收付。结算按其支付的形式不同，分为现金结算和转账结算两种。

现金结算即直接用现金进行的货币收付，其充分运用了货币流通手段的职能。

转账结算是通过银行划账的方式（即将款项从付款人账户划转到收款人账户），实现资金在银行账户上的转移。其充分运用了货币支付手段的职能。

转账结算的特点：

（1）转账结算以有价结算凭证为形态。银行转账结算所运用的各种信用工具或转账凭证虽然无固定面额、无固定银行发行，但其是存款货币的一种形态，是以有价结算

凭证形式出现的，能够代替现金货币发挥货币的流通手段和支付手段的职能。

（2）转账结算以银行为支付中介机构。在一切交易过程中，货币沿着买方→银行→卖方的程序进行结算。正因为如此，现代商业银行具有支付中介的功能。

（3）转账结算靠科学的管理维护正常秩序。通过银行办理转账结算，目的是快速、有序、安全地实现货币所有权在经济和社会活动参与者之间的转移。而此目的的实现需要以科学管理作为保障。比如在一个国家的转账结算中，票据结算占有十分重要的地位。从票据的开立、流通、支付到票据的清分、交换，均建有一套相应的制度及运作程序。

支付结算是指单位、个人在社会经济活动中，使用票据、信用卡和汇兑、托收承付、委托收款等结算方式进行货币给付及其资金清算的行为。

支付结算的优点：能够保证结算资金的安全；减少现金流通量，节约社会流通费用；缩短结算过程，加速社会资金的周转。同时，还有利于商业银行集中各单位、个人的闲散资金，稳定和扩大商业银行的信贷资金来源。

支付结算的局限性：要受银行营业时间的限制；要受凭证的填制格式、有效期等条件的限制；要受会计核算手续的限制。

（二）支付结算原则

支付结算原则，是指单位、个人和商业银行在办理支付结算时，必须共同遵守的行为准则。为促进商品经济的发展，强化各单位信用观念和承担资金清算责任，单位和个人办理支付结算以及银行会计部门在组织支付结算业务核算时，必须认真贯彻执行以下支付结算原则，以保证资金清算的顺利进行。

1. 恪守信用，履约付款

办理支付结算的收付款双方及各自的开户银行，必须共同遵守合同规定，履行各方职责。付款方必须履约付款，不得任意拖欠款项、无理拒付款项；收款方也应按照合同约定，履行自己的义务。商业银行更应严格按照有关规定认真履行结算中介机构的责任，及时，准确地为双方收付款项，避免引起结算纠纷。

2. 谁的钱进谁的账，由谁支配

商业银行在办理支付结算业务时，必须保护客户对其存款的所有权和使用权。银行只能根据付款人的委托，为其代理存款货币的支付；根据有关经济合同或协议，为收款人代理账户款项的收存。同时，商业银行必须依法为单位、个人的存款保密，除国家法律规定和国务院授权银行监督项目外，其他部门委托监督的款项，银行不得受理，也不得代理任何单位查询、扣款，不得停止单位、个人对存款的正常支付。

3. 银行不垫款

银行在办理支付结算业务时处于中介地位，只接受客户的委托，向客户提供支付结算服务，为客户进行资金在账户之间的划转，而不承担垫付款项的责任。因此，商业银行办理支付结算，必须坚持"先付后收，收妥抵用"；各单位、个人支用款项时，应限制在银行存款账户的余额内。

（三）支付结算纪律

支付结算纪律是国家财经纪律的重要组成部分，它是维护结算秩序、促进结算业务正常进行的必要保证。具体包括以下两方面内容：

1. 办理结算业务的单位和个人应遵守的结算纪律

单位和个人不得违反规定开立和使用账户；不得签发没有资金保证的票据套取银行信用；不得签发、取得、转让没有真实商品交易和债权债务的票据，套取银行和他人资金；不得无理拒付，任意占用他人资金。

2. 商业银行应遵守的结算纪律

银行在办理结算业务时，不得以任何理由压票、任意退票、截留挪用客户和他行资金；不得无理拒绝支付应由银行支付的票据款项；不得受理无理拒付、不扣少扣滞纳金，影响社会资金的正常周转；不得违章签发、承兑、贴现票据，套取银行资金；不得签发空头银行本票、银行汇票和办理空头汇款；不得在支付结算制度之外规定附加条件，影响汇路畅通；不得违反规定开立和使用账户；不得拒绝受理、代理他行正常结算业务；不得放弃对企业单位违反结算纪律的制裁；不得逃避向中国人民银行转汇大额汇划款项。

（四）支付结算方式的种类

结算方式是指在一定条件下，采用一定的形式，以实现结算单位或个人之间资金收付的程序和方法。我国银行现行的支付结算方式由中国人民银行统一制定。

（1）按其所使用的支付结算工具不同分为票据、信用卡及银行结算方式，简称"三票一卡三方式"。"三票"是指支票、汇票和银行本票三种票据；"一卡"是指信用卡；"三方式"是指汇兑、委托收款和托收承付三种银行结算方式。

（2）按其使用的区域不同分为异地结算方式、同城结算方式、异地与同城通用的结算方式。异地结算方式包括汇兑、银行汇票和异地托收承付；同城结算方式包括银行本票；异地与同城通用的结算方式包括支票、商业汇票、委托收款结算方式、信用卡。

## 二、"三票"结算业务的核算

（一）票据的概念及相关规定

1. 票据的概念

票据是出票人签发由出票人自己或委托他人在见票时，或在票据到期日无条件支付确定金额给收款人或持票人的有价证券。广义的票据包括各种有价证券和商业凭证，我国《票据法》规定的是狭义票据，主要指支票、汇票（包括银行汇票和商业汇票）、银行本票。

2. 票据的相关规定

（1）票据基础。票据是用以反映在货币、商品让渡过程中，债权、债务关系的发生、转移以及清偿的一种信用工具。因此，票据签发、取得和转让的基础是必须具有真实的交易关系和债权、债务关系。同时，票据的取得必须给付对价（即票据双方当事人认可的相对应的代价）。

（2）票据记名。为使票据关系明确，票据一律记名。出票时必须记载收款人名称，背书时必须记载背书人、被背书人名称，被背书人即为现时收款人。

（3）票据行为。票据行为是票据权利与义务关系成立的相关法律行为，包括出票、背书、承兑、保证、付款和追索等。

（4）票据权利。票据权利是体现在票据上的一种债权，是持票人向票据债务人请求支付票据金额的权利。票据权利包括付款请求权和追索权。

（5）票据背书转让。背书是指票据持票人为了转让票据权利，或者为了将一定的票据权利授予他人行使而在票据的背面或粘单上记载一定事项并签章的票据行为。背书包括转让背书和非转让背书（委托背书和质押背书）。

背书不得附有条件。背书附有条件的，所附条件不具有票据上的效力。

（6）提示付款。票据的收款人或持票人必须按照《票据法》规定的期限提示付款。商业汇票的持票人超过规定期限提示付款的，丧失对其前手的追索权；银行汇票、银行本票的持票人超过规定期限提示付款的，丧失对出票人以外的前手的追索权。

（7）票据签章。单位在票据上的签章，应为该单位的财务专用章或公章加其法定代表人或其授权的代理人的签名或者盖章。个人在票据上的签章，应为该个人的签名或者盖章。

（二）支票结算业务的核算

1. 概念及适用范围

支票是由出票人签发，委托办理支票业务的银行在见票时无条件支付确定金额给收款人或持票人的票据。

支票分为现金支票、转账支票、普通支票和划线支票。支票上印有"现金"字样的为现金支票（见表4.1）。现金支票只能用于支取现金。支票上印有"转账"字样的为转账支票（见表4.2、表4.4）。转账支票只能用于转账。支票上未印有"现金"或"转账"字样的为普通支票（见表4.3、表4.4）。普通支票可以用于支取现金也可以用于转账。在普通支票左上角划两条平行线的，为划线支票。划线支票只能用于转账，不得支取现金。

表 4.1

| ××银行转账支票存根 | 本期支票付款期限十天 | ××银行**现金支票** 地名 支票号码 |
|---|---|---|

**表 4.1 内容：**

××银行转账支票存根

支票号码

科　目

对方科目

出票日期　年 月 日

收款人：

金　额：

用　途：

单位主管　　　会计

本期支票付款期限十天

××银行**现金支票**　　　地 支票号码 名

出票日期(大写)　年 月 日　付款行名称：

收款人：　　　　　　出票人账号：

人民币 (大写)　　千 百 十 万 千 百 十 元 角 分

用途_____

上列款项请从

我账户内支付

出票人盖章

科目(借)_____

对方科目(贷)_____

付讫日期　年 月 日

出纳　复核　记账

贴对号单处　　出纳对号单

8cm×22.5cm,正联 17cm(底纹按行别分色,大写金额栏加红水纹)

表 4.2

××银行转账支票存根

支票号码

科　目

对方科目

出票日期　年 月 日

收款人：

金　额：

用　途：

单位主管　　　会计

本期支票付款期限十天

××银行**转账支票**　　　地 支票号码 名

出票日期(大写)　年 月 日　付款行名称：

收款人：　　　　　　出票人账号：

人民币 (大写)　　千 百 十 万 千 百 十 元 角 分

用途_____

上列款项请从

我账户内支付

出票人盖章

科目(借)_____

对方科目(贷)_____

转账日期　年 月 日

复核　　记账

(使用清分机的,此区域供打印磁性字码)

8cm×22.5cm,正联 17cm(底纹按行别分色,大写金额栏加红水纹)

表 4.3

| ××银行 （ ）<br>支票存根 | 本期支票付款期限十天 | ××银行 支票（ ） | 地名 支票号码 |
|---|---|---|---|

| ××银行 （ ）<br>支票存根 | | ××银行 支票（ ） | 地名 支票号码 |
|---|---|---|---|
| 支票号码<br>科　　目 | | 出票日期(大写)　　年 月 日　付款行名称： | |
| 对方科目 | 本期支票付款期限十天 | 收款人： 出票人账号： | |
| 出票日期　年 月 日 | | 人民币<br>(大写) | 千 百 十 万 千 百 十 元 角 分 |
| 收款人：<br>金　额：<br>用　途： | | 用途_____<br>上列款项请从<br>我账户内支付<br>出票人盖章 | 科目(借)_____<br>对方科目(贷)_____<br>转账日期　年 月 日<br>复核　　记账 |
| 单位主管　　会计 | | | |

8cm×22.5cm,正联 17cm(底纹按行别分色,大写金额栏加红水纹)

表 4.4

| 被背书人 | 被背书人 | 被背书人 | 贴单处 |
|---|---|---|---|
| 背书人签章<br>年 月 日 | 背书人签章<br>年 月 日 | 背书人签章<br>年 月 日 | |
| 持票人向银行<br>提示付款签章： | | 身份证件名称：<br>号　　码：<br>发证机关： | |

支票适用范围：单位和个人各种款项的结算，均可以使用支票。

2. 基本规定

（1）签发支票必须记载下列事项：

①表明"支票"的字样；

②无条件支付的委托；

③确定的金额；

④付款人名称；

⑤出票日期；

⑥出票人签章（两个章：单位财务专用章或单位公章加法定代表人签章或其授权的代理人签名或签章）。

欠缺记载上列事项之一的，该支票无效。

（2）签发支票应使用碳素墨水或墨汁填写。

（3）签发现金支票和用于支取现金的普通支票，必须符合国家现金管理的规定。

（4）签发人必须在银行账户余额内签发支票，严禁签发空头支票。严禁签发签章与银行预留印鉴不符的支票。

对签发空头支票、签章与预留银行不符的支票、使用支付密码而支付密码错误的支票，银行除按规定退票外，并按票面金额处以5%但不低于1 000元的罚款。持票人有权要求出票人赔偿支票金额2%的赔偿金。对屡次签发空头支票的，银行应停止其签发支票。

（5）支票的提示付款期为十天，从签发的次日算起，到期日遇例假日顺延。超过提示付款期的，持票人开户行不予受理，付款人不予付款。

（6）支票金额、收款人名称，可以由出票人授权补记。未补记前不得背书转让和提示付款。

（7）持票人可以委托开户银行收款，或直接向付款人提示付款；用于支取现金的支票，仅限于收款人向付款人提示付款。

3. 支票业务的核算（转账支票、普通支票和划线支票）

支票业务的核算程序取决于两个方面：其一，收付款双方是否在同行开户；其二，持票人（收款人）收款的方式，是委托自己的开户行收款还是直接向出票人开户行提示付款。因此，转账支票的核算要根据不同情况处理。

（1）持票人、出票人同行开户的核算

商业银行接到持票人提交转账的支票及两联进账单（见表4.5、表4.6）时应认真审查以下内容：

①支票是否真实，出票日期书写是否规范，是否在提示付款期限内；

②支票大小写金额是否一致，与进账单金额是否一致；

③支票填明的收款人与进账单上收款人名称是否一致；

④支票若有背书转让，其背书是否连续，签章及粘单的使用是否符合规定；

⑤出票人是否在本行开户，出票人账户是否有足够支付的款项；

表 4.5 　　　　　 ××银行 **进账单**（收账通知） 1

年　　月　　日　　　　　　　　　　第　号

| 出票人 | 全　称 | | 持票人 | 全　称 | |
|---|---|---|---|---|---|
| | 账　号 | | | 账　号 | |
| | 开户银行 | | | 开户银行 | |

| 人民币（大写） | | | | 千 | 百 | 十 | 万 | 千 | 百 | 十 | 元 | 角 | 分 |
|---|---|---|---|---|---|---|---|---|---|---|---|---|---|

| 票据种类 | | |
|---|---|---|
| 票据张数 | | |

单位主管　会计　复核　记账　　　　　　　　　持票人开户行盖章

此联是持票人开户银行交给持票人的收账通知

8.5cm×17.5cm（白纸黑油墨）

---

表 4.6 　　　　　 ××银行 **进账单**（贷方凭证） 2

年　　月　　日　　　　　　　　　　第　号

| 出票人 | 全　称 | | 持票人 | 全　称 | |
|---|---|---|---|---|---|
| | 账　号 | | | 账　号 | |
| | 开户银行 | | | 开户银行 | |

| 人民币（大写） | | 千 | 百 | 十 | 万 | 千 | 百 | 十 | 元 | 角 | 分 |
|---|---|---|---|---|---|---|---|---|---|---|---|

| 票据种类 | |
|---|---|
| 票据张数 | |

备注：

科目（贷）-----------------------------

对方科目（借）-----------------------

转账日期　年　　月　　日

复核　　　记账

此联由持票人开户银行作贷方凭证

8.5cm×17.5cm（白纸黑油墨）

⑥出票人在支票上的签章是否符合规定，是否与银行预留印鉴相符，使用支付密码的，其密码是否正确；

⑦支票必须记载事项是否齐全，出票金额、出票日期及收款人名称是否更改，其他记载事项的更改是否由出票人签章证明；

⑧持票人是否在支票的背面进行委托收款背书。

经审查无误后，银行将支票作为借方凭证记入出票人账户，第二联进账单作为贷方凭证记入持票人账户。记账的会计分录为：

借：吸收存款——活期存款出票人户

贷：吸收存款——活期存款持票人户

转账后，在支票和进账单各联上加盖"转讫"章，第一联进账单作为收账通知退给收款人。

银行接到出票人提交转账的支票及三联进账单（见表4.7、表4.8、表4.9）时，经审查无误后，支票作为借方凭证，第二联进账单作为贷方凭证入账。记账的会计分录为：

借：吸收存款——活期存款出票人户

贷：吸收存款——活期存款收款人户

转账后，在支票和进账单各联上加盖"转讫"章，第一联进账单作为回单退给出票人，第三联进账单作为收账通知交收款人。

表4.7　　　　　　　　××银行 **进账单**（回 单）　　1

年　　月　　日　　　　　　　　第　号

| 出票人 | 全　称 | | 收款人 | 全　称 | |
|---|---|---|---|---|---|
| | 账　号 | | | 账　号 | |
| | 开户银行 | | | 开户银行 | |

| 人民币（大写） | | 千 | 百 | 十 | 万 | 千 | 百 | 十 | 元 | 角 | 分 |
|---|---|---|---|---|---|---|---|---|---|---|---|

| 票据种类 | |
|---|---|
| 票据张数 | |

单位主管　　会计　　复核　　记账　　　　　　　　　出票人开户行盖章

此联是出票人开户银行交给出票人的回单

8.5cm×17.5cm（白纸黑油墨）

表4.8　　　　　　××银行 **进账单**（贷方凭证）　2
年　月　日　　　　　　　　　　第　号

| 出票人 | 全　称 | | 收款人 | 全　称 | | | | | | | | | | | |
|---|---|---|---|---|---|---|---|---|---|---|---|---|---|---|---|
| | 账　号 | | | 账　号 | | | | | | | | | | | |
| | 开户银行 | | | 开户银行 | | | | | | | | | | | |
| 人民币<br>（大写） | | | | | | 千 | 百 | 十 | 万 | 千 | 百 | 十 | 元 | 角 | 分 |

| 票据种类 | | 科目（贷） _____ |
|---|---|---|
| 票据张数 | | 对方科目（借） _____ |
| 备注： | | 转账日期　年　月　日 |
| | | 复核　　　记账 |

此联由收款人开户银行作贷方凭证

8.5cm×17.5cm（白纸红油墨）

表4.9　　　　　　××银行 **进账单**（收账通知）　3
年　月　日　　　　　　　　　　第　号

| 出票人 | 全　称 | | 收款人 | 全　称 | | | | | | | | | | | |
|---|---|---|---|---|---|---|---|---|---|---|---|---|---|---|---|
| | 账　号 | | | 账　号 | | | | | | | | | | | |
| | 开户银行 | | | 开户银行 | | | | | | | | | | | |
| 人民币<br>（大写） | | | | | | 千 | 百 | 十 | 万 | 千 | 百 | 十 | 元 | 角 | 分 |

| 票据种类 | |
|---|---|
| 票据张数 | |
| | |
| 单位主管　会计　复核　记账 | 收款人开户行盖章 |

此联是收款人开户银行交给收款人的收账通知

8.5cm×17.5cm（白纸黑油墨）

（2）持票人、出票人在同城不同行开户的核算

①持票人开户行受理持票人提交支票的处理

持票人开户行接到持票人提交的他行支票及一式两联进账单，经审查无误后，在两联进账单上按票据交换场次，加盖"收妥后入账"戳记，将第一联加盖转讫章交给持

票人。支票加盖交换专用章，通过票据交换提交出票人开户行。

等到约定退票时间已过而支票未被退回时，以进账单第二联作为贷方凭证入账。记账的会计分录为：

借：清算资金往来——同城票据清算××户

贷：吸收存款——活期存款××户

出票人开户行收到同城票据交换提入的支票时，经审查支票填写的内容、金额及加盖的印鉴无误，出票人存款账户的余额又足以支付时，以支票作为借方凭证入账。记账的会计分录为：

借：吸收存款——活期存款××户

贷：清算资金往来——同城票据清算××户

②出票人开户行受理出票人提交支票的处理

出票人开户行接到持票人或出票人提交的支票及一式三联进账单，按规定审查无误后，以支票作为借方凭证入账。记账的会计分录为：

借：吸收存款——活期存款××户

贷：清算资金往来——同城票据清算××户

进账单加盖业务公章及交换专用章，通过同城票据交换提交收款人开户行。收款人开户行收到交换提入的进账单时，经审核无误后，以进账单作为贷方凭证入账。记账的会计分录为：

借：清算资金往来——同城票据清算××户

贷：吸收存款——活期存款××户

例4.1　红旗连锁超市提交转账支票及一式两联进账单，金额为200 000元，委托本行收款，出票人是他行开户的永安公司。

本行将转账支票提出交换后在规定时间无退票通知时，做出如下会计分录：

借：清算资金往来——同城票据清算××户　　　　　　　　200 000

贷：吸收存款——活期存款红旗连锁超市户　　　　　　　　200 000

例4.2　甲单位提交转账支票及一式三联进账单给本行，用以支付在同城他行开户的乙单位的购货款48 000元。

本行审查支票及进账单无误后，做出如下会计分录：

借：吸收存款——活期存款甲单位户　　　　　　　　　　　48 000

贷：清算资金往来——同城票据清算××户　　　　　　　　48 000

例4.3　本行从交换所提入支票，金额为50 000元，经审查，此支票为在本行开户的A公司所签发，审查无误后立即办理转账，做出如下会计分录：

借：吸收存款——活期存款A公司户　　　　　　　　　　　50 000

  贷：清算资金往来——同城票据清算××户           50 000

  例4.4 本行从交换所提入进账单二、三联，经审查，为在他行开户的丙公司应付在本行开户的 B 公司的劳务费，金额为 100 000 元，审查无误后立即办理转账，做出如下会计分录：

  借：清算资金往来——同城票据清算××户         100 000

    贷：吸收存款——活期存款 B 户            100 000

  （3）持票人、出票人在异地不同行开户的核算（以集中模式下全国业务处理为例）

全国范围内的支票业务，通过全国支票影像交换系统处理。

  持票人开户行接到持票人提交的异地他行支票，按照中国人民银行有关要求审查支票内容后，采集支票影像信息，提交持票人开户行所属分中心，经总中心、出票人开户行所属分中心，至出票人开户行。

  出票人开户行收到支票影像信息后，进行合法性检查，确认后，自动生成小额批量支付系统支票回执报文，做出如下会计分录：

  借：吸收存款——活期存款××户

    贷：清算资金往来——小额支付系统待清算资金

  持票人开户行收到支票回执报文，进行核对无误后，做出如下会计分录：

  借：清算资金往来——小额支付系统待清算资金

    贷：吸收存款——活期存款××户

  例4.5 天津荣晶贸易公司向其开户行中国建设银行天津市分行提交转账支票及进账单，金额20万元，出票人为中国工商银行重庆市分行的开户人重庆水产公司（假设持票人、出票人开户行均具备支票影像采集条件，均参加小额支付系统）。

  中国工商银行重庆市分行确认收到的支票影像信息无误，并生成小额批量支付系统支票回执报文后，做出如下会计分录：

  借：吸收存款——活期存款重庆水产公司户        200 000

    贷：清算资金往来——小额支付系统待清算资金      200 000

  中国建设银行天津市分行收到支票回执报文核对无误后，做出如下会计分录：

  借：清算资金往来——小额支付系统待清算资金       200 000

    贷：吸收存款——活期存款天津荣晶贸易公司户     200 000

（三）银行汇票结算业务的核算

1. 概念及适用范围

银行汇票是出票银行签发的，由其在见票时按实际结算金额无条件支付给收款人或持票人的票据。

  银行汇票的付款人是出票银行，银行汇票的代理付款人是代理本系统出票银行或跨系统签约银行审核支付汇票款项的银行。

单位和个人各种款项结算，均可以使用银行汇票。银行汇票可以转账，填明"现金"字样的银行汇票可以转账，也可以支取现金。但现金银行汇票的签发，仅限于申请人和收款人均为个人时，出票银行才能办理。

2. 基本规定

（1）签发银行汇票必须记载下列事项：

①表明"银行汇票"的字样；

②无条件支付的承诺；

③出票金额；

④付款人名称；

⑤收款人名称（说明是记名汇票，使用全称）；

⑥出票日期；

⑦出票人签章。

欠缺记载上列事项之一的，该银行汇票无效。

（2）银行汇票的出票和付款，需带往全国范围的，仅限于中国人民银行和各商业银行参加"全国联行往来"的银行机构才能办理。跨系统银行签发的转账银行汇票的付款，应通过同城票据交换将银行汇票和解讫通知联同时提交给同城的有关银行审核支付后抵用。代理付款人不得受理未在本行开立存款账户的持票人为单位直接提交的银行汇票。

（3）未在银行开立结算账户的个人只能选择与出票行同系统的银行机构或出票行的代理兑付银行提示付款。

（4）银行汇票的提示付款期限自出票日起一个月。持票人超过付款期限提示付款的，代理付款人不予受理。

（5）申请人和收款人均为个人时，才能签发现金银行汇票。

（6）签发现金银行汇票必须填写代理付款人名称；签发转账银行汇票，不得填写代理付款人名称，但由中国人民银行代理兑付银行汇票的商业银行，在向未设有分支机构地区签发转账银行汇票的除外。

（7）持票人向银行提示付款时，必须同时提交银行汇票和解讫通知，缺少任何一联，银行不予受理。

（8）收款人提示付款时，未填明实际结算金额和多余金额或实际结算金额超过出票金额的，银行不予受理；银行实际结算金额不得更改，否则无效。

3. 银行汇票业务的核算

银行汇票凭证共有两套：

第一套为银行汇票申请书，一式三联（见表 4.10、表 4.11、表 4.12）。第一联为存根；第二联为借方凭证（若交付现金办理汇票，此联注销）；第三联为贷方凭证。

表 4.10　　　　　　　××银行汇票申请书（存根）　　1

申请日期　　　年　　月　　日

| 申请人 | | 收款人 | | | | | | | | | | | |
|---|---|---|---|---|---|---|---|---|---|---|---|---|---|
| 账　号<br>或住址 | | 账　号<br>或住址 | | | | | | | | | | | |
| 用　途 | | 代　理<br>付款行 | | | | | | | | | | | |
| 汇票金额 | 人民币<br>（大写） | | | 千 | 百 | 十 | 万 | 千 | 百 | 十 | 元 | 角 | 分 |

此联申请人留存

备　注：　　　　　　　　　　　科　　目＿＿＿＿＿＿＿＿＿＿＿

　　　　　　　　　　　　　　　　对方科目＿＿＿＿＿＿＿＿＿＿＿

8.5cm×17.5cm（白纸黑油墨）　　　财务主管　　复核　　经办

表 4.11　　　　　　　　××银行汇票申请书（借方凭证）　　2

申请日期　　　年　　月　　日　　　　　　第　号

| 申请人 | | 收款人 | | | | | | | | | | | |
|---|---|---|---|---|---|---|---|---|---|---|---|---|---|
| 账　号<br>或住址 | | 账　号<br>或住址 | | | | | | | | | | | |
| 用　途 | | 代　理<br>付款行 | | | | | | | | | | | |
| 汇票金额 | 人民币<br>（大写） | | | 千 | 百 | 十 | 万 | 千 | 百 | 十 | 元 | 角 | 分 |

此联出票行作借方凭证

上列款项请从我账户内支付　　　　　科目（借）＿＿＿＿＿＿＿＿＿

　　　　　　　　　　申请人盖章　　　对方科目（贷）＿＿＿＿＿＿＿＿

　　　　　　　　　　　　　　　　　　转账日期　　　年　　月　　日

8.5cm×17.5cm（白纸蓝油墨）　　　复核　　　记账

表4.12　　　　　　　　××银行汇票申请书（贷方凭证）　3

申请日期　　　年　月　日　　　　　　　　第　　号

| 申请人 | | 收款人 | | | | | | | | | | | |
| --- | --- | --- | --- | --- | --- | --- | --- | --- | --- | --- | --- | --- | --- |
| 账　号或住址 | | 账　号或住址 | | | | | | | | | | | |
| 用　途 | | 代　理付款行 | | | | | | | | | | | |
| 汇票金额 | 人民币（大写） | | 千 | 百 | 十 | 万 | 千 | 百 | 十 | 元 | 角 | 分 |

此联出票行作汇出汇款　贷方凭证

备　注

科目（贷）------------------------------

对方科目（借）_____

转账日期　　　年　月　日

8.5cm×17.5cm（白纸蓝油墨）

复核　　　记账　　　出纳

　　第二套为银行汇票结算凭证，一式四联（见表4.13、表4.14、表4.15、表4.16、表4.17）。第一联为卡片；第二联为汇票；第三联为解讫通知；第四联为多余款收账通知。

表4.13　　　　　　　　　　　　××银行

# 银行汇票（卡片）　1

第　　号

| 出票日期（大写）　　年　月　日 | | 代理付款行：　　　　　　行号： | | | | | | | | | | |
| --- | --- | --- | --- | --- | --- | --- | --- | --- | --- | --- | --- | --- |
| 收款人： | | 账号： | | | | | | | | | | |
| 出票金额 | 人民币（大写） | | | | | | | | | | | |
| 实际结算金额 | 人民币（大写） | 千 | 百 | 十 | 万 | 千 | 百 | 十 | 元 | 角 | 分 | |

申请人：_____　　　　　账号或住址：_____

出票人：_____　行号：_____

备　注：_____

复核　　　　经办

此联出票行结清汇票时作汇出款借方凭证

科目（借）_____

对方科目（贷）_____

销账日期　　　年　月　日

复核　　　　记账

10cm×17.5cm(白纸黑油墨)　注：汇票号码前加印省别代号

表 4.14

××银行

# 银行汇票 2

第　号

| 出票日期<br>（大写）　　年 月 日 | 代理付款行：　　　　　　行号： | | | | | | | | | | |
|---|---|---|---|---|---|---|---|---|---|---|---|
| 收款人：　　　　　　账号： | | | | | | | | | | | |
| 出票金额 人民币<br>　　　　（大写） | | | | | | | | | | | |
| 实际结算金额 人民币<br>　　　　　（大写） | 千 | 百 | 十 | 万 | 千 | 百 | 十 | 元 | 角 | 分 | |

此联代理付款行付款后作联行往账借方凭证附件

申请人：＿＿＿＿＿＿＿＿＿　　　　账号或住址：＿＿＿＿＿＿＿

出票行：＿＿＿＿＿　行号：＿＿＿

备　注：＿＿＿＿＿＿＿＿＿

凭票付款

出票行盖章

| 多余金额 | | | | | | | | | |
|---|---|---|---|---|---|---|---|---|---|
| 千 | 百 | 十 | 万 | 千 | 百 | 十 | 元 | 角 | 分 |

科目（借）．．．．．．．．．．

对方科目（贷）．．．．．．．．．．

兑付日期　年　月　日

复核　　　　记账

10cm×17.5cm（专用水印纸蓝油墨，出票金额栏加红水纹）　注：汇票号码前加印省别代号

表 4.15

| 被背书人 | 被背书人 | 被背书人 | |
|---|---|---|---|
| 背书人签章<br>年　月　日 | 背书人签章<br>年　月　日 | 背书人签章<br>年　月　日 | 贴单处 |

持票人向银行　　　　　　　　身份证件名称：

提示付款签章：　　　　　　　号　码：

发证机关：

表 4.16

## ××银行
# 银行汇票（解讫通知）3

第　号

出票日期（大写）　　　年　月　日

代理付款行：　　　　　　　行号：

收款人：　　　　　　　　账号：

出票金额　人民币（大写）

实际结算金额　人民币（大写）　　　千 百 十 万 千 百 十 元 角 分

申请人：＿＿＿＿＿＿＿＿＿＿＿　　账号或住址：＿＿＿＿＿＿

出票行：＿＿＿＿＿　行号：＿＿＿　　

备　注：＿＿＿＿＿＿＿＿＿＿＿

代理付款行盖章

多余金额
千 百 十 万 千 百 十 元 角 分

科目(借)＿＿＿＿＿＿
对方科目(贷)＿＿＿＿＿
兑付日期　年　月　日

复核　　　经办　　　　　　　　　　　　　复核　　　记账

此联代理付款行兑付后随报单寄出票行，由出票行作多余款贷方凭证

10cm×17.5cm(白纸红油墨,实际结算金额栏加红水纹)　　注:汇票号码前加印省别代号

表 4.17

## ××银行
# 银行汇票（多余款收账通知）4

第　号

出票日期（大写）　　　年　月　日

代理付款行：　　　　　　　行号：

收款人：　　　　　　　　账号：

出票金额　人民币（大写）

实际结算金额　人民币（大写）　　　千 百 十 万 千 百 十 元 角 分

申请人：＿＿＿＿＿＿＿＿＿＿＿　　账号或住址：＿＿＿＿＿＿

出票行：＿＿＿＿＿　行号：＿＿＿

备　注：＿＿＿＿＿＿＿＿＿＿＿

出票行盖章

多余金额
千 百 十 万 千 百 十 元 角 分

年　月　日

此联出票行结算多余款后交申请人

左列退回多余金额已收入你账户。

财务主管　复核　经办

10cm×17.5cm(白纸紫油墨)　　注:汇票号码前加印省别代号

银行汇票业务的核算过程分为出票、兑付、结清三个阶段。

（1）银行汇票出票的核算

申请人使用银行汇票，应向出票银行填写一式三联银行汇票申请书。

出票银行应审查以下内容：申请书是否填明收款人名称、汇票金额、申请人名称、申请日期等事项并签章，签章应为其预留银行的签章；大小写金额是否一致；申请书填明"现金"字样的，申请人和收款人是否均为个人并已交存现金，且申请人是否在申请书上填写代理付款人名称；申请人要求汇票不得转让的，是否在银行汇票申请书的"备注"栏内注明"不得转让"字样。

经出票银行审核银行汇票申请书无误后，办理转账。申请签发转账银行汇票的，以申请书第二联作为借方凭证，第三联作为贷方凭证，做出如下会计分录：

借：吸收存款——活期存款申请人户

　　贷：吸收存款——其他存款（汇出汇款）申请人户

申请签发现金银行汇票的，以申请书第三联作为贷方记账凭证（申请书第二联注销后作为第三联的附件）入账，做出如下会计分录：

借：库存现金

　　贷：吸收存款——其他存款（汇出汇款）申请人户

经出票银行复核无误后，将汇票申请书第一联退给客户，第二、三联交汇票经办人员签发一式四联银行汇票。

填写的汇票经复核无误后，在第二联上加盖汇票专用章并由授权的经办人签名或盖章；在实际结算金额栏的小写金额上端，用总行统一配发的压数机压印出票金额，然后连同第三联交给申请人。汇票第一联上加盖经办、复核人名章，逐笔登记汇出汇款登记簿，连同汇票第四联一并专夹保管。登记如下：

（收入）：汇出汇款——申请人户

在不能签发银行汇票的银行开户的申请人需要使用汇票，应由申请人向开户行填写汇票申请书，开户行转账后将款项移交给附近能够签发汇票的银行办理，出票行不得拒绝受理。

（2）银行汇票兑付的核算

①代理付款行接到在本行开户的持票人直接交来的汇票、解讫通知和一式两联进账单时，应认真审查。经审查无误，以第二联进账单作为贷方记账凭证，银行汇票第二联（汇票联）作为借方记账凭证附件，办理转账。做出如下会计分录：

借：清算资金往来

　　贷：吸收存款——活期存款持票人户

第一联进账单加盖"业务讫"章作为收账通知交给持票人。汇票第二、三联交汇划发报复核柜员复核。

②代理付款行接到未在本行开户的持票人为个人交来的汇票、解讫通知和一式两联进账单时，必须认真审查持票人的身份证件，是否在汇票背面"持票人向银行提示付款签章"处签章，是否注明证件名称、号码及发证机关，并要求持票人提交身份证件复印件留存备查。对现金汇票持票人委托他人向代理付款行提示付款的，代理付款行必须查验持票人和被委托人的身份证件，在汇票背面是否作委托收款背书，以及是否注明持票人和被委托人身份证件名称、号码及发证机关，并要求提交持票人和被委托人身份证件复印件留存备查。审查无误后，以持票人姓名开立应解汇款及临时存款账户，进账单第一联加盖"业务清讫"章交给持票人，第二联作为贷方记账凭证办理转账。做出如下会计分录：

借：清算资金往来

贷：吸收存款——其他存款（应解汇款）持票人户

应解汇款及临时存款的解付有如下两种情形：

A. 原持票人需要一次或分次办理转账支付的，应由其填制支付凭证，并向银行交验本人身份证件。做出如下会计分录：

借：吸收存款——其他存款（应解汇款）持票人户

贷：清算资金往来

B. 原持票人需要支取现金的，代理付款行经审查汇票上填写的申请人和收款人确为个人并按规定填明"现金"字样，以及填写的代理付款行名称确为本行的，可办理现金支付手续；未填明"现金"字样，需要支取现金的，由代理付款行按照现金管理规定审查支付，另填制一联现金借方凭证。做出如下会计分录：

借：吸收存款——其他存款（应解汇款）持票人户

贷：库存现金

转账后将现金借方凭证按现金支票的处理手续送出纳柜台凭以付款。

③银行接到在本行开立账户的持票人交来的跨系统银行签发的汇票、解讫通知和两联进账单时，应按有关规定认真审查。经审查无误后，按同城票据交换的规定将汇票和解讫通知通过票据交换提交代理付款行审核支付后抵用；有关的代理付款行，收到通过票据交换提入的汇票和解讫通知联，应按有关规定审查。凡不符合要求的，不予受理。

（3）银行汇票结清的核算

出票银行接到代理付款行的发报报文后，若汇票号码、日期、金额及付款账号与收报经办行（出票行）汇出汇款登记簿要素均相符，系统记账的会计分录为：

①汇票全额付款的，应在汇票卡片的实际结算金额栏填写全部金额，在汇票第四联多余款收账通知多余金额栏填"0"，汇票第一联作为借方凭证，多余款收账通知和解讫通知作为附件。做出如下会计分录：

借：吸收存款——其他存款（汇出汇款）申请人户

　　贷：清算资金往来

同时，销记汇出汇款登记簿：

（付出）：汇出汇款——申请人户

②汇票有多余款的，应在汇票第一联卡片和第四联多余款收账通知上填写实际结算金额，汇票卡片作为借方凭证，解讫通知作为多余款贷方凭证。做出如下会计分录：

借：吸收存款——其他存款（汇出汇款）申请人户

　　贷：清算资金往来

　　贷：吸收存款——活期存款申请人户

同时销记汇出汇款登记簿。在第四联银行汇票（多余款收账通知）联填写清楚多余金额，加盖"业务清讫"章交汇票申请人。

例4.6　2008年9月6日，中国建设银行成都市分行收到开户单位鸿运经贸公司提交的银行汇票申请书及转账支票，申请签发银行汇票180 000元，收款人为北京劲实医药公司。经审核无误，办理转账手续，做出如下会计分录：

借：吸收存款——活期存款鸿运经贸公司户　　　　　　　　　　180 000

　　贷：吸收存款——其他存款（汇出汇款）鸿运经贸公司户　　　180 000

例4.7　承前例4.6，中国建设银行北京市分行收到开户单位北京劲实医药公司提交中国建设银行成都市分行签发的银行汇票及进账单要求兑付，实际结算金额为178 000元。

经审核无误，按实际结算金额办理转账手续，做出如下会计分录：

借：清算资金往来　　　　　　　　　　　　　　　　　　　　　178 000

　　贷：吸收存款——活期存款劲实医药公司户　　　　　　　　　178 000

例4.8　承前例4.7，中国建设银行成都市分行收到本行清算中心转来的电子汇划信息，中国建设银行北京市分行已兑付本行签发的银行汇票，金额为178 000元。经审核无误，办理转账手续，做出如下会计分录：

借：吸收存款——其他存款（汇出汇款）鸿运经贸公司户　　　　180 000

　　贷：清算资金往来　　　　　　　　　　　　　　　　　　　　178 000

　　贷：吸收存款——活期存款鸿运经贸公司户　　　　　　　　　　2 000

（4）银行汇票退汇的核算

银行汇票申请人由于汇票超过付款期限或其他原因要求退款时，应交回银行汇票和解讫通知，并按照支付结算办法的规定提交证明或身份证件。出票行应与原专夹保管的汇票卡片核对无误，即在汇票和解讫通知的实际结算金额大写栏填写"未用退回"字样，汇票卡片作为借方凭证，汇票作为附件，解讫通知作为贷方凭证，办理转账。做出如下会计分录：

借：吸收存款——其他存款（汇出汇款）申请人户
　　贷：吸收存款——活期存款申请人户
或贷：库存现金

同时销记汇出汇款登记簿。多余款收账通知的多余金额栏填入原出票金额并加盖转讫章作为收账通知，交给原银行汇票申请人。

（四）银行本票业务的核算

1. 概念及适用范围

银行本票是由银行签发的，承诺自己在见票时无条件支付确定的金额给收款人或者持票人的票据。银行本票可以用于转账，注明"现金"字样的银行本票还可以用于支取现金。

单位和个人在同一省（自治区、直辖市）需要支付的各种款项，均可以使用银行本票。

2. 基本规定

（1）签发银行本票必须记载下列事项：

①表明"银行本票"的字样；

②无条件支付的承诺；

③确定的金额；

④收款人名称；

⑤出票日期：

⑥出票人签章。

欠缺记载上列事项之一的，该银行本票无效。

（2）银行本票的出票人，为经中国人民银行各当地分支行批准，有权办理银行本票业务的商业银行机构。

（3）银行本票的提示付款期限自出票日起最长不超过两个月。持票人超过提示付款期限提示付款的，代理付款人不予受理。持票人在票据权利时效内可以向出票行请求付款。

（4）银行本票见票即付。对跨系统银行本票的兑付，持票人开户行可以根据中国人民银行规定的金融机构同业往来的利率，向出票银行收取利息。

（5）银行本票分为不定额银行本票和定额银行本票。定额银行本票面额分别为1 000元、5 000元、10 000元和50 000元。

（6）银行本票可以用于转账，注明用于"现金"字样的银行本票可以支取现金。支取现金仅限于申请人和收款人均为个人的情况。

3. 银行本票业务的核算

银行本票凭证共有两套：

第一套为银行本票申请书，一式三联。第一联为存根，第二联为借方凭证（交现金办理本票的，第二联注销），第三联为贷方凭证。

第二套为银行本票结算凭证，分为不定额银行本票和定额银行本票。不定额银行本票一式两联（见表4.18、表4.19、表4.20）。一联为卡片联；二联为本票联。定额银行本票由单联组成（见表4.21）。其左边约1/4为存根，右边约3/4为本票联。

表 4.18

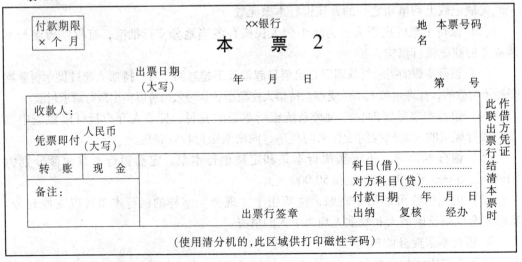

8cm×17cm(白纸红油墨)

表 4.19

8cm×17cm(专用水印纸蓝油墨)

表 4.20

| 被背书人 | 被背书人 | 被背书人 | |
|---|---|---|---|
| 背书人签章<br>年　月　日 | 背书人签章<br>年　月　日 | 背书人签章<br>年　月　日 | 贴单处 |
| 持票人向银行<br>提示付款签章： | 身份证件名称：<br>号　　码：<br>发证机关： | | |

表 4.21

| ××银行本票存根 | 付款期限<br>×个月 | ××银行　　　　地名　　本票号码 |
|---|---|---|
| 本票号码：IXV00000000<br>地　　名<br>收款人：<br>金　　额：壹万圆整<br>用　　途：<br>科　　目(借)⋯⋯⋯⋯<br>对方科目(贷)⋯⋯⋯⋯<br>出票日期：　年 月 日<br>出纳　复核　经办 | | **本　票**<br>出票日期<br>（大写）　　年 月 日<br>收款人<br>凭票即付人民币　　**壹万圆整**<br>转账　　现金　　　　¥10000<br>出票行签章 |

8cm×22.5cm,其中正联 17cm(专用水印纸黑油墨)

银行本票业务的核算分为出票、兑付、结清三个阶段。

（1）银行本票出票的核算

当申请人向银行申请银行本票时，应填写银行本票申请书。银行本票申请书需填明收款人名称、申请人名称、申请金额、申请日期等事项签章。申请人要求本票不得转让的，应在"备注"栏内注明"不得转让"字样。

申请人或收款人为单位的，不得申请签发现金银行本票。

银行受理申请人提交的第二、三联申请书时，应按有关规定审查无误后，才能签发银行本票。

申请签发转账银行本票的，出票银行以第二联申请书作为借方凭证，第三联作为贷方凭证，办理转账。做出如下会计分录：

借：吸收存款——活期存款申请人户

  贷：开出本票——定额本票或不定额本票

申请签发现金银行本票的，以第三联申请书作贷方凭证，第二联注销，办理转账。做出如下会计分录：

借：库存现金

  贷：开出本票——定额本票或不定额本票

出票行在办理转账或收妥现金后，签发银行本票。

签发的银行本票经复核无误后，交银行本票专用章保管人员在不定额银行本票第二联或定额银行本票正联加盖银行本票专用章并由授权的经办人员签章。定额本票正联交申请人，不定额银行本票第二联需用中国人民银行统一制作的压数机在银行本票"人民币（大写）"栏右端压印小写金额交给申请人。第一联卡片或存根联留存加盖经办复核员名章，专夹保管。

（2）银行本票兑付的核算

①代理付款行付款的核算

代理付款行接到在本行开户的持票人提交的本票和一式两联进账单时，认真审查以下内容：

A. 本票是否是统一规定印制的凭证，本票是否真实，是否超过提示付款期限。

B. 本票填明的持票人是否在本行开户，持票人名称是否为该持票人，与进账单上的名称是否相符。

C. 出票行的签章是否符合规定，加盖的本票专用章是否与印模相符。

D. 不定额本票是否有统一制作的压数机压印金额，与大写的出票金额是否一致。

E. 本票必须记载事项是否齐全，出票金额、出票日期、收款人名称是否更改，其他记载事项的更改是否由原记载人签章证明。

F. 持票人是否在本票背面"持票人向银行提示付款签章"处签章，背书转让的本票是否按规定的范围转让，其背书是否连续，签章是否符合规定，背书使用粘单的是否按规定在粘接处签章。

G. 个人持申请人为单位的银行本票向本行提示付款，将款项转入其个人银行结算账户的，是否提供符合规定的单位付款依据；如应纳税的，需提交税收代扣单位的完税证明。

经审查无误，以进账单第二联作为贷方凭证，办理转账。做出如下会计分录：

借：清算资金往来——同城票据交换××户

贷：吸收存款——活期存款持票人户

进账单第一联加盖"转讫章"作为收账通知交给持票人。在本票上加盖"转讫章"，通过票据交换向出票行提出交换。

②出票行付款的核算

A. 填明"现金"字样的本票支付款项时，必须到出票行办理。出票行接到持票人交来的填明"现金"字样的本票，抽出专夹保管的本票卡片或存根，经核对相符，确认属本行签发的同时，还必须认真审查其他有关项目是否填写正确。审核无误后，办理付款手续。本票作为借方凭证，本票卡片或存根联作为附件。做出如下会计分录：

借：开出本票——定额本票或不定额本票

　　贷：库存现金

B. 出票行受理在本行开户的持票人提交的转账银行本票和一式两联进账单时，按规定审核无误后，办理转账。做出如下会计分录：

借：开出本票——定额本票或不定额本票

　　贷：吸收存款——活期存款持票人户

本票上未划去"现金"和"转账"字样的，一律按照转账办理。

（3）银行本票的结清

出票行收到票据交换提入的本票时，抽出专夹保管的卡片或存根，经核对无误后，以本票作为借方凭证，卡片联或存根联作为附件，结清本票。做出如下会计分录：

借：开出本票——定额本票或不定额本票

　　贷：清算资金往来——同城票据交换××户

例4.9　甲公司准备向A县采购农产品6.9万元，协定用银行定额本票结算。甲公司来行提交一式三联银行本票申请书，经审查后同意签发，做出如下会计分录：

借：吸收存款——活期存款甲公司户　　　　　　　　　　　　　　　69 000

　　贷：开出本票——定额本票　　　　　　　　　　　　　　　　　　　69 000

例4.10　作为代理行，本行收到本行开户的甲公司提交的银行本票和进账单，金额150 000元，经审查无误，立即转账，做出如下会计分录：

借：清算资金往来——同城票据交换××户　　　　　　　　　　　150 000

　　贷：吸收存款——活期存款甲公司户　　　　　　　　　　　　　　150 000

例4.11　本行接到持票人雨荷的银行"现金"本票，金额100 000元，经核对无误，确属本行签发，立即转账，做出如下会计分录：

借：开出本票——定额本票或不定额本票　　　　　　　　　　　100 000

　　贷：库存现金　　　　　　　　　　　　　　　　　　　　　　　100 000

例4.12　本行从票据交换所提入本票，抽卡核对系开户A单位申请的银行不定额本票，金额 25 000 元，经核对无误，立即转账，做出如下会计分录：

借：开出本票——不定额本票　　　　　　　　　　　　　　　25 000

　　贷：清算资金往来——同城票据交换××户　　　　　　　　　　25 000

（4）银行本票退款的核算

银行本票申请人由于本票超过付款期限或其他原因要求退款时，应填制一式两联进账单连同本票交出票行，并按照支付结算办法的规定提交证明或身份证件。出票行应与原专夹保管的本票卡片核对无误，即在本票上注明"未用退回"字样，第二联进账单作为贷方凭证，本票作为借方凭证，本票卡片或存根联作为附件，办理转账。做出如下会计分录：

借：开出本票——定额本票或不定额本票

　　贷：吸收存款——活期存款申请人户

或贷：库存现金

（五）商业汇票结算业务的核算

1. 概念及适用范围

商业汇票是出票人签发的，委托付款人在指定日期无条件支付确定的金额给收款人或者持票人的票据。

商业汇票分为银行承兑汇票和商业承兑汇票。由银行承兑的汇票为银行承兑汇票。由银行以外的付款人承兑的汇票为商业承兑汇票。商业承兑汇票可以由付款人签发并承兑，也可以由收款人签发交由付款人承兑。银行承兑汇票应由在承兑银行开立存款账户的付款人签发，由其开户银行承兑。

在银行开立存款账户的法人以及其他组织，必须具有真实交易关系或债权债务关系，才能使用商业汇票。该种结算方式在同城、异地均可使用。

2. 基本规定

（1）签发商业汇票必须记载下列事项：

①表明"银行承兑汇票"或"商业承兑汇票"的字样；

②无条件支付的委托；

③确定的金额；

④付款人名称；

⑤收款人名称（记名汇票，使用全称）；

⑥出票日期；

⑦出票人签章。

欠缺记载上列事项之一的，该商业汇票无效。

（2）商业承兑汇票的出票人，为在银行开立存款账户的法人以及其他经济组织；

与其开户行具有真实的委托付款关系；具有支付汇票金额的可靠资金来源。

（3）银行承兑汇票的出票人，必须是在承兑银行开立存款账户的法人以及其他经济组织；与承兑银行具有真实的委托付款关系；具有支付汇票金额的可靠资金来源。

（4）出票人不得签发无对价的商业汇票骗取银行或其他票据当事人的资金。

（5）商业汇票可以在签发时向付款人提示承兑后使用，也可以在汇票出票后先使用，再向付款人提示承兑。

定日付款或者出票后定期付款的商业汇票，持票人应当在汇票到期日前向付款人提示承兑。见票后定期付款的汇票，持票人应当自出票日起一个月内向付款人提示承兑。

汇票未按规定的期限提示承兑的，持票人丧失对其前手的追索权。

（6）纸质商业汇票的付款期限最长不得超过六个月；电子商业汇票的付款期限最长不得超过一年。商业汇票的提示付款期限，自汇票到期日起十日内。

（7）银行承兑汇票的出票人应于汇票到期前将票款足额交存开户银行。承兑银行应在汇票到期日或到期后的见票当日支付票款。

（8）商业汇票的持票人可持未到期的商业汇票、贴现凭证连同交易合同原件和增值税发票或普通发票复印件向银行申请贴现。贴现银行可持未到期的商业汇票向其他银行办理转贴现，也可向中国人民银行申请再贴现。

3. 商业汇票业务的核算

商业汇票的会计凭证：

商业承兑汇票一式三联（见表4.22、表4.23、表4.24、表4.25）：一联为卡片联；二联为商业承兑汇票；三联为存根联。

表4.22　　　　**商业承兑汇票**（卡片）　**1**

| | | 出票日期　　　　年　　月　　日<br>（大写） | | | | | | | | | | 汇票号码<br>第　　号 | |
|---|---|---|---|---|---|---|---|---|---|---|---|---|---|

| 付款人 | 全　称 | | 收款人 | 全　称 | | | | | | | | | 此联承兑人留存 |
|---|---|---|---|---|---|---|---|---|---|---|---|---|---|
| | 账　号 | | | 账　号 | | | | | | | | | |
| | 开户银行 | 行号 | | 开户银行 | 行号 | | | | | | | | |
| 出票金额 | 人民币<br>（大写） | | 千 | 百 | 十 | 万 | 千 | 百 | 十 | 元 | 角 | 分 | |
| 汇票到期日 | | 交易合同号码 | | | | | | | | | | | |
| | | 备注： | | | | | | | | | | | |
| 出票人签章 | | | | | | | | | | | | | |

10cm×17.5cm（白纸黑油墨）

表 4.23

# 商业承兑汇票 2

出票日期　　　年　月　日　　　　　　　　　　　　汇票号码

（大写）　　　　　　　　　　　　　　　　　　　　第　　号

| 付款人 | 全　　　称 | | | 收款人 | 全　　　称 | | |
|---|---|---|---|---|---|---|---|
| | 账　　　号 | | | | 账　　　号 | | |
| | 开户银行 | | 行号 | | 开户银行 | | 行号 |

| 出票金额 | 人民币（大写） | | 千 | 百 | 十 | 万 | 千 | 百 | 十 | 元 | 角 | 分 |
|---|---|---|---|---|---|---|---|---|---|---|---|---|

| 汇票到期日 | | 交易合同号码 | |
|---|---|---|---|

| 本汇票已经承兑，到期无条件支付票款　　　　　　承兑人签章　　　　承兑日期　　年　月　日 | 本汇票请予以承兑，于到期日付款　　　　　　　　出票人签章 |
|---|---|

此联持票人开户行随委托收款凭证寄付款人作借方凭证附件

10cm×17.5cm（专用水印纸蓝油墨，出票金额栏加红水纹）

表 4.24

| 被背书人 | 被背书人 | 被背书人 |
|---|---|---|
| | | |
| 背书人签章　　年　月　日 | 背书人签章　　年　月　日 | 背书人签章　　年　月　日 |

表 4.25

# 商业承兑汇票（存根）　3

出票日期　　　　年　月　日　　　　　　　　　　　　汇票号码
（大写）　　　　　　　　　　　　　　　　　　　　　　第　号

| 付款人 | 全　称 | | | 收款人 | 全　称 | | | |
|---|---|---|---|---|---|---|---|---|
| | 账　号 | | | | 账　号 | | | |
| | 开户银行 | | 行号 | | 开户银行 | | 行号 | |

| 出票金额 | 人民币（大写） | | 千 | 百 | 十 | 万 | 千 | 百 | 十 | 元 | 角 | 分 |
|---|---|---|---|---|---|---|---|---|---|---|---|---|
| 汇票到期日 | | 交易合同号码 | | | | | | | | | | |
| 备注： | | | | | | | | | | | | |

此联出票人存查

10cm×17.5cm（白纸黑油墨）

银行承兑汇票一式三联（见表 4.26、表 4.27、表 4.28）：一联为卡片联；二联为银行承兑汇票；三联为存根联。

表 4.26

# 银行承兑汇票（卡片）　1

出票日期　　　　年　　月　　　日　　　　　　　　汇票号码
（大写）　　　　　　　　　　　　　　　　　　　　第　　号

| 出票人全称 | | 收款人 | 全　称 | | |
|---|---|---|---|---|---|
| 出票人账号 | | | 账　号 | | |
| 付款行全称 | 行号 | | 开户行 | 行号 | |

| 出票金额 | 人民币（大写） | 千 | 百 | 十 | 万 | 千 | 百 | 十 | 元 | 角 | 分 |
|---|---|---|---|---|---|---|---|---|---|---|---|
| 汇票到期日 | | | | | | | | | | | |

| 本汇票请你行承兑，此项汇票款我单位按承兑协议于到期日前足额交存你行，到期请予以支付<br><br>　　　　　出票人签章<br>　　　　　年　月　日 | 承兑协议编号　　　　　　　<br><br>科目（借）...............<br>对方科目（贷）...........<br>转账　年　月　日<br>复核　　记账 |
|---|---|
| 备注： | |

凭证附件　此联承兑行留存备查，到期支付票款时作借方

10cm×17.5cm（白纸黑油墨）

表4.27

## 银行承兑汇票　2

出票日期　　　年　月　日　　　　　　　　　汇票号码
　　　（大写）　　　　　　　　　　　　　　　第　号

| 出票人全称 | | 收款人 | 全　称 | | | | | | | | | | |
|---|---|---|---|---|---|---|---|---|---|---|---|---|---|
| 出票人账号 | | | 账　号 | | | | | | | | | | |
| 付款行全称 | 行号 | | 开户行 | | | 行号 | | | | | | | |
| 出票金额 | 人民币（大写） | | | | 千 | 百 | 十 | 万 | 千 | 百 | 十 | 元 | 角 | 分 |
| 汇票到期日 | | | | 承兑协议编号 | | | | | | | | | |

本汇票请你行承兑，到期无条件支付

出票人签章

年　月　日

本汇票已经承兑，到期日由本行付款

承兑行签章

承兑日期　年　月　日
备注：

科目（借）----------------
对方科目（贷）----------------
转账　年　月　日

复核　　　记账

此联收款人开户行随委托收款凭证寄

付款行作借方凭证附件

10cm×17.5cm（专用水印纸蓝油墨）

表4.28

## 银行承兑汇票（存根）　3

出票日期　　　年　月　日　　　　　　　　　汇票号码
　　　（大写）　　　　　　　　　　　　　　　第　号

| 出票人全称 | | 收款人 | 全　称 | | | | | | | | | | |
|---|---|---|---|---|---|---|---|---|---|---|---|---|---|
| 出票人账号 | | | 账　号 | | | | | | | | | | |
| 付款行全称 | 行号 | | 开户行 | | | 行号 | | | | | | | |
| 出票金额 | 人民币（大写） | | | | 千 | 百 | 十 | 万 | 千 | 百 | 十 | 元 | 角 | 分 |
| 汇票到期日 | | | | 承兑协议编号 | | | | | | | | | |
| | | | 备注： | | | | | | | | | | |

此联出票人存查

10cm×17.5cm（白纸黑油墨）

　　银行承兑协议一式三联（见表4.29）：一联为正本；二联为正本；三联为副本。
　　邮（电）划委托收款凭证一式五联：一联为回单；二联为贷方凭证；三联为借方凭证；四联为收账通知（或发报依据）；五联为付款通知。

表4.29 <u>**银行承兑协议**</u> 1

编号：_____

银行承兑汇票的内容：

出票人全称_____ 收款人全称_____

开 户 银 行_____ 开 户 银 行_____

账 号_____ 账 号_____

汇 票 号 码_____ 汇票金额（大写）_____

出票日期___年___月___日到期日期___年___月___日

以上汇票经银行承兑，出票人愿遵守《支付结算办法》的规定及下列条款：

一、出票人于汇票到期日前将应付票款足额交存承兑银行。

二、承兑手续费按票面金额千分之（ ）计算，在银行承兑时一次付清。

三、出票人与持票人如发生任何交易纠纷，均由其双方自行处理，票款于到期日前仍按第一条办理。

四、承兑汇票到期日，承兑银行凭票无条件支付票款。如到期日之前出票人不能足额交存票款时，承兑银行对不足支付部分的票款转出票申请人逾期贷款，并按照有关规定计收罚息。

五、承兑汇票款付清后，本协议自动失效。

承兑银行签章 出票人签章

订立承兑协议日期___年___月___日

此联出票人存执一联，在银行承兑协议之后，第二联加印"2"，第三联加印"（副本）"字样。

25cm×18cm（白纸黑油墨）

（1）商业承兑汇票的核算

①持票人开户行受理商业承兑汇票的处理

持票人持到期的商业承兑汇票委托开户银行向付款人提示付款时（未经背书转让的商业汇票提示付款时，持票人不再限于委托票面记载的开户银行收取票款，可委托票面载明的开户银行同系统内任一开户分支机构收取票款），应填制电划委托收款凭证一式五联（在"委托收款凭据名称"栏注明"商业承兑汇票"及其汇票号码，并在汇票背面作成委托收款背书），连同汇票一并送交开户银行办理委托收款。

开户银行收到汇票持票人交来的委托收款凭证和汇票后，应审查汇票是否按统一规定印制的凭证，汇票是否超过提示付款期限；汇票填明的持票人是否在本行开户；出票人、承兑人的签章是否符合规定；汇票的必须记载事项是否齐全，出票金额、出票日期、收款人名称是否更改，其他记载事项的更改是否由原记载人签章证明；持票人是否作成委托收款背书；背书转让的汇票，其背书是否连续，签章是否符合规定，背书使用粘单的，是否按规定在粘接处签章；委托收款凭证必须记载事项是否齐全，与汇票的记载事项是否相符。

经审查无误，在委托收款凭证各联上加盖"商业承兑汇票"戳记。其余手续比照发出委托收款凭证的手续处理。

②付款人开户银行收到汇票的处理

付款人开户银行收到持票人开户银行寄来的委托收款凭证及汇票，除按有关规定进行审查外，还应核对付款人是否在本行开户。承兑人在汇票上的签章与预留银行签章相符的，在委托收款凭证上填注收到日期，逐笔登记收到委托收款登记簿，将第三、四联委托收款凭证和汇票专夹保管。将第五联加盖业务公章即时交付款人通知其付款。

银行在接到付款通知书，或在付款人接到开户行的付款通知的次日起 3 日内仍未通知银行付款的，银行应及时办理划款手续。

A. 当付款人账上有足额的款项时

以委托收款凭证第三联作为借方凭证，商业承兑汇票加盖"转讫章"作为附件，按照委托收款方式办理。做出如下会计分录：

借：吸收存款——活期存款付款人户

　　贷：清算资金往来

转账后，在收到委托收款凭证登记簿上注明转账日期。

B. 当付款人账上不足支付或无款支付时

银行应向持票人开户行发出付款人未付票款通知书，在委托收款凭证"备注"栏注明"付款人无款支付"字样，按照委托收款无款支付的手续办理：填制三联付款人未付款通知书，将第一联通知书和第三联委托收款凭证留存备查，第二、三联通知书和第四联委托收款凭证及商业承兑汇票一并寄持票人开户行。

C. 当付款人拒绝付款时

银行在付款人接到通知的次日起 3 日内，收到付款人的四联拒付理由书，按照委托收款方式的拒绝付款的手续办理：将第二联拒付理由书和第三联委托收款凭证留存备查，第三、四联拒付理由书和第四、五联委托收款凭证及商业承兑汇票一并寄持票人开户行。

③持票人开户行收到划回票款或退回票据的处理

A. 持票人开户行收到付款人开户行的发报或划回款项的凭证，经与原专夹保管的委托收款凭证第二联核对无误后，办理转账。做出如下会计分录：

借：清算资金往来

　　贷：吸收存款——活期存款持票人户

转账后，在发出委托收款登记簿上注明转账日期。

B. 无款支付或拒付款项

持票人开户行接到付款人开户行寄来的未付票款通知书或拒付理由书、汇票及委托收款凭证时，按照委托收款退票：将委托收款凭证及未付票款通知书或拒付理由书及汇票退给持票人，并由持票人签收。

（2）银行承兑汇票的核算

①承兑银行办理汇票承兑的处理

承兑申请人（持票人或出票人）持银行承兑汇票一式三联向汇票上记载的付款银行申请或提示承兑时，由承兑银行的信贷部门按照《支付结算办法》和有关规定审查同意后，与出票人签署银行承兑协议，将其中一联及副本连同汇票第一、二联交会计部门。

会计部门接到汇票和承兑协议后，应认真审查。审核无误后，在第一、二联汇票上注明承兑协议编号，并在第二联汇票"承兑行签章"处加盖"汇票专用章"，并由授权的经办人签章。

由出票人申请承兑的，将第二联汇票连同第一联承兑协议交给出票人；由持票人提示承兑的，将第二联汇票交给持票人，第一联承兑协议交给出票人。同时，做出如下会计分录：

收取保证金时：

借：吸收存款——活期存款出票人户

　　贷：存入保证金——出票人户

按票面金额的万分之五向出票人收取承兑手续费时：

借：吸收存款——活期存款出票人户

　　贷：手续费及佣金收入

承兑银行根据第一联汇票填制银行承兑汇票表外科目收入凭证，登记表外科目登记簿，并将第一联汇票卡片、承兑协议副本和会审单专夹保管。登记如下：

（收入）：银行承兑汇票

②持票人开户行受理汇票的处理

持票人凭汇票委托开户行向承兑银行收取票款时（未经背书转让的商业汇票提示付款时，持票人不再限于委托票面记载的开户银行收取票款，可委托票面载明的开户银行同系统内任一开户分支机构收取票款），应填制委托收款凭证，在"委托收款凭据名称"栏注明"银行承兑汇票"及其汇票号码并在汇票背面作成委托收款背书，连同汇票一并送交开户行。开户银行收到汇票持票人交来的委托收款凭证和汇票，经审查无误后，在委托收款凭证各联上加盖"银行承兑汇票"戳记。其余手续比照发出委托收款凭证的手续处理。

③承兑银行对汇票到期收取票款的处理

承兑银行应每天查看汇票的到期情况，对到期的汇票，应于到期日（遇法定休假日顺延）向出票人收取票款。收取票款时，根据出票人账户余额情况不同，分别处理：

A. 出票人账户余额足够支付汇票款时，填制二联特种转账借方凭证、一联特种转账贷方凭证，并在"转账原因"栏注明"根据××号汇票收取票款"，一联借方凭证加盖"转讫章"后作为支款通知交出票人。做出如下会计分录：

借：存入保证金——出票人户

　　吸收存款 ——活期存款出票人户

　　贷：吸收存款——其他存款（应解汇款）出票人户

B. 出票人保证金账户和存款账户不足支付时，其差额应转入该出票人的逾期贷款户，每日按万分之五计收利息。填制二联特种转账借方凭证、一联特种转账贷方凭证。做出如下会计分录：

借：存入保证金——出票人户

　　吸收存款——活期存款出票人户

　　贷款——逾期贷款××户

　　贷：吸收存款——其他存款（应解汇款）出票人户

④承兑银行支付汇票款项的处理

承兑银行接到持票人开户行寄来的委托收款凭证及汇票后，应与专夹保管的汇票卡片和承兑协议副本核对。经审查无误后，应于汇票到期日或到期日之后的见票当日，按照委托收款付款的手续办理。做出如下会计分录：

借：吸收存款——其他存款出票人户

　　贷：清算资金往来

在收到委托收款登记簿上注明转账日期，另填制银行承兑汇票表外科目付出凭证，销记表外科目登记簿。登记如下：

（付出）：银行承兑汇票

⑤持票人开户行收到汇票款项的处理

持票人开户行收到承兑银行的发报或划回的委托收款凭证，按照委托收款款项划回手续办理。做出如下会计分录：

借：清算资金往来

　　贷：吸收存款——活期存款持票人户

例4.13　出票人 B 企业持银行承兑汇票（金额1 000 000元）向本行申请承兑，经信贷部门审查同意，按规定向出票人收取手续费500元。承兑银行做出如下会计分录：

借：吸收存款——活期存款 B 企业户　　　　　　　　　　　　　500

　　贷：手续费及佣金收入　　　　　　　　　　　　　　　　　　500

例4.14 系统内安南支行发来电报，系为本行开户的甲公司委托本行收取的商业承兑汇票款项，金额680 000元，审查后根据电划补充报单入账，做出如下会计分录：

借：清算资金往来 68 000

贷：吸收存款——活期存款甲公司户 680 000

例4.15 经查看，当日有一笔申请人为B企业的银行承兑汇票1 000 000元，现已到期，填制两借一贷特种转账传票办理转账，做出如下会计分录：

借：吸收存款——活期存款B企业户 1 000 000

贷：吸收存款——其他存款（应解汇款）B企业户 1 000 000

例4.16 本行接到系统内宏桥支行（持票人开户行）寄来的委托收款凭证第三、四、五联及银行承兑汇票，经审核该汇票出票人系M公司，查验无误后，支付汇票款项，金额650 000元。做出如下会计分录：

借：吸收存款——其他存款（应解汇款）M公司户 650 000

贷：清算资金往来 650 000

例4.17 本行从票据交换所提入委托收款凭证第三、四、五联及商业承兑汇票，金额863 544元，审查无误后，将第五联委托收款凭证交给承兑人丙公司（付款人）。当本行接到付款人付款通知书且其账上又有足额的资金时，立即办理付款，做出如下会计分录：

借：吸收存款——活期存款丙公司户 863 544

贷：清算资金往来——同城票据交换 863 544

### 三、信用卡业务的核算

1. 概念及适用范围

信用卡是指商业银行向个人和单位发行的，凭以向特约单位购物、消费和向银行存取现金，且具有消费信用的特制载体卡。此种结算方式在同城、异地均可使用。

2. 种类

（1）按是否向发卡银行交存备用金分为贷记卡、准贷记卡两类；

贷记卡是发卡银行给予持卡人一定的信用额度，持卡人可在信用额度内先消费，后还款的信用卡。

准贷记卡是持卡人须先按发卡银行的要求交存一定金额的备用金，当备用金账户余额不足支付时，可在发卡银行规定的信用额度内透支的信用卡。

（2）按使用对象分为单位卡和个人卡；

（3）按信誉等级分为金卡和普通卡。

3. 信用卡的有关规定

（1）商业银行未经中国人民银行批准，不得发行信用卡。

（2）凡在中国境内金融机构开立基本存款账户的单位可申领单位卡。凡具有完全民事行为能力的公民可申领个人卡。

（3）单位卡账户的资金一律从其基本存款账户转账存入，不得交存现金，不得将销货收入存入单位卡账户，不得用于 10 万元以上的商品交易和劳务供应的核算。个人卡账户的资金以其持有的现金存入或以其工资性款项及属于个人的劳务报酬收入转账存入。严禁将单位的款项存入个人卡账户。

（4）信用卡仅限于合法持卡人本人使用，持卡人不得出租或转借信用卡。持卡人凭信用卡及身份证件可在特约单位购物、消费；在银行网点存取现金、办理异地大额购货转账结算；在自动柜员机（ATM）上存取现金；持卡人可在无卡的情况下凭卡号办理续存。

（5）单位卡一律不得支取现金，需要向其账户续存资金的，一律从其基本存款账户转账存入。

4. 信用卡业务的核算

（1）信用卡开户的核算

①单位卡发卡的处理

单位申请使用信用卡，应按规定向发卡银行填写申请表。发卡银行审查同意后，按规定向申请人收取备用金和手续费，办理开户手续。

发卡银行接到申请人送来的支票和进账单或同城票据交换提入的进账单时，支票作为借方凭证，第二联进账单作为贷方凭证。会计分录为：

借：吸收存款——活期存款××户

　　贷：吸收存款——单位卡——××持卡人户

规定收取年费时，填制二借一贷特种转账凭证，一联特种转账借方凭证加盖"转讫章"后退申请人作为付款通知，另两联分别作为借贷方凭证，会计分录为：

借：吸收存款——单位卡——××持卡人户

　　贷：手续费及佣金收入——银行卡年费收入

②个人卡发卡的处理

个人申请使用信用卡，应按规定向发卡银行提交申请表。发卡银行审查同意后，按规定向申请人收取备用金和手续费，办理开户手续。会计分录为：

借：库存现金

　　贷：吸收存款——活期储蓄存款——××个人信用卡户

收取年费时，会计分录是：

借：吸收存款——活期储蓄存款——××个人信用卡户

　　贷：手续费及佣金收入——银行卡年费收入

发卡银行办理信用卡开户手续时，应及时登记信用卡账户开、销户登记簿和发卡清单，并在发卡清单上记载领卡人身份证号码，请领卡人签收。

（2）信用卡续存现金的处理

信用卡续存现金仅限于个人卡，单位卡续存只能从其基本存款账户转账续存，不得交存现金。信用卡续存现金可以凭卡存款，也可以无卡存款即凭信用卡卡号无卡存款。

个人持卡人交来现金并要求办理续存现金业务时，应按规定进行审核：是否为本行受理的业务；信用卡是否在有效期内；是否为止付卡。对已过有效期的卡，应提醒存款人是否续存；对止付卡，应与发卡机构取得联系，由发卡机构查明止付原因并决定是否收卡。审核无误后，办理存款业务。对有卡存款的，由经办人员输入卡号或刷卡并输入存款金额，压印一式四联存款单，交存款人签名确认。对无卡存款的，由存款人填写存款单，存款单上必须清楚地填写持卡人的卡号、持卡人姓名、存款人姓名等内容。

①本地卡存款

A. 发卡行受理持卡人续存现金

发卡行按规定审核无误并办妥收款手续后，在第一联存款单上加盖"现金收讫章"作为回单连同信用卡交给持卡人或代理人，第四联存款单留存备查；第二联存款单作为贷方凭证。会计分录为：

借：库存现金

　　贷：吸收存款——活期储蓄存款——××个人信用卡户

B. 代理行受理持卡人续存现金

代理行按规定审核无误并办妥收款手续后，在第一联存款单上加盖"现金收讫章"作为回单连同信用卡交给持卡人或代理人，第四联存款单留存备查；另填制一联特种转账贷方凭证，第三联存款单作为贷方凭证附件。会计分录为：

借：库存现金

　　贷：其他应付款——信用卡代收户

②异地卡存款

代理行受理异地卡存款业务时，按规定点收现金、审查凭证无误后，办理转账。会计分录为：

借：库存现金

　　贷：其他应付款——信用卡代收户

　　贷：手续费及佣金收入——银行卡结算业务收入

（3）信用卡取现的处理

个人持卡人来行提交信用卡及身份证要求办理取现业务时，应按规定进行审核：是否为本行受理的业务；信用卡是否有防伪标记；是否在有效期内；是否为止付卡；持卡人身份证件的照片是否与本人相同；持卡人身份证件上的姓名与信用卡背面签名条上的姓名及卡片凸印的姓名（拼音）是否一致。

审核无误后，压印一式四联取现单，在取现单上填写持卡人身份证号码、取现日期、取现金额。如需授权的，经取得授权同意后，经办人员应将授权号码填入取现单。取现单填妥后，交持卡人当面在四联取现单上签名确认，并核对持卡人签名是否与信用证背面签名条内的签名一致。

①本地卡取现

A. 发卡行受理持卡人取现

发卡行在取现单第一联加盖"现金付讫章"，连同信用卡、身份证件、现金一并交持卡人，第四联留存备查；取现单第二联作为借方凭证。会计分录为：

借：吸收存款——活期储蓄存款——××个人信用卡户

　　贷：库存现金

B. 代理行受理持卡人取现

代理行将取现单第一联加盖"现金付讫章"连同信用卡、身份证件、现金交持卡人，第四联留存备查；另填制一联特种转账贷方凭证，作为"手续费"科目的贷方凭证，第三联取现单作为贷方凭证附件。会计分录为：

借：其他应收款——信用卡代付户

　　贷：库存现金

②异地卡取现

代理行对持卡人提交的信用卡、身份证审核无误后，支付现金。会计分录为：

借：其他应收款——信用卡代付户

　　贷：库存现金

　　　　手续费及佣金收入——银行卡结算业务收入

（4）信用卡购物消费的处理

信用卡持卡人可到接受信用卡、提供消费服务的商场、饭店、酒楼等特约商户刷卡购物，购物后需在签购单（见表4.30）上签名确认。特约商户填制两联进账单和按发卡行分别填制汇计单（见表4.31）连同签购单一并交开户行办理信用卡进账。

表 4.30

| 持卡人姓名及账号 | | | 编号 0000000 ××银行（英文缩写）××卡签购单 |
|---|---|---|---|
| 证 件 | | 持卡人签名 | |
| 授权号码 | | 日 期 | |
| 特约单位名称、代号 | | 人 民 币 | |
| 经办人签章 | | 购物消费（小写） | |
| | | 什 项（小写） | |
| 请持卡人妥善保管 | | 总 额（大写） | |
| | | 摘 要 | |

主管　　　　　　　　复核　　　　　　　　记账

8.3cm×13.5cm（粉红纸黑油墨）

表 4.31

（行数）××银行
××卡
汇计单

特约单位名称、代号

——————————

日期_____
签购单总份数_____份
总计金额(¥) [　　]
手续费% [　　]
净计金额(¥) [　　]

编号 0000000

8.3cm×13.5cm（白纸黑油墨）

①特约商户开户行的处理

A. 如发卡行为本行，则直接根据签购单办理转账。其会计分录为：

借：吸收存款——单位卡——××持卡人户

或：吸收存款——活期储蓄存款——××个人信用卡户

贷：吸收存款——活期存款特约商户存款户

手续费及佣金收入——银行卡特约单位手续费收入

B. 如发卡行为同城跨系统他行，其会计分录为：

借：清算资金往来——同城票据清算××户

贷：吸收存款——活期存款特约商户存款户

手续费及佣金收入——银行卡特约单位手续费收入

C. 如发卡行为异地同系统他行，其会计分录为：

借：清算资金往来——电子汇划款户

贷：吸收存款——活期存款特约商户存款户

手续费及佣金收入——银行卡特约单位手续费收入

②发卡行的处理

A. 发卡行通过同城票据交换提入签购单时，按规定审核无误后办理转账。其会计分录为：

借：吸收存款——单位卡——××持卡人户

或：吸收存款——活期储蓄存款——××个人信用卡户

贷：清算资金往来——同城票据清算××户

B. 发卡行收到电子汇划信息时，按有关规定办理转账。其会计分录为：

借：吸收存款——单位卡——××持卡人户

或：吸收存款——活期储蓄存款——××个人信用卡户

贷：清算资金往来——电子汇划款户

（5）信用卡透支的处理

持卡人的信用卡账户余额不足支付时，发卡行应根据透支金额编制特种转账借方凭证，作发放贷款处理。

单位卡透支，会计分录为：

借：贷款——银行卡透支

吸收存款——单位卡——××持卡人户

贷：××科目——××户

个人卡透支，会计分录为：

借：贷款——银行卡透支

吸收存款——活期储蓄存款——××个人信用卡户

贷：库存现金或××科目——××户

发卡银行收回透支款时，按规定计算收回透支利息后，余款用于归还透支本金。会计分录为：

借：库存现金或××科目——××户

贷：贷款——银行卡透支

利息收入——银行卡透支利息收入

（6）信用卡销户的处理手续

发卡银行在确认持卡人具备销户条件时，应通知持卡人办理销户手续，并收回信用卡。有效卡无法收回的，应办理止付。发卡银行核对账务无误后，按以下情况处理：

①个人卡销户时，银行压制转账单。转账单一式四联，第一联为回单，第二联为借方凭证，第三联为贷方凭证，第四联为收账通知或取现单。按规定计付利息，由持卡人签名后，结清账户。第一联转账单加盖"转讫章"后交给持卡人，第二联转账单作为借方凭证，退付现金的第三联转账单作为其附件，另填制一联特种转账借方凭证作为利息支出借方凭证，第四联转账单加盖"现金付讫章"或加盖"转讫章"交持卡人。会计分录为：

借：吸收存款——活期储蓄存款——××个人信用卡户

借：利息支出——信用卡存款利息支出

贷：库存现金或有关科目

②单位卡销户时，持卡人向发卡银行提交授权单位的销户证明和基本存款账户开户许可证及单位卡，银行审核无误后，压制转账单，并按规定计付利息，由持卡人签名后，结清账户。第一联转账单加盖"转讫章"后交给持卡人，第二联转账单作为借方凭证，第三联转账单作为贷方凭证，另填制一联特种转账借方凭证作为利息支出借方凭证，第四联转账单加盖"转讫章"交申请人。会计分录为：

借：吸收存款——单位卡——××持卡人户

借：利息支出——信用卡存款利息支出

贷：吸收存款——活期存款××单位户

申请人与持卡人不在同一银行开户的，应将第三、四联转账单通过辖内往来或同城票据交换划转申请人的基本存款户。

例4.18 贷记卡持卡人张力在异地某商场持卡购物消费10 000元。其发卡行收到特约商户开户行发来的电子汇划信息时，按规定审核无误后，办理付款手续，做出如下会计分录：

借：吸收存款——活期储蓄存款——张力个人信用卡户　　　　　　　10 000

贷：清算资金往来——电子汇划款户　　　　　　　　　　　　　　10 000

### 四、三种结算方式的核算

（一）汇兑业务的核算

1. 概念及适用范围

汇兑是汇款人委托银行将其款项支付给收款人的一种结算方式。

单位和个人的各种款项的结算，均可以使用汇兑结算方式。

2. 基本规定

（1）汇款人签发的汇兑凭证上必须记载下列事项：

①表明"信汇"或"电汇"的字样；

②无条件支付的委托；

③确定的金额；

④收款人的名称；

⑤汇款人的名称；

⑥汇入地点、汇入行名称；

⑦汇出地点、汇出行名称；

⑧委托日期；

⑨汇款人签章。

汇兑凭证上欠缺上列记载事项之一的，银行不予受理。

（2）汇兑分为信汇和电汇两种，由汇款人选择使用。

（3）汇款人派人到汇入行领取汇款的，应在汇兑凭证各联"收款人账号或住址"栏注明"留行待取"字样；留行待取的汇款，需要指定单位的收款人领取汇款的，应注明收款人的单位名称。

（4）汇款人和收款人均为个人，需要在汇入行支取现金的，应在汇兑凭证的"汇款金额大写"栏先写"现金"字样，后填写汇款金额。

（5）汇款人确定不得转汇的，应在汇兑凭证各栏注明"不得转汇"字样。

3. 汇兑业务的核算

我国商业银行目前大多采用电子汇划方式办理汇兑结算业务。对本系统内各行际间的汇兑业务（信汇或电汇），通过电子汇划系统进行异地资金汇划；对跨系统银行汇款的，可通过中国现代化支付系统大额实时支付系统或转汇行划转。

汇兑结算的处理过程分为汇出行汇出款项和汇入行解付款项两个阶段。

汇兑结算凭证包括：

信汇凭证一式四联：第一联为回单；第二联为借方凭证；第三联为贷方凭证；第四联为收账通知或取款收据。

电汇凭证一式三联（见表4.32、表4.33、表4.34）：第一联为回单；第二联为借方凭证；第三联为发报依据。

×　×银行　电汇凭证（回单）　1

**表4.32**

委托日期　　年　月　日　　　　　　　　　　　第　号

| 汇款人 | 全　称 | | | | 收款人 | 全　称 | | | | 此联汇出行给汇款人的回单 |
|---|---|---|---|---|---|---|---|---|---|---|
| | 账　号或住址 | | | | | 账　号或住址 | | | | |
| | 汇出地点 | 省　　市县 | 汇出行名　称 | | | 汇入地点 | 省　　市县 | 汇入行名　称 | | |
| 金额 | 人民币（大写） | | | | | 千 百 十 万 千 百 十 元 角 分 | | | | |

汇款用途：

汇出行盖章

　　　　　　　　　　　　　　　　年　　月　　日

单位主管　　　会计　　　复核　　　记账

×　×银行　电汇凭证（借方凭证）　2

**表4.33**

委托日期　　年　月　日　　　　　　　　　　　第　号

| 汇款人 | 全　称 | | | | 收款人 | 全　称 | | | | 此联汇出行作借方凭证 |
|---|---|---|---|---|---|---|---|---|---|---|
| | 账　号或住址 | | | | | 账　号或住址 | | | | |
| | 汇出地点 | 省　　市县 | 汇出行名　称 | | | 汇入地点 | 省　　市县 | 汇入行名　称 | | |
| 金额 | 人民币（大写） | | | | | 千 百 十 万 千 百 十 元 角 分 | | | | |

汇款用途：

此汇款支付给收款人。

科目（借）-----------------------
对方科目（贷）-----------------------
汇出行汇出日期　　年　月　日
　　　　　复核　　　记账

汇款人签章

表4.34

××银行 **电汇凭证**（借方凭证） **3**

委托日期　年　月　日　　　　　　　　第　号

| 汇款人 | 全　称 | | | | 收款人 | 全　称 | | | | | | | | | | | | 汇出行凭以拍发电报 |
|---|---|---|---|---|---|---|---|---|---|---|---|---|---|---|---|---|---|---|
| | 账　号或住址 | | | | | 账　号或住址 | | | | | | | | | | | | |
| | 汇出地点 | 省　　市县 | 汇出行名称 | | | 汇入地点 | 省　　市区 | 汇入行名称 | | | | | | | | | | |
| 金额 | 人民币（大写） | | | | | | 千 | 百 | 十 | 万 | 千 | 百 | 十 | 元 | 角 | 分 | |
| 汇款用途： | | | | | | | | | | | | | | | | | |

复核　　　　　记账

（1）汇出行的处理

汇款人委托银行办理汇兑时，应向银行填制信汇凭证或电汇凭证。

汇出行受理汇兑凭证时，应认真审查：

①汇兑凭证填写的必须记载各项内容是否齐全、正确；

②凭证的金额、委托日期、收款人名称是否更改；其他事项更改是否有原记载人签章证明；

③大小写金额是否一致；

④委托日期是否为当日；

⑤汇款人账户内是否有足够支付的余额；

⑥汇款人的签章与预留银行签章是否相符；

⑦对填明"现金"字样的信汇凭证，还应审查汇款人和收款人是否均为个人。

审查无误后，转账交付的，以汇兑凭证第二联作为借方凭证，做出如下会计分录：

借：吸收存款——活期存款汇款人户

　贷：清算资金往来

现金交付的，以汇兑凭证第二联作为借方凭证，填制一联特种转账贷方凭证，做出如下会计分录：

借：库存现金

　贷：吸收存款——其他存款收款人户

借：吸收存款——其他存款收款人户

　　贷：清算资金往来

转账后，在汇兑凭证第一联回单上加盖"转讫章"退给汇款人，根据第三联汇兑凭证进行电子汇划记账，然后加密押，复核后通过汇划系统发送。如汇款人指定收款人需凭印鉴支取汇款的，应将信汇凭证第四联及汇款人附寄的有关通知、清单、证明等非记账凭证，作为电子汇划业务的附单邮寄给汇入行。

（2）汇入行的处理手续

汇入行通过电子汇划系统收到汇划来账或收到跨系统转汇行提交的有关凭证，应审查汇入行是否为本行，收款人是否在本行开户，中国人民银行通过票据交换提交的凭证上有无中国人民银行票据审核章。

审核无误后，按下列手续处理：

①直接收账

收款人在汇入行开立存款账户的，以第三联信汇凭证或第二联电划贷方补充报单或中国人民银行电汇贷方补充报单作为贷方传票，电子汇划凭证及有关往来凭证作为借方传票。做出如下会计分录：

借：清算资金往来

　　贷：吸收存款——收款人户

在第四联信汇凭证或第三联电划贷方补充报单或第一联中国人民银行电汇贷方补充报单上加盖"转讫章"，作为收账通知，交收款人。

②不直接收账

收款人为未在汇入行开立账户的个人，应通过"应解汇款"账户处理。以第三联信汇凭证或第二联电划贷方补充报单或中国人民银行电汇贷方补充报单作为贷方传票，电子汇划凭证及有关往来凭证作为借方传票。做出如下会计分录：

借：清算资金往来

　　贷：吸收存款——其他存款（应解汇款）收款人户

登记应解汇款登记簿，同时将第四联信汇凭证或第三联电划贷方补充报单或中国人民银行电汇贷方补充报单编列应解汇款顺序号、加盖"转讫章"并专夹保管，另通知收款人来行办理取款手续。

收款人持取款通知来行办理取款时，抽出专夹保管的第四联信汇凭证或第三联电划贷方补充报单或中国人民银行电汇贷方补充报单，认真审查收款人身份证件，并将其证件名称、号码、发证机关批注在上述凭证空白处，由收款人在"收款人盖章"处签章。如系信汇留交凭签章付款的，收款人签章必须同预留印章相符。审核无误后，办理付款手续。

A. 收款人需要支付现金的，汇兑凭证上必须有汇出行按规定填明的"现金"字样，应一次办理现金支付手续；未填明"现金"字样，需要支取现金的，由汇入银行按照现金管理规定审查支付。支取现金时，由收款人提交支款单一联作为借方传票，第四联信汇凭证或第三联电划贷方补充报单或中国人民银行电汇贷方补充报单作为借方传票附件。做出如下会计分录：

借：吸收存款——其他存款（应解汇款）收款人户

贷：库存现金

销记应解汇款登记簿。

B. 收款人需要分次转账支取的，由收款人向汇入行提交一联支款单和三联进账单。汇入行受理后按规定审核无误，即可办理分次转账支付手续。待最后结清时，第四联信汇凭证或第三联电划贷方补充报单或中国人民银行电汇贷方补充报单作为借方传票附件。做出如下会计分录：

借：吸收存款——其他存款（应解汇款）收款人户

贷：清算资金往来

销记应解汇款登记簿。

例4.19　成都市某丝绸公司向其开户银行交通银行某支行提交电汇凭证及转账支票一份，要求汇往交通银行杭州市分行开户的某丝绸厂一笔购货款，金额500 000元。该行审核无误后，办理转账，做出如下会计分录：

借：吸收存款——活期存款某丝绸公司户　　　　　　　　　　　500 000

贷：清算资金往来　　　　　　　　　　　　　　　　　　　500 000

例4.20　承上例4.19，交通银行杭州市分行收到系统传输来的电子汇划信息，编制电划贷方补充报单，为收款人办理收账手续，做出如下会计分录：

借：清算资金往来　　　　　　　　　　　　　　　　　　　　500 000

贷：吸收存款——活期存款某丝绸厂户　　　　　　　　　　500 000

例4.21　中国建设银行成都市分行收到省外系统内某行电汇汇款20 000元，当即通知收款人李东收款。收款人来行要求将款项转至其在本市他行的存款账户。该行按规定审核相关凭证无误后，为其办理转账，做出如下会计分录：

借：清算资金往来　　　　　　　　　　　　　　　　　　　　20 000

贷：吸收存款——其他存款李东户　　　　　　　　　　　　20 000

借：吸收存款——其他存款李东户　　　　　　　　　　　　　20 000

贷：清算资金往来　　　　　　　　　　　　　　　　　　　20 000

（3）. 退汇的处理

汇款人要求退汇时，对收款人在汇入行开立账户的，由汇款人与收款人自行联系退汇；收款人未在汇入行开立账户的，应由汇款人备函或持本人身份证件连同原信、电汇凭证回单交汇出行办理退汇。

①汇出行承办退汇的处理手续。汇出行接到退汇函件或身份证件以及回单，应填制四联退汇通知书，在第一联上批注"×年×月×日申请退汇，待款项退回后再办理退款手续"字样，加盖业务公章交汇款人，第二、三联加盖结算专用章寄汇入行，第四联与函件和回单一起保管。如汇款人要求用电报通知退汇时，只需填制两联退汇通知书，比照信汇退汇通知书第一、四联的手续处理，并凭退汇通知书第四联拍发电报通知汇入行。

②汇入行退汇的处理手续。汇入行接到汇出行寄来的第二、三联退汇通知书或通知退汇的电报后，如该笔汇款尚未解付，应与收款人联系，索回取款通知，以第二联退汇通知书作为借方记账凭证，第四联汇款凭证作为附件。做出如下会计分录：

借：吸收存款——其他存款（应解汇款）收款人户

　　贷：清算资金往来

转账后，第三联退汇通知书或一联特种转账贷方凭证寄原汇出行。如电报通知退汇的，应另填制一联特种转账借方凭证，并填制电划贷方报单，凭以拍发电报。如系跨系统退汇的，第三联退汇通知书或一联特种转账贷方凭证随转汇清单提交中国人民银行。

如该笔汇款业已解付或不能索回取款通知，应在第二、三联退汇通知书或通知退汇的电报上注明解付情况或不能索回取款通知等原因及日期后，将第二联退汇通知书或电报留存，以第三联退汇通知书或拍发电报通知汇出行。

③汇出行收到退汇款或退回的通知书的处理手续。汇出行接到汇入行寄来的邮划贷方报单及第三联退汇通知书或退汇电报时，应以第三联退汇通知书或第二联电划贷方补充报单代贷方凭证（第三联电划补充报单作为贷方凭证附件）或中国人民银行电汇贷方补充报单代贷方凭证并注明"退汇"字样。做出如下会计分录：

借：清算资金往来等

　　贷：吸收存款——原汇款人户

在原第二联汇款凭证上注明"此款已于×年×月×日退汇"字样，以备查考。以留存的第四联退汇通知书注明"退汇款汇回已代进账"字样，加盖"转讫章"后作为收账通知交给原汇款人。

汇出行如接到汇入行寄回的第三联退汇通知书或发来的电报说明汇款业已解付时，应在留存的第四联退汇通知书上批注解付情况，通知原汇款人。

（二）异地托收承付结算业务的核算

1. 概念及适用范围

托收承付是根据购销合同由收款人发货后委托银行向异地付款人收取款项，由付款人向银行承认付款的结算方式。

使用托收承付结算方式的单位，必须是国有企业、供销合作社以及经营管理较好，并经开户银行审查同意的城乡集体所有制工业企业。

2. 基本规定

（1）签发托收承付凭证必须记载下列事项：

①表明"托收承付"的字样；

②确定的金额；

③付款人名称及账号；

④收款人名称及账号；

⑤付款人开户银行名称；

⑥收款人开户银行名称；

⑦托收附寄单证张数或册数；

⑧合同名称、号码；

⑨委托日期；

⑩收款人签章。

托收承付凭证上欠缺记载上列事项之一的，银行不予受理。

（2）托收承付结算每笔的金额起点为 10 000 元。新华书店系统每笔金额起点为 1 000 元。

（3）办理托收承付结算的款项，必须是商品交易，以及因商品交易而产生的劳务供应的款项。代销、寄销、赊销商品的款项，不得办理托收承付结算。

（4）收款人办理托收，必须具有商品确已发运的证件（包括铁路、航运、公路等运输部门签发的运单、运单副本和邮局包裹回执）。

（5）托收承付结算款项的划回方法，分邮寄和电划两种，由收款人选择使用。

3. 托收承付业务的核算

托收承付结算凭证一式五联（见表 4. 35、表 4. 36、表 4. 37、表 4. 38、表 4. 39）：第一联为回单；第二联为贷方凭证；第三联为借方凭证；第四联为收账通知；第五联为承付通知。

异地托收承付结算分为托收和承付划款两个阶段。在托收阶段，收付款双方的开户银行只对有关凭证进行审查、处理、登记和传递，尚未发生资金的收付；而在承付划款阶段，则会发生资金在收付款双方存款账户之间的划转。

（1）收款人开户银行受理托收承付的处理手续

收款人办理托收时，应填制电划托收承付凭证。收款人在第二联托收凭证上签章后，将有关托收凭证和有关单证提交开户行。

表 4.35　　　　　　　　　　　　　　　　　　　　　　　第　号

<h1 style="text-align:center">托收承付凭证（回单）　1　托收号码：</h1>

委托日期　　年　月　日

| 付款人 | 全　称 | | 收款人 | 全　称 | | | | | | | | | |
|---|---|---|---|---|---|---|---|---|---|---|---|---|---|
| | 账号或住址 | | | 账　号 | | | | | | | | | |
| | 开户银行 | | | 开户银行 | | | 行号 | | | | | | |
| 托收金额 | 人民币（大写） | | | | 千 | 百 | 十 | 万 | 千 | 百 | 十 | 元 | 角 | 分 |

| 附　件 | 商品发运情况 | 合同名称、号码 |
|---|---|---|
| 附寄单证张数或册数 | | |

| 备注： | 款项收妥日期 | |
|---|---|---|
| | 年　月　日 | 收款人开户银行盖章　月　日 |

单位主管　　　会计　　　复核　　　记账

10cm×17.5cm（白纸蓝油墨）

此联是收款人开户银行给收款人的回单

表 4.36                                                                          第　号

## 托收承付凭证（贷方凭证）

　　　　　　　　　　　　　　　　　　　　2　　托收号码：

委托日期　　年　月　日

| 付款人 | 全　称 | | 收款人 | 全　称 | | | | | | | | | | |
|---|---|---|---|---|---|---|---|---|---|---|---|---|---|---|
| | 账号或住址 | | | 账　号 | | | | | | | | | | |
| | 开户银行 | | | 开户银行 | | 行号 | | | | | | | | |
| 托收金额 | 人民币（大写） | | | | | 千 | 百 | 十 | 万 | 千 | 百 | 十 | 元 | 角 | 分 |
| 附　　件 | | 商品发运情况 | | 合同名称、号码 | | | | | | | | | | |
| 附寄单证张数或册数 | | | | | | | | | | | | | | |

| 备注： | 本托收款项随附有关单证等件，请予办理托收。 | 科目（贷）＿＿＿＿＿＿＿ 对方科目（借）＿＿＿＿＿ 转账　　　　年　月　日 复核　　　记账 |
|---|---|---|
| | 收款人签章 | |

收款人开户银行收到日期　　　年　月　日

此联收款人开户银行作贷方凭证

10cm×17.5cm （白纸红油墨）

表 4.37　　　　　　　　　　　　　　　　　　　　　　第　号

## 托收承付凭证（借方凭证）　3　托收号码：

| | 承 付 期 限 |
|---|---|
| | 到期　年　月　日 |

委托日期　年 月 日

| 付款人 | 全　称 | | 收款人 | 全　称 | | | | | | | | | | |
|---|---|---|---|---|---|---|---|---|---|---|---|---|---|---|
| | 账号或住址 | | | 账　号 | | | | | | | | | | |
| | 开户银行 | | | 开户银行 | | 行号 | | | | | | | | |
| 托收金额 | 人民币（大写） | | | | | 千 | 百 | 十 | 万 | 千 | 百 | 十 | 元 | 角 | 分 |
| 附　件 | | 商品发运情况 | | 合同名称、号码 | | | | | | | | | | |
| 附寄单证张数或册数 | | | | | | | | | | | | | | |
| 备注： | 银行意见 | | 科目（借）————————<br>对方科目（贷）————————<br>转账　　　　年　月　日<br>复核　　　记账 | | | | | | | | | | | |
| | 收款人开户银行盖章　月　日 | | | | | | | | | | | | | |

付款人开户银行收到日期　　　年　月　日

此联付款人开户银行作借方凭证

10cm×17.5cm（白纸黑油墨）

表 4.38

**托收承付**凭证（收账通知）  **4**

第　号

托收号码：

| 承　付　期　限 |
|---|
| 到期　年　月　日 |

委托日期　年　月　日

| 付款人 | 全　称 | | 收款人 | 全　称 | | | | | | | | | | | 收账通知 |
|---|---|---|---|---|---|---|---|---|---|---|---|---|---|---|---|
| | 账号或住址 | | | 账　号 | | | | | | | | | | | 此联是收款人开户银行在款项收妥后给收款人的 |
| | 开户银行 | | | 开户银行 | | | 行号 | | | | | | | | |
| 托收金额 | 人民币（大写） | | | | | 千 | 百 | 十 | 万 | 千 | 百 | 十 | 元 | 角 | 分 |
| 附　件 | | 商品发运情况 | | 合同名称、号码 | | | | | | | | | | | |
| 附寄单证张数或册数 | | | | | | | | | | | | | | | |
| 备注： | | 本托收款项已由付款人开户行全额划回并收入你账户内。 | | 科目（借）_____ | | | | | | | | | | | |
| | | | | 对方科目（贷）_____ | | | | | | | | | | | |
| | | 收款人开户银行盖章　月　日 | | 转账　　年　月　日 | | | | | | | | | | | |
| | | | | 单位主管　　会计 | | | | | | | | | | | |
| | | | | 复核　　记账 | | | | | | | | | | | |

付款人开户银行收到日期　年　月　日　　支付日期　年　月　日

10cm×17.5cm（白纸紫油墨）

表4.39                                                              第   号

**托收承付**凭证（收账通知/支款通知）  **5**  托收号码：

| 承 付 期 限 |
|---|
| 到期   年 月 日 |

委托日期   年 月 日

| 付款人 | 全　称 | | | 收款人 | 全　称 | | | | | | | | | | | |
|---|---|---|---|---|---|---|---|---|---|---|---|---|---|---|---|---|
| | 账号或住址 | | | | 账　号 | | | | | | | | | | | |
| | 开户银行 | | | | 开户银行 | | 行号 | | | | | | | | | |
| 托收金额 | 人民币（大写） | | | | | 千 | 百 | 十 | 万 | 千 | 百 | 十 | 元 | 角 | 分 | |
| 附　　件 | | 商品发运情况 | | | | 合同名称、号码 | | | | | | | | | | |
| 附寄单证张数或册数 | | | | | | | | | | | | | | | | |
| 备注： | | 付款人注意：<br>1. 根据《支付结算办法》规定，上列托收款项，在承付期限内未拒付时，即视同全部承付。如系全额支付即以此联代付款通知；如遇延付或部分支付时，再由银行另送延付或部分支付的付款通知。<br>2. 如需提前承付或多承付时，应另写书面通知送银行办理。<br>3. 如系全部或部分拒付，应在承付期限内另填拒绝承付理由书送银行办理。 | | | | | | | | | | | | | | |

（付款）此联是付款人开户银行通知付款人按期承付货款

单位主管      会计      复核      记账      付款人开户银行盖章      月   日

10cm×17.5cm（白纸绿油墨）

　　收款人开户行收到收款单位办理的托收承付一式五联凭证后，审查如下内容：

　　①托收款项是否符合支付结算办法规定的范围、条件、金额起点以及其他有关规定。

　　②有无商品确已发运的证件。收款人在托收凭证上应注明发运日期和发运号码，收款人必须在托收凭证上加盖明显的"验货付款"戳记。

　　③托收凭证必须记载的各项内容是否齐全、是否符合填写凭证的要求。

　　④托收凭证与所附单证的张数是否相符。

　　⑤第二联托收凭证是否有收款人签章，其签章是否符合规定。必要时，还应查验收付款人签订的购销合同。

　　经审查无误后，将电划第一联托收凭证加盖业务公章退给收款人。对收款人提供的发运证件需带回保管或自寄的，应在各联凭证和发运证件上加盖"已验发运证件"戳记，然后将发运证件退给收款人。将电划第二联托收凭证专夹保管，并登记发出托收结算凭证登记簿，在第三联上加盖带有联行行号的结算专用章。

将电划第三、四、五联托收凭证连同交易单证，一并邮寄付款人开户行。

（2）付款人开户行收到托收承付的处理手续

付款人开户行接到收款人开户行寄来的电划第三、四、五联托收凭证及交易单证后，应审查：付款人是否在本行开户，所附单证张数与凭证是否相符，第三联凭证上是否盖收款人开户行结算专用章。审查无误后，在每联凭证上注明收到日期和承付日期，根据电划凭证，逐笔登记代收结算凭证登记簿。

将电划第三、四联托收凭证专夹保管，将第五联托收凭证加盖业务公章，连同交易单证一并及时通知付款人。通知的方法，可以根据具体情况与付款人签订协议。

承付货款分为验单付款和验货付款两种，由收付双方选用，并在合同中明确规定。

①验单付款。验单付款的承付期为三天，从付款人开户银行发出承付通知的次日算起（承付期内遇例假日顺延）。必须邮寄的需加邮寄时间。付款人在承付期内，未向银行表示拒绝付款，银行即视为承付，并在承付期满的次日（例假日顺延）上午银行开始营业时，将款项主动从付款人的账户内付出，按照收款人指定的划款方式划给收款人。

②验货付款。验货付款的承付期为十天，从运输部门向付款人发出提货通知的次日算起。对收付双方在合同中明确规定，并在托收凭证上注明验货付款期限的，银行从其规定。付款人收到提货通知后，应即向银行交验提货通知。付款人在银行发出承付通知后次日算起的十天内，如未收到提货通知，应在第十天将货物尚未到达的情况通知银行。如不通知，银行即视为已经验货，于十天期满的次日上午银行开始营业时，将款项划给收款人。托收凭证未注明验货付款，但经付款人提出合同证明是验货付款的，银行可按验货付款处理。

A. 全额付款的处理手续

付款人在承付期满日开户行营业终了前，账户有足够资金支付全部款项的，付款人开户行应在次日上午（遇例假日顺延）以第三联托收凭证作为借方凭证，办理汇款，在登记簿上填注汇出日期。做出如下会计分录：

借：吸收存款——活期存款付款人户

贷：清算资金往来

跨系统的托收承付，付款后将第四联加盖业务专用公章，填注支付日期，随转汇清单通过同城票据交换提交中国人民银行转汇。

例4.22 中国农业银行重庆市某支行开户客户万华饭店付款的托收承付款一笔，

金额250 000元，承付期满，本日将款项全额划出。收款人开户行为系统内成都市某支行。该银行做出如下分录：

借：吸收存款——活期存款万华饭店户　　　　　　　　　　　　　　　250 000
　贷：清算资金往来　　　　　　　　　　　　　　　　　　　　　　　　250 000

B. 提前承付的处理手续

付款人在承付期满前通知银行提前付款，银行划款的可按 A 的手续处理，但应在托收凭证和登记簿"备注"栏分别注明"提前承付"字样。

C. 多承付的处理手续

付款人如因商品的价格、数量或金额变动等原因，要求对本笔托收多承付款项一并划回时，付款人应填制四联多承付理由书（以托收承付拒绝付款理由书改用）提交开户行。开户行审查后，在托收凭证和登记簿"备注"栏注明多承付的金额，以第二联多承付理由书代借方凭证，第三联托收凭证作为附件。做出如下会计分录：

借：吸收存款——活期存款付款人户

　贷：清算资金往来

转账后，将第一联多承付理由书加盖"转讫章"作为支款通知交给付款人，第三、四联和第四联托收凭证随同联行邮划贷方报单一并寄收款人开户行。

D. 逾期付款的处理手续

付款人在承付期满日开户行营业终了前，其账户只能部分支付的（即部分付款），付款人开户行应在托收凭证上注明当天可以扣收的金额，注明原托收号码及金额。填制特种转账借方、贷方凭证各一联，以一联特种转账借方凭证作为借方记账凭证，汇出款项。做出如下会计分录：

借：吸收存款——活期存款付款人户

　贷：清算资金往来

另一联特种转账借方凭证加盖"转讫章"作为支款通知交付款人，并在登记簿"备注"栏分别注明已承付和未承付金额，并批注"部分付款"字样，或将未承付金额登记到期未收登记簿。第三、四联托收凭证按付款人及先后日期单独保管。

跨系统的托收承付扣收金额付款后，将特种转账贷方凭证加盖业务公章，注明支付日期、原托收金额随转汇清单提交中国人民银行。

付款人部分付款之后，其不足部分即为逾期未付款项，按逾期付款处理。付款人开户行应在托收凭证和登记簿"备注"栏分别注明"逾期付款"字样或注销登记簿，另登记到期未收登记簿并填制三联托收承付结算到期未收通知书。将第一、二联通知书寄收款人开户行转收款人，第三联通知书留存。

托收经办员和会计记账员要随时掌握付款人账户余额，等到付款人账户有款可以一次扣款时，比照部分付款的有关手续办理，将逾期付款的款项和赔偿金一并划收款人，并注销到期未收登记簿。

付款人分次付款的，付款人开户银行要随时掌握付款入账户逾期未付的资金情况，账户有款时，必须将逾期未付款项和应付的赔偿金及时扣划给收款人，不得拖延扣划。同时应逐次扣收逾期付款赔偿金，待最后清偿完毕时，应在托收凭证上注明"扣清"字样，托收凭证作为借方记账凭证附件，并销记登记簿。

付款人开户银行对付款人逾期支付的款项，应当根据逾期付款金额和逾期天数，按每天万分之五计算逾期付款赔偿金。逾期付款天数从承付期满日算起。承付期满日银行营业终了时，付款人如无足够资金支付，其不足部分，应当算作逾期一天，计算一天的赔偿金。在承付期满的次日（如遇例假日，逾期付款赔偿金的天数计算也相应顺延，但在以后遇到例假日应当照算逾期天数）银行营业终了时，仍无足够资金支付，其不足部分应当算作逾期两天，计算两天的赔偿金。余依此类推。

银行审查拒绝付款期间，不能算作付款人逾期付款，但对无理拒绝付款而增加银行审查时间的，应从承付期满日起计算逾期付款赔偿金。

实行定期扣付赔偿金，每月计算一次，于次月3日内单独划给收款人。在月内有部分付款的，其赔偿金随同部分支付的款项划给收款人，对尚未支付的款项，月终再计算赔偿金，于次月3日内划给收款人；次月又有部分付款时，从当月1日起计算赔偿金，随同部分支付的款项划给收款人，对尚未支付的款项，从当月1日起至月终再计算赔偿金，于第三月3日内划给收款人。第三月仍有部分付款的，按照上述方法计扣赔偿金。

赔偿金的扣付列为企业销货收入扣款顺序的首位，如付款人账户余额不足全额支付时，应排列在工资之前，并对该账户采取"只收不付"的控制办法，待一次足额扣付赔偿金后，才准予办理其他款项的支付。因此而产生的经济后果，由付款人自行负责。

每月单独扣付赔偿金时，付款人开户行应填制特种转账借方、贷方凭证各二联，并注明原托收号码及金额，在"转账原因"栏注明第×个月逾期付款的金额及相应扣付赔偿金的金额，以一联特种转账借方凭证作为借方记账凭证。做出如下会计分录：

借：吸收存款——活期存款付款人户

　　贷：清算资金往来

汇款后，另一联特种转账借方凭证加盖"转讫章"后作为付款通知交给付款人，并在登记簿"备注"栏注明第×个月扣付赔偿金的金额。

付款人开户银行对逾期未付的托收凭证，负责进行扣款的期限为三个月（从承付期满日算起）。逾期付款期满，付款人账户不能全额或部分支付该笔托收款项的，开户行应向付款人发出索回单证的通知。付款人于银行发出通知的次日起两日内（到期日遇到例假日顺延，邮寄的加邮程）必须将第五联托收凭证（部分无款支付的除外）及有关单证（单证已进行账务处理或已部分支付的，可以填制应付款项证明单）退回开户行。银行核对无误后，在托收凭证和登记簿"备注"栏注明单证退回日期和"无款支付"字样，将一联通知书和第三联托收凭证一并留存备查，将两联通知书连同第四、五联托收凭证（部分无款支付系第四联托收凭证）及有关单证一并寄收款人开户行。

付款人开户行在退回托收凭证和单证时，需将应付的赔偿金一并划给收款人。如付款人账户当时不足支付应付的赔偿金，应在托收凭证和登记簿"备注"栏加注应扣付赔偿金的金额，待应扣付的赔偿金全部扣付时，销记登记簿。

付款人逾期不退回单证的，开户行按照托收尚未付清的金额自发出通知的第三天起，每天收取万分之五但不低于 50 元的罚款，并暂停付款人向外办理结算业务，直到退回单证时止。

付款人开户银行对不执行合同规定、三次拖欠货款的付款人，应当通知收款人开户银行转通知收款人，停止对该付款人办理托收。如果收款人不听劝告，继续对该付款人办理托收，付款人开户银行对发出通知的次日起一个月之后收到的托收凭证，可以拒绝受理，注明理由，原件退回。

E. 全部拒绝付款的处理手续

付款人在承付期内提出拒绝付款时，必须填写四联拒绝付款理由书，并加盖预留印章，注明拒绝付款理由，涉及合同的应引证合同上的有关条款。属于商品质量问题的，需要提出商品检验部门的检验证明；属于商品数量问题的，需要提出数量问题的证明及其有关数量的记录；属于外贸部门进口商品的，应当提出国家商品检验或运输等部门出具的证明，连同第五联托收凭证及所附单证一并送交开户银行。

付款人开户银行受理全部或部分拒绝付款时，应先由经办人员审查，再交由会计主管人员复审。审查内容如下：

a. 没有签订购销合同或购销合同未订明托收承付结算方式的款项；

b. 未经双方事先达成协议，收款人提前交货或逾期交货，付款人不再需要该项货物的款项；

c. 未按合同规定的到货地址发货的款项；

d. 代销、寄销、赊销商品的款项；

e. 验单付款，发现所列货物的品种、规格、数量、价格与合同规定不符；或货物已到，经查验货物与合同规定或发货清单不符的款项；

f. 验货付款，经查验货物与合同规定或与发货清单不符的款项；

g. 货款已经支付或计算有误的款项。

对于不属于上述七种情况之一的，付款人不得向其开户银行提出拒绝付款。

外贸部门托收进口商品的款项的，在承付期内，订货部门不能因商品的质量问题提出拒绝付款，而应当另行向外贸部门提出索赔。属于上述其他情况的，订货部门可以向银行提出全部或部分拒绝付款。

经银行审查后，对手续不全、依据不足、理由不符合规定和不属于上述七种可以拒绝付款情况的，以及超过承付期拒付和应当部分拒付提为全部拒付的，均不得受理拒付。

对无理拒绝付款而增加银行审查时间的，应从承付期满日起，为收款人计扣逾期付款赔偿金。

对于军品的拒绝付款，银行不得审查拒绝付款理由。

对于符合规定，而且银行同意拒付时，应在拒绝付款理由书上签注意见，由经办员和会计主管人员签章，金额较大的要报主管行长（主任）批准并签章后方可办理。在托收凭证和登记簿"备注"栏注明"全部拒付"字样，将第一联拒绝付款理由书加盖业务公章作为回单退还付款人，将第二联连同托收凭证第三联一并留存备查，将第三、四联连同有关的拒付证明和托收凭证第四、五联及单证一并寄收款人开户行。

F. 部分拒绝付款的处理手续

付款人在承付期内向银行提出部分拒绝付款时，应填制四联部分拒绝付款理由书，连同有关的拒付证明、拒付部分商品清单送交开户行。

开户行应按照全部拒绝付款的审查程序和要求认真审查，对不符合规定的拒付，不得受理。对于符合规定而且同意拒付的，依照全部拒绝付款的审查手续办理，并在托收凭证和登记簿"备注"栏注明"部分拒付"字样及部分拒付金额。

对于同意承付部分，以第二联拒绝付款理由书代借方记账凭证，第三联托收凭证作为借方凭证附件。做出如下会计分录：

借：吸收存款——活期存款付款人户

贷：清算资金往来

汇款后，将拒绝付款理由书第一联加盖"转讫章"作为支款通知交给付款人，将第三、四联和托收凭证第四联连同拒付部分的商品清单和有关证明寄收款人开户行。

（3）收款人开户行办理托收款划回的处理手续

①全额划回的处理手续

收款人开户行接到付款人开户行电汇贷方报单，或中国人民银行交来的转汇清单和电汇贷方报单后，应抽出专夹保管第二联托收凭证进行核对，经审查无误后，在第二联托收凭证上注明转账日期作为附件，以第一联电汇贷方报单作为贷方凭证。做出如下会计分录：

借：清算资金往来

贷：吸收存款——活期存款收款人户

转账后，将第二联电汇贷方报单加盖"转讫章"作为收款通知交给收款人，并销记登记簿。

例4.23 中国农业银行成都市某支行收到系统内重庆某支行划来款项，金额250 000元，是该行客户华夏商厦收款的托收承付款。该行审核无误后，为收款人办理收账手续，做出如下会计分录：

借：清算资金往来 250 000
  贷：吸收存款——活期存款华夏商厦户 250 000

②多承付款划回的处理手续

收款人开户行接到联行贷方报单以及所附第四联托收凭证和第三、四联多承付理由书后，抽出留存的第二联托收凭证，在"备注"栏注明多承付的金额，以第三联多承付理由书代贷方凭证，第二联托收凭证作为附件。其会计分录为：

借：清算资金往来
  贷：吸收存款——活期存款收款人户

转账后，按原托收金额销记登记簿，第四联托收凭证作为第四联多承付理由书的附件交给收款人。

③逾期划回、无款支付退回凭证或单独划回赔偿金的处理手续

收款人开户行接到第一、二联托收承付结算到期未收通知书后，应在第二联托收凭证上加注"逾期付款"字样及日期，然后将第二联通知书交给收款人，第一联附于第二联托收凭证后一并保管，其会计处理比照全额划回的处理办法。对于单独划回赔偿金的，在第二联托收凭证和登记簿上注明第×个月划回的赔偿金的金额。

收款人开户行在逾期付款期满后接到第四、五联托收凭证及两联无款支付通知书和有关单证，经核对无误后，抽出第二联托收凭证，并在该联凭证"备注"栏注明"无款支付"字样，销记登记簿。然后将第四、五联托收凭证及一联无款支付通知书和有关单证退给收款人。请收款人在另一联无款支付通知书上签收，然后连同第二联托收凭证一并保管备查。

④部分划回的处理手续

收款人开户行接到部分划回的电汇贷方报单，以第一联贷方报单作为贷方凭证，并销记登记簿。做出如下会计分录：

借：清算资金往来
  贷：吸收存款——活期存款收款人户

将第二联电汇贷方报单加盖"转讫章"作为收账通知交给收款人，在第二联托收凭证和登记簿上注明部分划回的金额。待最后清偿完毕时，在第二联托收凭证上注明结算终了日期，将其作为贷方凭证的附件，并销记登记簿。

⑤全部拒绝付款的处理

收款人开户行接到第四、五联托收凭证及有关单证和第三、四联全部拒绝付款理由书及拒付证明，经核对无误后，抽出第二联托收凭证，并在该联"备注"栏注明"全部拒付"字样，销记登记簿。然后将第四、五联托收凭证及有关单证和第四联拒绝付款理由书及拒付证明退给收款人。请收款人在第三联拒绝付款理由书上签收，然后连同第二联托收凭证一并保管备查。

⑥部分拒绝付款的处理

收款人开户行收到电汇贷方报单后，抽出第二联托收凭证，并在该联"备注"栏注明"部分拒付"字样，填明日期和部分拒付金额。以第一联电汇贷方报单作为贷方记账凭证，第二联托收凭证作为贷方凭证附件，并销记登记簿。做出如下会计分录：

借：清算资金往来

　　贷：吸收存款——活期存款收款人户

转账后，第二联电汇贷方报单盖业务章后交收款人，待收到邮寄的第三、四联部分拒绝付款理由书以及拒付部分的商品清单及证明后，将第三联拒绝付款理由书留存备查，第四联及所附清单和证明交给收款人。

（三）委托收款业务的核算

1. 概念及适用范围

委托收款是收款人委托银行向付款人收取款项的结算方式。适用于单位和个人凭已承兑商业汇票、债券、存单等付款人债务证明办理款项的结算，同城、异地均可使用。

2. 基本规定

（1）签发委托收款凭证必须记载下列事项：

①表明"委托收款"的字样；

②确定的金额；

③付款人名称；

④收款人名称；

⑤委托收据名称及附寄单证张数；

⑥委托日期；

⑦收款人签章。

欠缺以上必须记载事项之一的，银行不予受理。

（2）收款人办理委托收款应向银行提交委托收款凭证和有关的债务证明，仅凭发票不能使用委托收款方式。

（3）委托收取异地发行、兑付债券款项的，应在债券到期日才能办理。在同城范围内，收款人收取公用事业费或依据国务院规定，可以使用同城特约委托收款。收取公用事业费,必须具有收付双方事先签订的经济合同,由付款人向开户银行授权,并经开户银行同意,报经中国人民银行各当地分支行批准。

（4）付款人开户银行接到寄来的委托收款凭证及债务证明,经审查无误后办理付款。以银行为付款人的,银行应在当日将款项主动支付给收款人。以单位为付款人的,银行应及时通知付款人,按有关办法规定需要将有关债务证明交给付款人的,应交给付款人并签收。

（5）银行在办理划款时,付款人存款账户不足支付的,应通过被委托银行向收款人发出未付款项通知书。按照有关办法规定,债务证明留存付款人开户银行的,应将其债务证明连同未付款项通知书邮寄被委托银行转交收款人。

(6)付款人审查有关债务证明后,拒绝付款的,可以办理拒绝付款。

3. 委托收款业务的核算

委托收款结算凭证一式五联（见表 4.40、表 4.41、表 4.42、表 4.43、表 4.44）:第一联为回单;第二联为贷方凭证;第三联为借方凭证;第四联为收账通知;第五联为付款通知。

表 4.40　　　　　　　　　　　　　　　　　　　　　　第　号

| 委邮 | 委托收款 凭证（回单）　1 委托号码： | |
| --- | --- | --- |

委托日期　年　月　日

| 付款人 | 全称 | | 收款人 | 全称 | | | | | | | | | | | 此联是收款人开户银行给收款人的回单 |
| --- | --- | --- | --- | --- | --- | --- | --- | --- | --- | --- | --- | --- | --- | --- | --- |
| | 账号或住址 | | | 账号 | | | | | | | | | | | |
| | 开户银行 | | | 开户银行 | | | | 行号 | | | | | | | |
| 托收金额 | 人民币（大写） | | | | 千 | 百 | 十 | 万 | 千 | 百 | 十 | 元 | 角 | 分 | |
| 款项内容 | | 委托收款凭据名称 | | | 附寄单证张数 | | | | | | | | | | |
| 备注： | | | | | | | | | | | | | | | |
| | 款项收妥日期 | | | | | | | | | | | | | | |
| | 年　　月　　日　收款人开户银行盖章　月　　日 | | | | | | | | | | | | | | |

单位主管　　会计　　复核　　记账

10cm×17.5cm（白纸蓝油墨）

表4.41　　　　　　　　　　　　　　　　　　　　　　　　　　　　　第　号

委邮

## 委托收款　凭证（贷方凭证）　2

委托号码：

委托日期　年　月　日

| 付款人 | 全　称 | | 收款人 | 全　称 | | | | | | | | | | |
| --- | --- | --- | --- | --- | --- | --- | --- | --- | --- | --- | --- | --- | --- | --- |
| | 账　号或住址 | | | 账　号 | | | | | | | | | | |
| | 开户银行 | | | 开户银行 | | | 行号 | | | | | | | |
| 托收金额 | 人民币（大写） | | | | 千 | 百 | 十 | 万 | 千 | 百 | 十 | 元 | 角 | 分 |
| 款项内容 | | 委托收款凭据名称 | | | 附寄单证张数 | | | | | | | | | |
| 备注： | | 上列委托收款随附有关单证，请予办理收款。 收款人签章 | | | 科目（贷）_____ 对方科目（借）_____ 转账　年　月　日 复核　　　记账 | | | | | | | | | |

此联收款人开户银行作贷方凭证

收款人开户银行收到日期　年　月　日

10cm×17.5cm（白纸蓝油墨）

表4.42　　　　　　　　　　　　　　　　　　　　　　　　　　　　　第　号

委邮

## 委托收款　凭证（借方凭证）　3

委托号码：

委托日期　年　月　日

付款期限　年　月　日

| 付款人 | 全　称 | | 收款人 | 全　称 | | | | | | | | | | |
| --- | --- | --- | --- | --- | --- | --- | --- | --- | --- | --- | --- | --- | --- | --- |
| | 账　号或住址 | | | 账　号 | | | | | | | | | | |
| | 开户银行 | | | 开户银行 | | | 行号 | | | | | | | |
| 托收金额 | 人民币（大写） | | | | 千 | 百 | 十 | 万 | 千 | 百 | 十 | 元 | 角 | 分 |
| 款项内容 | | 委托收款凭据名称 | | | 附寄单证张数 | | | | | | | | | |
| 备注： | | 收款人开户银行签章 月　日 | | | 科目（借）_____ 对方科目（贷）_____ 转账　年　月　日 复核　　　记账 | | | | | | | | | |

此联付款人开户银行作借方凭证

付款人开户银行收到日期　年　月　日

10cm×17.5cm（白纸黑油墨）

表4.43　　　　　　　　　　　　　　　　　　　　　　　　　　　　　　　第　号

**委托收款** 凭证（收账通知）　4　委托号码：

委托日期　年　月　日

付款期限　年　月　日

| 付款人 | 全　称 | | 收款人 | 全　称 | | | | | | | | | | | |
|---|---|---|---|---|---|---|---|---|---|---|---|---|---|---|---|
| | 账　号或住址 | | | 账　号 | | | | | | | | | | | |
| | 开户银行 | | | 开户银行 | | 行号 | | | | | | | | | |
| 托收金额 | 人民币（大写） | | | | 千 | 百 | 十 | 万 | 千 | 百 | 十 | 元 | 角 | 分 | |
| 款项内容 | | 委托收款凭据名称 | | | 附寄单证张数 | | | | | | | | | | |
| 备注： | | | 上列款项：1. 已全部划回收入你方账户。2. 全部未收到。　　　　收款人开户行盖章　　　　　年　月　日 | | | | | | | | | | | | |

单位主管　　会计　　复核　　记账　　付款人开户银行收到日期　年　月　日
　　　　　　　　　　　　　　　　　　　支付日期　　年　月　日

此联是收款人开户银行在款项收妥后给收款人的收账通知

10cm×17.5cm（白纸紫油墨）

表4.44　　　　　　　　　　　　　　　　　　　　　　　　　　　　　　　第　号

**委托收款** 凭证（付款通知）　5　委托号码：

委托日期　年　月　日

付款期限　年　月　日

| 付款人 | 全　称 | | 收款人 | 全　称 | | | | | | | | | | | |
|---|---|---|---|---|---|---|---|---|---|---|---|---|---|---|---|
| | 账　号或住址 | | | 账　号 | | | | | | | | | | | |
| | 开户银行 | | | 开户银行 | | 行号 | | | | | | | | | |
| 托收金额 | 人民币（大写） | | | | 千 | 百 | 十 | 万 | 千 | 百 | 十 | 元 | 角 | 分 | |
| 款项内容 | | 委托收款凭据名称 | | | 附寄单证张数 | | | | | | | | | | |
| 备注： | | | 付款人注意：1. 应于见票当日通知开户银行划款。2. 如需拒付，应在规定期限内，将拒付理由书并附债务证明退交开户银行。 | | | | | | | | | | | | |

单位主管　　会计　　复核　　记账　　付款人开户银行盖章　　年　月　日

此联是付款人开户银行给付款人按期付款的通知

10cm×17.5cm（白纸绿油墨）

（1）收款人开户银行受理委托收款的处理

收款人办理委托收款时，应填制邮划或电划委托收款凭证。收款人在第二联委托收款凭证上签章后，将有关委托收款凭证和债务证明提交开户行。

收款人开户行收到上述凭证后，应按照规定和填写凭证的要求进行认真审查：

①委托收款凭证是否统一规定格式的凭证。

②收款人是否在本行开户。

③是否凭已承兑的商业汇票、债券、存单等付款人债务证明办理委托收款。

④委托收取商业汇票款项的，委托收款凭证上的付款人名称是否商业汇票的承兑人名称，商业汇票是否接近提示付款期或票据是否超过提示付款期；债券是否规定由异地出售银行兑付，是否已到兑付日。

⑤委托收款凭证上必须记载的事项是否齐全；

⑥委托收款凭证的金额、委托日期、收款人是否更改，更改其他记载事项的是否由原记载人签章证明。

⑦第二联委托收款凭证的签章是否符合规定。

⑧所附单证种类、数量、金额与委托收款凭证记载是否一致。

⑨商业汇票背书转让的，背书是否连续，签章是否符合规定。

⑩委托收取贴现、转贴现、再贴现商业汇票款项的，委托收款凭证的"收款人"栏是否贴现、转贴现、再贴现银行的名称。

⑪是否作成委托收款背书，其签章是否符合规定。

审查不符的，将委托收款凭证及有关债务证明退收款人。审查无误后，对委托收款凭证进行如下处理：

将第一联邮划或电划委托收款凭证加盖业务公章后退给收款人；将第二联邮划或电划委托收款凭证专夹保管，并登记发出委托收款凭证登记簿。将第五联贴现或转贴现凭证作为第二联委托收款凭证附件，一并保管。

将第三联邮划或电划委托收款凭证加盖带有联行行号的结算专用章，连同第四、五联委托收款凭证及有关债务证明，一并寄交付款人开户行。

（2）付款人开户行的处理

付款人开户行接到收款人开户行寄来的邮划或电划第三、四、五联委托收款凭证及有关债务证明时，应审查是否属于本行的凭证，付款人是否在本行开户；委托收款凭证第三联是否加盖带有联行行号的结算专用章；所附单证是否已经办理挂失。

审查无误后，在凭证上填注收到日期。根据邮划或电划第三、四联委托收款凭证逐笔登记收到委托收款凭证登记簿。将电划第三、四联委托收款凭证及商业承兑汇票或按照有关办法规定需要留存付款人开户行的有关债务证明一并专夹保管，并分别进行如下处理：

①付款人为银行的处理

银行接到委托收款凭证和有关债务证明审查无误，按规定付款时，第三联委托收款凭证作为借方凭证，有关债务证明作为借方凭证的附件。属于大额汇划或跨系统的委托收款付款后，应将第四联委托收款凭证填注支付日期和加盖业务公章后，通过同城票据交换提交中国人民银行办理转汇。做出如下会计分录：

借：吸收存款——其他存款（应解汇款）付款人户

　　贷：清算资金往来

② 付款人为单位的处理

银行在接到委托收款凭证和有关债务证明时，按照有关办法规定需要将有关债务证明留存的（如商业承兑汇票），应将第五联委托收款凭证加盖业务公章即时交给付款人，并由付款人签收；按照有关办法规定需要将有关债务证明交给付款人的，应将第五联委托收款凭证加盖业务公章连同有关债务证明一并即时交给付款人，并由付款人签收。按以下两种手续处理：

A. 全额付款的。银行接到付款人的付款通知书时，或银行未接到付款人的付款通知书，在付款人接到通知书的次日起第四天上午开始营业时，付款人账户足够支付全部款项的，第三联委托收款凭证作为借方凭证（如留存债务证明的，其债务证明和付款通知书作为借方凭证附件），根据第四联委托收款凭证填制电划贷方报单，向收款人开户行汇款。属于大额汇划或跨系统的委托收款付款后，应将第四联委托收款凭证填注支付日期和加盖业务公章后，通过同城票据交换提交中国人民银行办理转汇。做出如下会计分录：

借：吸收存款——活期存款付款人户

　　贷：清算资金往来

转账后，在收到委托收款凭证登记簿上填明汇出日期。

例4.24　本行从票据交换所提入委托收款凭证第三、四、五联及商业承兑汇票，金额为190 000元，经审查无误后，将第五联委托收款凭证交给承兑人A公司（付款人）。当本行接到付款人付款通知书时，立即转账。做出如下会计分录：

借：活期存款——A公司　　　　　　　　　　　　　　　　190 000

　　贷：清算资金往来——同城票据交换××户　　　　　　190 000

B. 付款人账户余额不足的。银行在办理划款时，付款人账户余额不足支付全部款项的，银行在委托收款凭证和收到委托收款登记簿上注明退回日期和"无款支付"字样，并填制三联付款人未付款项通知书，将第一联通知书和第三联委托收款凭证留存备查，将第二、三联通知书连同第四联委托收款凭证寄收款人开户行。留存债务证明的，将其债务证明一并寄收款人开户行。

③付款人拒绝付款的处理

银行在付款人签收日的次日起三天内，收到付款人填制的在第二联加盖预留银行签章的四联拒绝付款理由书以及付款人持有的债务证明和第五联委托收款凭证，经核对无误后，在委托收款凭证和收到委托收款登记簿"备注"栏注明"拒绝付款"字样。将第一联拒绝付款理由书加盖业务公章作为回单退还付款人，第二联拒绝付款理由书连同第三联委托收款凭证一并留存备查，第三、四联拒绝付款理由书连同付款人提交或本行留存的债务证明和第四、五联委托收款凭证一并寄收款人开户行。

（3）收款人开户银行办理款项划回的处理

①款项划回的处理

收款人开户行接到付款人开户行或转汇行的电汇贷方报单，或同城跨系统转汇行通过同城票据交换提回的转汇清单、划收报单及所附第四联委托收款凭证，或通过中国人民银行转来的贷方报单时，经与留存的第二联凭证核对无误后，办理转账。做出如下会计分录：

借：清算资金往来

　　贷：吸收存款——活期存款收款人户

转账后，在第二联委托收款凭证上填注转账日期，销记发出委托收款凭证登记簿。

经审查核对有误时：属误划的，如果能确认收款银行，应代为转划；不能确认收款银行的，应退回原汇出行。属于与原凭证记载事项不符的，应进行查询。

②付款人无款支付的处理手续

收款人开户行接到第四联委托收款凭证和第二、三联付款人未付款项通知书以及付款人开户行留存的债务证明，经审核无误后，抽出第二联委托收款凭证，并在该联凭证"备注"栏注明"无款支付"字样，销记发出委托收款凭证登记簿。然后将第四联委托收款凭证及一联未付款项通知书以及收到的债务证明退给收款人。请收款人在未付款项通知书上签收后，收款人开户行将一联未付款项通知书连同第二联委托收款凭证一并保管备查。

（4）拒绝付款的处理

收款人开户行接到第四、五联委托收款凭证及有关债务证明和第三、四联拒绝付款理由书，经核对无误后，抽出第二联委托收款凭证，并在该联凭证"备注"栏注明"拒绝付款"字样。销记发出委托收款凭证登记簿。然后将第四、五联委托收款凭证及有关债务证明和第四联拒付理由书一并退给收款人。请收款人在第三联拒付理由书上签收后，收款人开户行将第三联拒付理由书连同第二联委托收款凭证一并保管备查。

# 第三节　代理业务的核算

代理业务是目前商业银行中间业务中重要的金融产品。代理业务是指商业银行通过为客户代理支付、代理收费、代理保管等事项，从中收取手续费的各项业务。它包括代理销售投资基金业务、代理保险业务、代收代付业务、保管箱业务、代理资金清算业务以及其他代理业务等。本节主要介绍代理保险业务和代理销售投资基金业务的核算。

## 一、代理保险业务的核算

代理保险业务是指商业银行根据保险公司的委托，在保险公司授权范围内代为办理保险业务并向保险公司收取代理手续费。目前由商业银行代理保险业务，是我国银保合作的最普遍的方式。通过该项业务，可以充分利用商业银行的网络资源和客户资源以及银行强大的信用优势和网点优势，大力推广保险业务；同时，商业银行也可以通过代理保险业务，扩大服务群体，增加长期稳定的资金来源，并收取相应的代理手续费，增加利润。

（一）代理保险业务要求

1. 代理保险合同的确定

商业银行开办代理保险业务，应与保险公司签订代理合同，建立正式的业务代理关系。代理保险合同的主要内容包括：代理的责任、享有的权利和履行的义务，代理的业务种类、结算方式、合同期限、手续费率及支付方式等。合同确定后，商业银行将严格按照合同代为办理相关业务。

2. 代理保险的业务范围

商业银行代理保险业务是保险兼代理人的身份，亦即在从事自身业务的同时兼业为保险公司代办保险业务。因此，其业务范围仅限于代理销售保险单、代理收取保费，而且只能代理与本行业相关的保险业务。

由于商业银行是代理保险业务，因此必须根据商业银行的特点，设计符合商业银行操作、方便银行柜台销售及营销的保险品种。目前银行代理的保险产品包括寿险（个人寿险、团体寿险、分红型寿险、短期寿险及投资理财型寿险等）和非寿险（企业财产险、家庭财产险、住房按揭保险、机动车辆险、货运险、工程险等）。

（二）代理保险业务的核算

1. 代收保费

发生代理保险业务时，商业银行应按照保险公司的规定填制代理保险业务保费结算单。

个人客户以现金支付的，应填制现金缴款单办理。做出如下会计分录：

借：库存现金

　　贷：代理业务资金——代收保费款项

以储蓄存款支付，先办理储蓄款项的支付，应填写储蓄取款凭条和进账单办理。做出如下会计分录：

借：吸收存款——活期储蓄存款××户

　　贷：代理业务资金——代收保费款项

单位客户缴存保费的，应填制转账支票和进账单办理。做出如下会计分录：

借：吸收存款——活期存款××单位户

　　贷：代理业务资金——代收保费款项

2. 代付保险金

商业银行一般不直接办理理赔，只是有些赔案需由商业银行填制赔款计算书交由保险公司具体办理，商业银行不得以保费坐支或垫支。待保险公司办妥后，将款项划转商业银行转付给被保险人。

商业银行代理保险公司支付保险金时，应根据保险公司理赔部门签署的理赔文件，填制保险公司存款账户的付款凭证办理。做出如下会计分录：

借：吸收存款——活期存款保险公司户

　　贷：吸收存款——活期存款××单位户

　　或：库存现金

3. 划转保费

按照代理保险协议规定，商业银行定期向保险公司划转代收的保费。划转时，填制特种转账凭证，并将代理保险业务保费结算单交保险公司。做出如下会计分录：

借：代理业务资金——代收保费款项

　　贷：存放中央银行款项（或××账户）

4. 收取代理保险手续费

商业银行根据代理合同规定，定期向保险公司按照事先确定的手续费率收取手续费，应填制特种转账凭证或代理手续费结算单办理。做出如下会计分录：

借：存放中央银行款项（或××账户）

　　贷：手续费及佣金收入——代理财（寿）险手续费收入

也可根据代理保险协议，按收取保费的一定比例从代收的保费中扣收手续费。做出如下会计分录：

借：代理业务资金——代收保费款项

　贷：手续费及佣金收入——代理财（寿）险手续费收入

例 4.25　本行按约定，从客户张强的储蓄存款账户扣收保费 25 000 元。本行按规定办理转账，做出如下会计分录：

借：吸收存款——活期储蓄存款张强户　　　　　　　　　　　　25 000

　贷：代理业务资金——代收保费款项　　　　　　　　　　　　25 000

例 4.26　按照代理保险协议规定，本行向保险公司划转代收的保费 750 000 元。做出如下会计分录：

借：代理业务资金——代收保费款项　　　　　　　　　　　　750 000

　贷：存放中央银行款项　　　　　　　　　　　　　　　　　750 000

例 4.27　根据代理合同规定，本行向保险公司按照事先确定的手续费率收取手续费（保费额的 0.5‰），填制特种转账凭证或代理手续费结算单办理。做出如下会计分录：

应收取的手续费 = 750 000 × 0.5‰ = 375（元）

借：存放中央银行款项　　　　　　　　　　　　　　　　　　375

　贷：手续费及佣金收入——代理财（寿）险手续费收入　　　375

## 二、基金代理销售业务的核算

基金代理销售业务是指商业银行经中国证券监督管理委员会和中国人民银行审批，接受基金管理人的委托，为其办理开放式基金单位的认购、申购和赎回等交易的业务。通过基金代理销售业务，商业银行可取得按基金代销额度一定比例的认购、申购手续费；按规定标准收取的开户、交易查询等服务费。它们是商业银行取得低风险收益的重要来源。

基金代理销售网络由总行、分行和营业网点共同组成。总行负责代理销售业务的管理和监督；分行负责代理销售业务的组织实施；营业网点负责开放式基金的代理销售。

（一）基金代理销售业务的基本规定

（1）投资人办理开放式基金业务，必须开立借记卡资金账户，并通过开户行在注册登记中心开立基金账户。资金账户与基金账户为一一对应关系。

（2）认购日、申购日、赎回日是指经办网点接受投资人认购、申购、赎回申请的日期。成交确认日是指按照基金契约的规定，登记中心确认投资人申购、赎回等交易是否成交的日期。

（3）投资人办理认购、申购、赎回业务时，按照基金契约及证监会的有关规定支付手续费。以上手续费在交易确认成交时自动扣收，并划付基金管理公司。应支付银行的手续费由基金管理公司定期划付总行，总行定期全额划付各分行。

（4）代理基金业务资金清算遵循"自上而下，逐级清算"的原则。

（二）基金代理销售业务的核算

此处主要介绍经办网点的会计核算。

1. 投资人开立基金账户的处理

投资人开立基金账户，需填写基金客户资料登记表及代理基金开/销户申请书，连同开户手续费、借记卡、有关证件及复印件交经办员审核无误后刷卡，投资人输入密码；经办员分别录入有关内容，业务处理系统将有关数据传送总行业务处理中心，总中心返回受理信息后，分别打印基金客户资料登记表、代理基金开/销户申请书、手续费收费凭证，投资人在有关凭证上签字后，由经办员签章，将一联基金客户资料登记表、代理基金开/销户申请书、收费凭证、借记卡及有关证件交投资人；与投资人有关的证件复印件以及机构投资人提供的授权委托书作为代理基金开/销户申请书的附件，与留存的基金客户资料登记表，作为会计档案，分别专夹保管，定期装订。

为客户开立借记卡资金账户做出如下会计分录：

借：吸收存款——活期存款××单位户

或：库存现金

    贷：吸收存款——单位卡××持卡人户

    或：吸收存款——活期储蓄存款××个人卡户

收取手续费时做出如下会计分录：

借：库存现金

    贷：手续费及佣金收入——开户手续费收入

2. 认购日经办网点的处理

投资人认购基金时，填写代理基金申/认购申请表，连同借记卡提交经办员审核无误后刷卡，投资人输入密码，经办员录入基金代码、基金份额或金额等内容，系统自动冻结投资人认购所需资金后，将数据传送总中心。总中心返回受理信息后，打印代理基金申/认购申请表，交投资人签字后，由经办员签章，一联连同借记卡交投资人，一联作为会计档案，专夹保管，定期装订。做出如下会计分录：

借：吸收存款——单位卡××持卡人户

或：吸收存款——活期储蓄存款××个人卡户

    贷：清算资金往来

如基金募集失败，则将清退资金本息合计退回投资人资金账户。会计分录相反。

3. 申购日经办网点的处理

会计处理同认购日经办网点的处理方法。

4. 赎回日经办网点的处理

投资人填写代理基金赎回申请表，连同借记卡提交经办员审核无误后刷卡，投资人输入密码，经办员录入基金代码、赎回基金份额等内容，数据传送总中心，总中心返回受理信息后，打印基金赎回申请表，交投资人签字后，由经办员签章，一联连同借记卡交给投资人，一联作为会计档案，专夹保管，定期装订。做出如下会计分录：

借：清算资金往来

　　贷：吸收存款——单位卡××持卡人户

　　或：吸收存款——活期储蓄存款××个人卡户

# 第四节　委托贷款业务的核算

委托贷款是指由委托人提供资金并承担全部贷款风险，商业银行作为受托人，根据委托人确定的贷款对象、用途、金额、期限、利率等代为发放、监督使用并协助回收的贷款。委托人包括各级政府部门、企事业单位和个人。

开办委托贷款业务，商业银行为委托人提供金融服务，应收取手续费，不得垫付委托贷款资金，不得垫付委托人应纳的营业税，不得承担任何形式的贷款风险。贷款期满，商业银行以受托人的名义协助委托方收回贷款本息。

收到委托人的资金，应按实际收到的金额入账。做出如下会计分录：

借：吸收存款——活期存款委托人户

　　贷：代理业务负债

发放受托的贷款，按实际发放金额核算。做出如下会计分录：

借：代理业务资产——成本

　　贷：吸收存款——活期存款借款人户

定期或在合同到期时与委托单位结算，按合同比例计算受托贷款收益，结算已实现未结算的收益。做出如下会计分录：

借：代理业务资产——已实现未结算损益

　　贷：代理业务负债（委托客户的收益）

　　　　手续费及佣金收入（本行的收益）

贷款期满，收回受托的贷款。做出如下会计分录：

借：吸收存款——活期存款借款人户

　　贷：代理业务资产——成本——已实现未结算损益

合同到期时，按规定划转或退还代理业务资金。做出如下会计分录：

借：代理业务负债

　　贷：吸收存款——活期存款委托人户

# 第五章

# 银行间往来及清算业务的核算

## 第一节　银行间往来业务的核算

　　银行间往来包括商业银行系统内的联行往来、跨系统商业银行间的同业往来以及商业银行与中央银行的往来。产生这些往来关系的原因是商业银行履行支付中介的职能、商业银行内部资金划拨、同业拆借以及在中央银行体系下商业银行要向中央银行上缴存款、借款及再贴现等。

### 一、商业银行系统内往来业务的核算

（一）联行往来的概念

　　联行往来，是指同一银行系统辖内所属各行处之间因办理对外结算、对内资金调拨等业务，相互代收、代付款项而发生的资金账务往来。联行往来一般涉及两家银行网点，双方互称联行，双方构成了相互依存的对应关系，两者缺一不可。

　　联行往来的实质是各行处间相互代收、代付款项所引起的资金存欠关系，是划拨各种资金的工具。

　　联行往来核算，就是要通过对会计凭证的审核、会计账务的正确登记，反映联行资金存欠关系并及时清算联行汇差资金。

（二）联行往来的核算

在我国银行体系中，中央银行和商业银行各自建立了系统内联行往来。目前商业银行系统内的异地支付业务大约有 2/3 是通过这些系统实现的。

1. 联行往来的业务范围

汇划业务主要包括汇兑、托收承付、委托收款、银行汇票、银行卡、内部资金划拨、代收学费等款项的汇划；储蓄、灵通卡、对公异地通存通兑业务及外卡 ATM 取现业务、信用卡异地业务、金卡业务、跨行支付业务，同时办理有关的查询查复及差错补账和冲账处理业务。

其中，汇划贷报（贷记）业务包括汇兑、委托收款、托收承付、商业承兑汇票、银行承兑汇票、信用卡、资金划拨等。

汇划借报（借记）业务包括银行汇票、信用卡、资金划拨。

2. 联行往来的核算程序

联行往来的核算包括发报经办行和收报经办行的处理。经办行是具体办理结算资金和内部资金汇划业务的行处。汇划业务的发生行是发报经办行；汇划业务的接收行是收报经办行。一个行处既可能是发报经办行，也可能是收报经办行。

（1）发报经办行的处理

发报经办行是资金汇划业务的发生行，应根据汇划业务种类，录入凭证各要素及账户类型，经过复核、授权后产生有效汇划数据，由系统按规定时间发送至上辖清算行进入资金汇划清算系统。如为贷记业务，记账的会计分录为：

借：××科目——××户

　　贷：清算资金往来——汇划清算户

如为借记业务，则会计分录相反。

业务数据经过复核，按规定权限授权无误后，产生有效汇划数据，发送至清算行。每日营业终了，发报经办行还应对本网点当天发生的汇划贷记业务和借记业务进行汇总，并核对当日录入笔数、金额和当日发送笔数、金额等数据。此外，还应装订凭证，核对清单。

（2）收报经办行的处理

收报经办行收到上辖清算行传来的实时、批量汇划信息（分散模式下），经检查无误后，打印资金汇划（借方）补充凭证或资金汇划（贷方）补充凭证一式两联，第一联为记账凭证，第二联为回单，并自动进行账务处理。如为贷记业务，记账的会计分录为：

借：清算资金往来——汇划清算户

　　贷：××科目——××户

如为借记业务，则会计分录相反。

## 二、同业往来的核算

同业往来是指商业银行与跨系统的各商业银行及非银行性金融机构之间的业务往来。它主要包括回购、同业拆借、票据转贴现、代理同城票据交换及清算等业务。

（一）回购业务的核算

回购业务是一种以买卖票据、证券、贷款等金融资产的形式融通资金的业务，包括买入返售金融资产业务和卖出回购金融资产业务。

商业银行的回购业务只能通过国家规定场所——全国统一同业拆借市场进行。

1. 买入返售金融资产业务的核算

买入返售金融资产业务是商业银行按照返售协议约定先买入再按固定价格返售票据、证券、贷款等金融资产而融出资金的业务。这种业务实际上是以金融资产为依据向交易对方融出资金，而金融资产并不真正转移。

（1）根据返售协议买入金融资产时，应按实际支付的金额入账。做出如下会计分录：

借：买入返售金融资产

　　贷：存放中央银行款项

（2）资产负债表日，应计算确定买入返售金融资产的利息收入。做出如下会计分录：

借：应收利息

　　贷：利息收入

（3）返售日，按实际收到金额，借记"存放中央银行款项"、"结算备付金"等账户；按其账面余额，贷记"买入返售金融资产"、"应收利息"账户；按其差额，贷记"利息收入"账户。做出如下会计分录：

借：存放中央银行款项等

　　贷：买入返售金融资产

　　　　应收利息

　　　　利息收入

2. 卖出回购金融资产业务的核算

卖出回购金融资产业务是商业银行按照回购协议先卖出再按固定价格买入票据、证券、贷款等金融资产而融入资金的业务。它是商业银行解决资金暂时不足的一项措施，属短期融通资金性质的业务。一般来说，卖出价格要低于回购价格，其差额作为资金使用的代价，金融资产不真正转移。

（1）根据回购协议卖出金融资产时，应按实际收到的金额入账。做出如下会计分录：

借：存放中央银行款项

　　贷：卖出回购金融资产款

　　（2）资产负债表日，应计算确定卖出回购金融资产的利息费用。做出如下会计分录：

借：利息支出

　　贷：应付利息

　　（3）回购日，按其账面余额，借记"卖出回购金融资产款"、"应付利息"账户；按实际支付的金额，贷记"存放中央银行款项"、"结算备付金"等账户；按其差额，借记"利息支出"账户。做出如下会计分录：

借：卖出回购金融资产款

　　应付利息

　　利息支出

　　贷：存放中央银行款项

　　（二）同业拆借业务的核算

　　同业拆借源于中央银行的存款准备金制度。当商业银行缴存中央银行的存款大于法定存款准备金率所要求的存款余额时，形成商业银行的超额准备金；反之，当商业银行缴存中央银行的存款小于法定存款准备金率所要求的存款余额时，商业银行应及时补足，否则将受到中央银行的处罚。商业银行的超额准备金主要是保证银行间资金清算的需要，应该保持一定的额度，但是它又是商业银行的低盈利性资产。因此，当超额准备金有多余时，商业银行希望通过全国银行间同业拆借市场把多余的资金拆借出去，以获得更多的收益；当超额准备金不足时，商业银行则希望从该市场拆入资金，以补充资金头寸的不足。

　　由此可见，同业拆借就是商业银行（也包括非银行金融机构）之间融通资金的一种短期信贷行为。这是商业银行在资金流动性发生困难，尤其是临时性困难时，一般会首先考虑的筹资方式。

　　（1）拆出行根据双方协议，开出中央银行存款账户转账支款凭证，办理转账。做出如下会计分录：

借：拆出资金——××行借款户

　　贷：存放中央银行款项

　　（2）拆入行收到中央银行的收账通知后，办理转账。做出如下会计分录：

借：存放中央银行款项

　　贷：拆入资金——××行贷款户

　　（3）拆借到期，拆入行应及时归还拆借款，将本息通过中央银行一并归还。做出如下会计分录：

借：拆入资金——××行贷款户

借：利息支出

　　贷：存放中央银行款项

拆出行收到中央银行收账通知后，办理转账。做出如下会计分录：

借：存放中央银行款项

　　贷：拆出资金——××行借款户

　　贷：利息收入

### 三、商业银行与中央银行往来的核算

（一）商业银行与中央银行往来概述

商业银行与中央银行往来是指各商业银行与中央银行之间因资金缴存、汇划款项、现金存取、资金融通等引起的资金账务往来。

商业银行在日常经营中与中央银行主要有如下往来关系：

（1）在中央银行各当地分支行开立存款户，将业务资金存入中央银行并与中央银行建立收支往来关系；

（2）商业银行要按规定的比率向中央银行缴存法定的存款准备金；

（3）商业银行上下级行处之间的业务资金调拨，可以通过开户中央银行汇拨；

（4）商业银行与其他商业银行的资金清算和系统内大额汇划款项要通过中央银行办理；

（5）商业银行的业务现金，要向中央银行发行库或发行保管库办理存取；

（6）商业银行可以在核定的额度内向中央银行借入资金，商业银行按规定可通过中央银行办理资金拆入、拆出和再贴现；

（7）商业银行可以接受中央银行的委托，办理中央银行的委托贷款业务；

（8）商业银行经收的国家金库款必须缴存中央银行，等等。

（二）商业银行与中央银行往来的核算

1. 存放中央银行款项的核算

（1）存入款项的核算

存入款项时，应填制中国人民银行交款凭证，根据中国人民银行回单填制转账借、贷方凭证，并以中国人民银行回单作为借方记账凭证的附件，办理转账。做出如下会计分录：

借：存放中央银行款项

　　贷：库存现金——××机构户

（2）支付款项的核算

支付款项时，应填制中国人民银行付款凭证，根据中国人民银行回单填制转账借、

贷方凭证，并以付款凭证存根联作为贷方记账凭证的附件，办理转账。做出如下会计分录：

借：库存现金——××机构户

贷：存放中央银行款项

2. 缴存存款准备金的核算

（1）缴存一般性存款准备金的核算

一般性存款准备金由各商业银行总行缴存中央银行。商业银行总行应统计全行旬末一般性存款的余额，若存放中央银行存款余额小（大）于应缴存存款准备金（本旬本行吸收的一般性存款×法定存款准备金率）时，应及时调增（减）存款，并填制有关记账凭证办理转账。做出如下会计分录：

缴存（调增）时：

借：存放中央银行款项——法定准备金

贷：存放中央银行款项——超额准备金

退缴（调减）时：

借：存放中央银行款项——超额准备金

贷：存放中央银行款项——法定准备金

（2）缴存财政性存款准备金

各市地行、县支行吸收的财政性存款，应全部缴存各当地中国人民银行分支行。缴存时间、缴存金额计算的方法同一般性存款（但缴存比率为100%）。根据填制的缴存财政性存款划拨凭证进行账务处理。

缴存（调增）时，做出如下会计分录：

借：存放中央银行款项——法定准备金——××分行

贷：存放中央银行款项——超额准备金

退缴（调减）时，做出如下会计分录：

借：存放中央银行款项——超额准备金

贷：存放中央银行款项——法定准备金——××分行

3. 向中央银行借款的核算

（1）借款的核算

由商业银行总行集中向中央银行借款，各分、支行不得向中央银行借款。

借款时，在办妥借款手续并收到中国人民银行的收账通知后，填制一联转账借方凭证和二联转账贷方凭证，以中国人民银行回单作为借方记账凭证的附件，资金管理部门提交的借款合同副本作为贷方记账凭证的附件，另一联转账贷方凭证加盖业务用公章送资金管理部门。做出如下会计分录：

借：存放中央银行款项

　　贷：向中央银行借款

（2）资产负债表日的核算

计算确定向中央银行借款的利息费用。做出如下会计分录：

借：利息支出

　　贷：应付利息

（3）归还借款本息的核算

贷款到期后，商业银行应主动向中央银行归还贷款本息。商业银行依据资金管理部门的通知，填制中国人民银行付款凭证送交中国人民银行，另填制转账借、贷方凭证，以中国人民银行回单作为贷方记账凭证的附件，办理转账。做出如下会计分录：

借：向中央银行借款

　　应付利息

　　贷：存放中央银行款项

4. 再贴现资金的核算

再贴现是贴现银行将已办理贴现的尚未到期的商业汇票，向中国人民银行申请再贴现，中国人民银行按照再贴现利率扣除贴现利息后将剩余票据支付给再贴现申请人的票据行为。

（1）商业银行持客户已贴现的商业汇票向中央银行申请再贴现时，会计部门依据中央银行的再贴现收账通知填制二联转账借方凭证和一联转账贷方凭证，以中央银行回单作为"存放中央银行款项"科目借方记账凭证的附件。做出如下会计分录：

借：存放中央银行款项（实际收到金额）

　　贴现负债（利息调整）

　　贷：贴现负债（票据面值）

表外：（付出）：有价单证——买入票据实物

（2）资产负债表日的核算

计算确定利息费用。做出如下会计分录：

借：利息支出

　　贷：贴现负债（利息调整）

（3）贴现票据到期的核算

借：贴现负债（票据面值）

　　利息支出

　　贷：存放中央银行款项（实际支付金额）

存在利息调整的，也应同时结转。

# 第二节 银行间清算业务的核算

银行间的往来业务，无论是商业银行系统内的联行往来还是跨系统商业银行间的同业往来，都会产生彼此间的债权债务关系。这种债权债务关系必须及时予以清偿，由此便产生了银行间的资金清算。银行间资金清算包括系统内资金清算和跨系统资金清算。

## 一、银行间资金清算业务概述

**（一）清算的概念**

清算（Clearing）系发生在银行联行、同业之间的货币收付，用以清讫双边或多边债权债务的过程和方法。

**（二）清算产生的原因**

清算产生的原因，一是对外办理结算的需要，二是银行办理自身业务的需要。

在办理对外结算业务时，大多数情况都是收、付款人不在同行开户。要实现资金从付款人账户划转到收款人账户，收、付款人开户行之间就必然会因相互代收代付款项而产生资金存欠关系，需要用货币及时收付清偿。此外，一家银行会与其他银行或非银行金融机构发生大量的业务往来（如系统内资金上存与调拨、同业拆借、代理发行证券、代理销售保险、向中央银行缴存法定存款准备金、向中央银行借款等）。银行联行、同业间会因资金汇划、缴存、借贷而产生债权债务关系，需要一定的清算组织和一定的清算程序与方法来进行支付指令的发送与接受、对账与确认、收付数额的统计轧差、金额或净额的结清，以便清偿其债权和债务关系。于是，清算产生了。

**（三）清算的实质**

通过银行庞大的联行清算体系将企业间的货币结算转化为系统内的账户划转；当企业间的结算转化为系统内的账户划转时，银行的支付结算转化为银行的汇差清算。

银行通过庞大的清算体系便于理清其复杂的往来关系，清理债权债务关系。

汇差清算的实质是清偿双边或多边的债权债务关系。

**（四）清算的意义**

商业银行的清算业务具有很强的关联性和整体性，银行结算的社会覆盖面越大，社会资金周转就越是依赖于银行支付清算系统。资金清算是否安全、快捷、准确、合规，制约着货币流通的速度和质量，对我国经济金融的发展和稳定有着极为重要的意义。

（1）加快资金周转，提高社会资金的使用效益。市场经济极其讲求资金效益。社会经济金融运行中，每天都有巨额的资金进入清算环节，处于流转状态。资金流转的快慢、清算效率的高低，对市场发展产生着巨大的影响。商业银行清算系统实行逐笔、实时清算，有力地促进了市场经济的快速发展。

（2）支撑多样化支付工具的使用，满足各种社会经济活动的需要。经济形态的多元化、组织结构的多样化、资金管理的个性化、企业经营的集团化以及人民群众消费方式的多样化，迫切需要使用与之相适应的、便捷的支付工具，并不断创造能够满足不同市场主体需求的支付结算服务品种。各种支付结算工具的信息传输和资金结算都需要依靠清算系统才能得以顺利实现，需要清算系统为其提供业务量大、成本低廉的服务。

（3）增强商业银行的流动性，提高商业银行的经营管理水平。清算系统实现了资金使用效率尽可能最大化，可以有效支持商业银行对其流动性的管理，使商业银行管理者以及开户行可以随时查询、监控其头寸的变动情况，从而根据需要及时调度资金，提高资金头寸的运用水平。

（五）我国目前存在的清算系统

清算系统是支撑各种支付工具应用、实现资金清算并完成资金最终结算的通道。我国目前有中央银行和国有商业银行两大系统、三条支付清算渠道。

第一条渠道：中央银行支付清算系统，包括中国现代化支付系统以及票据交换系统。

中国现代化支付系统是中国人民银行按照我国支付清算需要，利用现代计算机技术和通信网络开发建设的，能够高效、安全处理各银行办理的异地、同城各种人民币支付业务及其资金清算和货币市场交易资金清算的应用系统。该支付系统将全面承担跨行支付重任。

票据交换系统是我国支付清算系统的重要组成部分，是由中国人民银行各地分支机构组织的，在指定区域内遵循"先付后收、收妥抵用、差额清算、银行不垫款"的原则，定时定点集中交换、清分中国人民银行和银行业金融机构提出的结算票据的跨行支付清算系统。票据交换系统主要处理纸质票据不能截留的支票、本票，跨行银行汇票以及跨行代收、代付的纸质凭证。其运行的主要机构是各地的票据交换所。

第二条渠道：商业银行行内资金汇划系统，大约2/3的异地支付是通过这些系统进行清算的。

商业银行行内资金汇划系统，是银行业金融机构办理结算资金和银行内部资金往来与清算的渠道，是集汇划业务、清算业务、结算业务等功能为一体的综合性应用系统。随着金融体制改革的不断深化和经营水平的逐步提高，各商业银行均相继建设运行了基于计算机网络技术行内综合业务处理系统，并进行了不同程度的数据集中，实现了行内各项业务与支付清算业务的整合。

第三条渠道：商业银行同业之间的异地跨系统资金划转，视汇出行或汇入行所在地区机构设置的特点，采用"先横后直"、"先直后横"的方式，对开账户，相互转汇。

## 二、系统内资金清算的核算

经过不断的改革和完善，各家商业银行建立起了与商业银行统一法人治理和企业化管理相适应的资金汇划清算系统（又称为实时汇兑系统）。该系统的关键是将银行办理企业跨行结算的资金汇划与其资金清算紧密相连，消灭了在途资金，真正实现了联行零汇差资金。

（一）资金汇划清算系统概述

1. 资金汇划清算系统的组成

资金汇划清算系统是办理结算资金和内部资金汇划与清算的工具，该系统由汇划业务经办行、清算行、省区分行和总行清算中心通过计算机网络组成。

经办行是具体办理结算资金和内部资金汇划业务的行处。汇划业务的发生行是发报经办行；汇划业务的接收行是收报经办行。一个行处既可能是发报经办行，也可能是收报经办行。

清算行是在总行清算中心开立备付金存款账户，办理其辖属行处汇划款项清算的分行，包括直辖市分行、总行直属分行及二级分行。省区分行在总行开立备付金账户，只办理系统内资金调拨和内部资金利息汇划。

总行清算中心是办理系统内各经办行之间的资金汇划、各清算行之间的资金清算及资金拆借、账户对账的核算和管理部门。

2. 资金汇划清算的业务范围及汇划报文的种类

汇划业务主要包括汇兑、托收承付、委托收款、银行汇票、银行卡、内部资金划拨、代收学费等款项的汇划及其资金清算；储蓄、灵通卡、对公异地通存通兑业务及外卡 ATM 取现业务、信用卡异地业务、金卡业务、跨行支付业务的资金清算，同时办理有关的查询查复及差错补账和冲账处理业务。

其中，汇划贷报（贷记）业务包括汇兑、委托收款、托收承付、商业承兑汇票、银行承兑汇票、信用卡、资金划拨等。

汇划借报（借记）业务包括银行汇票、信用卡、资金划拨。

汇划报文分为实时和批量两种类型，用于控制收报处理行的报文确认处理时间。

实时报文实时下传收报经办行处理；批量报文先暂挂于收报清算行待次日自动转出处理。同时系统对账号、户名相符且其他要素一致的汇划报文、信用卡报文和各类清算报文采取收报自动入账处理。

3. 资金汇划清算的基本做法

联行资金汇划清算的基本做法是：实存资金、同步清算、头寸控制、集中监督。

实存资金，是指以清算行为单位在总行清算中心开立备付金存款账户，用于汇划款项时资金清算。

同步清算，是指发报经办行通过其清算行经总行清算中心将款项汇划至收报经办行，同时，总行清算中心办理清算行之间的资金清算。

头寸控制，是指各清算行在总行清算中心开立的备付金存款账户，保证足额存款，总行清算中心对各行汇划资金实行集中清算。清算行备付金存款不足，二级分行可向管辖省区分行借款，省区分行和直辖市分行、直属分行头寸不足，可向总行借款。

集中监督，是指总行清算中心对汇划往来数据发送、资金清算、备付金存款账户资信情况和行际间查询、查复情况进行管理和监督。

（二）会计核算程序

1. 设置和运用的账户

各级行上存用于清算电子汇划款项汇差的资金，主要设置和运用了"上存总行备付金"、"境内分行存放备付金"、"存放中央银行准备金"、"清算资金往来"账户核算。

"上存总行备付金"账户属资产类，是各清算行用于核算上存总行清算中心的备付金。

"境内分行存放备付金"账户属负债类，是总行清算中心用于核算各清算行上存的备付金。

"存放中央银行款项"账户属资产类，是各商业银行用于核算存放在中央银行的各种款项。

"清算资金往来"账户属资产负债共同类，是各商业银行用于核算银行间业务往来的资金清算款项。

2. 备付金上存和调回的核算

（1）存入

清算行在总行清算中心开立备付金存款账户时，可通过中国人民银行将款项直接存入总行清算中心。存入时，依据资金营运部门的资金调拨单，填制中国人民银行电（信）汇凭证，送交中国人民银行汇至总行清算中心。填制特种转账凭证一式两联进行账务处理。做出如下会计分录：

借：待清算过渡垫款——未入账备付金户

　　贷：存放中央银行款项

总行清算中心收到中国人民银行划来的款项时，当日通知有关清算行，并进行账务处理。做出如下会计分录：

借：存放中央银行款项

　　贷：境内分行存放备付金——××分行

清算行收到总行发来的实时清算报文，由系统自动进行账务处理。做出如下会计分录：

借：上存总行备付金

　　贷：待清算过渡垫款——未入账备付金户

（2）调回

总行调出备付金。做出如下会计分录：

借：境内分行存放备付金——××分行

　　贷：存放中央银行款项

清算行收到总行发来的实时清算报文，由系统自动进行账务处理。做出如下会计分录：

借：待清算过渡垫款——未调回备付金户

　　贷：上存总行备付金

当收到总行通过中国人民银行划回的备付金款项后，根据中国人民银行入账回单记账。做出如下会计分录：

借：存放中央银行款项

　　贷：待清算过渡垫款——未调回备付金户

2. 汇划款项业务的核算（以贷记业务为例）

（1）发报经办行的处理

发报经办行是资金汇划业务的发生行，应根据汇划业务种类，录入凭证各要素及账户类型，经过复核、授权后产生有效汇划数据，由系统按规定时间发送至清算行。如为贷记业务，做出如下会计分录：

借：××科目——××户

　　贷：清算资金往来——汇划清算户

如为借记业务，则会计分录相反。

业务数据经过复核，按规定权限授权无误后，产生有效汇划数据，发送至清算行。每日营业终了，发报经办行还应对本网点当天发生的汇划贷记业务和借记业务进行汇总，并核对当日录入笔数、金额和当日发送笔数、金额等数据。此外，还应装订凭证，核对清单。

（2）发报清算行的处理

清算行收到发报经办行传输来的跨清算行汇划业务后，业务数据经过按规定权限授权、编押及账务处理后由计算机自动传输至总行。如为贷记业务，做出如下会计分录：

借：清算资金往来——汇划清算户

　　贷：上存总行备付金

如为借记业务，则会计分录相反。

系统日终批量处理时，根据本行当日实际已发送的系统内汇划发报数据，更新上存总行备付金户和汇划差额户。若上存总行备付金余额出现负数，应及时补足资金，弥补透支差额；否则，将由总行通过强行拆借予以补足。每日营业终了，除使用"上存总行备付金"科目和向总行传输对账数据外，其余处理与发报经办行相同。

（3）总行清算中心的处理

总行清算中心收到各发报清算行上传的汇划款项数据，由计算机自动登记后，将款项传送至收报清算行。

每日营业终了，系统根据日间汇划业务流水和省区分行上划的各清算行明细，批量更新各清算行备付金账户余额。

如为贷记业务，做出如下会计分录：

借：境内分行存放备付金——××分行（发报清算行备付金存款户）

　　贷：境内分行存放备付金——××分行（收报清算行备付金存款户）

如为借记业务，则会计分录相反。

同时，总行清算中心也要进行日终处理和有关账务的核对。

（4）收报清算行的处理

收报清算行收到总行清算中心传来的汇划数据后，计算机自动检测收报经办行是否为辖属行处，并经核押无误后自动进行账务处理。实时报文即时由系统自动记账或按报文的收报分签号下传至各收报经办行进行收报确认处理（主要是对紧急款项的划拨和查询查复事项的处理）；批量报文当日由系统按报文的收报分签号下传至各收报经办行，收报清算行先进行挂账处理，待次日营业开始时，由系统自动转出自动记账或由收报经办行进行收报确认处理。

具体处理方式分为集中模式和分散模式两种。

集中模式：以清算行作为业务处理中心，负责全辖汇划收报的集中处理及汇出汇款、应解汇款等内部账务的集中管理。

分散模式：各项业务的处理核算均在各经办行，汇划业务只需由经办行划转。

①分散模式

采用分散模式的收报清算行，收到总行传来的汇划数据后，均传至收报经办行处理。

A. 实时报文要即时传至收报经办行记账。如为贷记业务，做出如下会计分录：

借：上存总行备付金

　　贷：清算资金往来——汇划清算户

　　如为借记业务，则会计分录相反。

　　系统日终批量处理时，根据本行当日实际收到的系统内汇划数据，更新上存总行备付金户和汇划差额户。

　　B. 批量报文，收报清算行先挂账。如为贷记业务，做出如下会计分录：

　　借：上存总行备付金

　　　　贷：待处理汇划款项

　　如为借记业务，则会计分录相反。

　　次日待收报经办行确认、记账后，收报清算行再调整入账。如为贷记业务，做出如下会计分录：

　　借：待处理汇划款项

　　　　贷：清算资金往来——汇划清算户

　　如为借记业务，则会计分录相反。

　　系统日终批量处理时，根据本行当日实际收到的系统内汇划数据，更新上存总行备付金户和汇划差额户。

　　②集中模式

　　清算行作为业务处理中心，负责全辖汇划收报的集中处理及汇出汇款、应解汇款等内部账务的集中管理。

　　A. 收报清算行收到总行清算中心传来的实时报文后，即时代辖属经办行记账。如为贷记业务，做出如下会计分录：

　　借：上存总行备付金

　　　　贷：清算资金往来

　　借：清算资金往来

　　　　贷：××科目——××户

　　如为借记业务，则会计分录相反。将记账信息传至收报经办行。

　　B. 收报清算行收到总行清算中心传来的批量报文后，日终进行挂账处理。如为贷记业务，做出如下会计分录：

　　借：上存总行备付金

　　　　贷：待处理汇划款项

　　如为借记业务，则会计分录相反。

　　次日，清算行代经办行确认后记账。如为贷记业务，做出如下会计分录：

　　借：待处理汇划款项

　　　　贷：清算资金往来

借：清算资金往来

    贷：××科目——××户

如为借记业务，则会计分录相反。

（5）收报经办行的处理

收报经办行收到清算行传来的实时、批量汇划信息（分散模式下），经检查无误后，打印资金汇划（借方）补充凭证或资金汇划（贷方）补充凭证一式两联，第一联为记账凭证，第二联为回单，并自动进行账务处理。如为贷记业务，做出如下会计分录：

借：清算资金往来——汇划清算户

    贷：××科目——××户

如为借记业务，则会计分录相反。集中管理模式的收报业务均由清算行代理记账，收报经办行只需于日终打印汇划补充凭证和有关记账凭证及清单，用于账务核对。

### 三、跨系统资金清算的核算

跨系统资金清算指商业银行与跨系统的各商业银行及非银行金融机构之间的资金往来以及由此而产生的资金存欠的清偿。跨系统资金的清算，最终都是由相互往来的金融机构通过各自在中央银行开立的准备金存款账户清算。

跨系统资金清算包括异地跨系统资金清算和同城跨系统资金清算。异地跨系统资金清算可通过中国现代化支付系统的大额实时支付系统实现，同城跨系统资金清算可通过中国现代化支付系统的小额批量支付系统和同城票据交换及清算实现。

（一）现代化支付系统概述

中国现代化支付系统是中国人民银行按照我国支付清算需要开发建设的能够高效、安全处理各银行办理的异地、同城各种支付业务及其资金清算和货币市场交易的资金清算的应用系统。它是各银行和货币市场的公共支付清算平台。

中国现代化支付系统主要包括大额实时支付系统和小额批量支付系统。

大额实时支付系统主要处理金融机构间同城和异地金额在起点以上的大额贷记支付业务和紧急的小额贷记支付业务，采取逐笔发送支付指令、全额实时清算资金。

小额批量支付系统主要处理跨行同城、异地纸质凭证截留的借记支付，以及金额在规定起点以下的小额贷记支付业务，采取批量发送支付指令，轧差净额，清算资金。

（二）现代化支付系统的构成

1. 支付系统参与者

直接参与者：直接与支付系统城市处理中心连接并在中国人民银行开设清算账户的银行机构，以及中国人民银行地市级以上中心支行。

间接参与者：未在中国人民银行开设清算账户而委托直接参与者办理资金清算的银行和非银行金融机构，以及中国人民银行县支行。

特许参与者：经中国人民银行批准通过现代支付系统办理特许业务的机构，如中央债券登记公司。

2. 现代化支付系统的基本程序

现代化支付系统处理支付业务的程序是：发起行发起业务后，经发起清算行、发报中心、国家处理中心、收报中心，最后至收报行止。

发起行是向发起清算行提交支付业务的参与者。

发起清算行是向支付系统提交支付信息并开设清算账户的直接参与者或特许参与者。发起行也可以直接向支付系统发起支付业务。

发报中心是向国家处理中心转发发起清算行支付信息的城市处理中心。

国家处理中心是接收、转发支付信息，并进行资金清算处理的机构。

收报中心是向接收清算行转发国家处理中心支付信息的城市处理中心。

接收行是从接收清算行接收支付信息的参与者。接收清算行也可以作为接收行接收支付信息。

在该程序参与者中，发起行和接收行均为间接参与者；发起清算行、发报中心、收报中心、接收清算行均为直接参与者。

（三）现代支付系统的账户设置与清算账户的开立

1. 设置和运用的账户

"大额支付往来"账户。核算支付系统发起清算行和接收清算行通过大额支付系统办理的支付结算往来款项，轧差反映余额。年度终了，本账户余额全额转入"支付清算资金往来"科目，该科目余额为零。

"支付清算资金往来"账户。核算支付系统发起清算行和接收清算行通过大额支付系统办理的支付结算汇差款项。年度终了，"大额支付往来"账户余额对清后，结转至本账户，轧差反映余额。

"小额支付往来"账户。核算支付系统发起清算行和接收清算行通过小额支付系统办理的支付结算往来款项。

2. 清算账户的设置

支付系统的直接参与者与支付系统城市处理中心是相连接的，其在中国人民银行各当地分支机构开设清算账户并物理摆放在国家处理中心。

（四）大额支付业务的核算

1. 发起大额支付业务的核算

发起行与发起清算行之间及发起清算行与接收行之间传输支付信息的核算，按照各行系统内往来清算的规定处理。

（1）发起清算行的处理

发起清算行做会计分录如下：

借：清算资金往来

　贷：存放中央银行款项

（2）发报中心的处理

发报中心收到发起清算行发来的支付信息，确认无误后，逐笔加编密押，实时发送至国家处理中心。

（3）国家处理中心的处理

国家处理中心收到发报中心发来的支付报文，逐笔确认无误后，进行账务处理。做会计分录如下：

借：××银行准备金存款

　贷：大额支付往来——中国人民银行××行户

借：大额支付往来——中国人民银行××行户

　贷：××银行准备金存款

国家处理中心账务处理完成后，将支付信息发往收报中心。

2. 接收支付信息的处理

（1）收报中心的处理。收报中心收到国家处理中心发来的支付信息确认无误后，逐笔加编密押，实时发送至接收清算行。

（2）接收清算行的处理。会计分录如下：

借：存放中央银行款项

　贷：清算资金往来

例 5.1　中国工商银行成都市分行营业部（直接参与行）为代理付款行的银行汇票一笔，开户单位烟草公司提交进账单与银行汇票二、三联，出票金额 100 万元，实际结算金额 98 万元，中国工商银行成都市分行营业部审查无误后，为烟草公司进账，并通过中国人民银行大额支付系统的城市处理中心汇划款项。

该银行汇票的出票行为中国建设银行西安市分行营业部，汇票的申请人为该营业部开户单位皇冠旅游公司。

中国工商银行成都市分行营业部会计分录：

借：存放中央银行款项　　　　　　　　　　　　　　　　　　980 000

　贷：吸收存款——活期存款烟草公司户　　　　　　　　　　980 000

国家处理中心会计分录：

借：大额支付往来——中国人民银行成都分行户　　　　　　　980 000

    贷：中国工商银行准备金存款——中国工商银行成都市分行户　　　980 000

  借：中国建设银行准备金存款——中国建设银行西安分行户　　　980 000

    贷：大额支付往来——中国人民银行西安市分行户　　　980 000

中国建设银行西安市分行营业部会计分录：

  借：吸收存款——其他存款（汇出汇款）　　　1 000 000

    贷：吸收存款——活期存款皇冠旅游公司户　　　20 000

    贷：存放中央银行款项　　　980 000

（五）小额支付系统的处理

小额支付业务分为小额贷记业务、借记业务和定期借记业务三类。

小额支付业务采取小额批量处理的方法，支付信息定时或实时转发，资金在日间规定时点轧差清算。

1. 发起清算行

发起清算行的处理与大额支付处理方法相同。

2. 发报中心

收到信息后分本城市处理中心覆盖的业务和非本城市处理中心覆盖的业务。

对于非本城市处理中心覆盖的业务，即时发往国家处理中心。对于本城市处理中心覆盖的业务，应在规定的时间轧差后，将支付信息分发接收清算行，轧差结果即时自动发送至国家处理中心。

3. 国家处理中心

国家处理中心收到发报中心发来的小额支付信息，在规定时间按接收清算行进行清分，并将小额支付明细信息发送收报中心，同时以直接参与者为单位进行轧差，通过清算账户管理系统进行清算。

4. 收报中心

收到国家处理中心发来的支付信息，即时转发接收清算行。

5. 定时轧差清算

城市处理中心可以定时轧算支付信息差额并通过国家处理中心清算资金。

（1）轧差公式

借记业务往账金额＋贷记业务来账金额＞贷记业务往账金额＋借记业务来账金额，为应收差额

借记业务往账金额＋贷记业务来账金额＜贷记业务往账金额＋借记业务来账金额，为应付差额

（2）国家处理中心清算资金差额

国家处理中心按清算行轧算资金差额

对于商业银行清算行为应付差额，进行清算的处理，记账的会计分录为：

借：××银行准备金存款

　　贷：小额支付往来——中国人民银行××行户

对于应收差额进行清算的会计分录相反。

（六）同城票据交换的核算

1. 同城票据交换概述

在同城结算中，大量的结算业务的收款和付款单位不在同一银行系统的行处开户，其相互代收、代付票据可以参加同城票据交换进行资金清算。同城票据交换是指同一票据交换区域的各银行将相互代收、代付的票据、凭证，按规定时间集中到指定地点，进行集中交换，轧计应收、应付差额并清算资金的行为。

同城票据交换一般根据中国人民银行各当地分支行的要求，采取通过中央银行票据交换所进行交换与清算、通过同业往来进行交换与清算、通过网络清算无票据交换所进行交换与清算的办法。具体采用什么办法，按中央银行各当地分支行的规定办理。

同城票据交换应遵循如下基本要求：

（1）票据交换业务必须实行票据交换定点、定时、定人进行制度。

（2）票据交换业务必须实行经办员、复核员、交换员三分离制度。

（3）认真核对有关印章。

（4）加强交换票据审核及管理。

（5）同城票据交换必须将收受的票据按场次全部提出交换，不得截留积压，不得擅自涂改、更改票据及附件的内容。代收他行票据，必须保证收妥抵用，未收妥款项不得提前签发进账回单。

（6）票据交换员必须实行每年轮换制度。

（7）票据交换员不得持有柜员权限卡（权限卡是指业务人员在办理业务时所必须持有的表明、控制其业务处理权限范围的磁卡）。

（8）加强中国人民银行电子联行等系统柜员权限管理。

同城票据交换应坚持以下原则：及时处理，差额清算；先借后贷，收妥抵用；银行不予垫款。

同城票据交换分为提出行和提入行两个系统。提出行是向他行提出票据的行处；提入行是接受他行提交票据的行处。参加票据交换的行处一般既是提出行又是提入行。

2. 同城票据交换的核算

下面以通过中央银行票据交换所进行交换与清算的方式说明同城票据交换的核算方法。

（1）提出票据的核算

A. 提出贷方票据时，做出如下会计分录：

借：吸收存款——活期存款存款人户

　　贷：清算资金往来 ——同城票据清算

例 5.2　　本行收到开户甲单位提交的转账支票及一式三联进账单，金额 157 800 元。经审查合格入账。做出如下会计分录：

借：吸收存款——活期存款甲单位户　　　　　　　　　　　　　　　157 800

　　贷：清算资金往来 ——同城票据清算　　　　　　　　　　　　　157 800

提出贷方票据，并在中国人民银行规定的退票时间内接到对方银行退票理由书时，应将一联退票理由书和有关贷方票据一并退收款人，同时，填制借、贷方记账凭证各一联，以退票理由书作为贷方记账凭证附件。会计分录同上相反。

B. 提出借方票据时，做出如下会计分录：

借：清算资金往来 ——同城票据清算

　　贷：其他应付款

已过退票时间未发生退票时，做出如下会计分录：

借：其他应付款

　　贷：吸收存款——活期存款××户

例 5.3　　本行收到开户乙单位提交的转账支票及一式两联进账单，金额 177 800 元。经审查合格入账。做出如下会计分录：

借：清算资金往来——同城票据清算　　　　　　　　　　　　　　　177 800

　　贷：其他应付款　　　　　　　　　　　　　　　　　　　　　　177 800

已过退票时间未发生退票，做出如下会计分录：

借：其他应付款　　　　　　　　　　　　　　　　　　　　　　　　177 800

　　贷：吸收存款——活期存款乙单位户　　　　　　　　　　　　　177 800

（2）提入票据的核算

A. 提入贷方票据经审核无误后，以提入的贷方票据或结算凭证作为贷方记账凭证。做出如下会计分录：

借：清算资金往来 ——同城票据清算

　　贷：吸收存款——活期存款××户

例 5.4　　承例 5.2，本行通过同城票据交换所提入进账单第二、三联后，经审查收款单位是开户丙单位。做出如下会计分录：

借：清算资金往来 ——同城票据清算　　　　　　　　　　　　　　　157 800

　　贷：吸收存款——活期存款丙单位户　　　　　　　　　　　　　157 800

B. 提入借方票据经审核无误后，以提入的借方票据或结算凭证作为借方记账凭证。做出如下会计分录：

借：吸收存款——活期存款××户

　　贷：清算资金往来——同城票据清算

例5.5　承例5.3，本行提入支票后，经审查收款单位是开户丁单位。做出如下会计分录：

借：吸收存款——活期存款丁单位户　　　　　　　　　　　　177 800

　　贷：清算资金往来 ——同城票据清算　　　　　　　　　　177 800

（3）提入票据退票的处理

银行经审核，若提入票据或结算凭证存在印鉴不符、存款不足、收付款人账号户名有误、大小写金额不符等情况，需在规定时间内填制退票理由书并作退票处理。若当天票据交换时间已过，不能退回的，应填制一联借方或贷方记账凭证，经审批人批准后，办理挂账，次日再办理提出退票处理。会计分录为：

提入贷方票据退票挂账时：

借：清算资金往来 ——同城票据清算

　　贷：其他应付款

提入借方票据退票挂账时：

借：其他应收款

　　贷：清算资金往来 ——同城票据清算

次日，提入的贷方、借方票据办理退票时，做相反方向的会计分录。

3. 同城票据交换差额清算的核算

由管辖分行与中央银行进行集中资金清算，会计分录为：

（1）若应付票据金额大于应收票据金额

借：清算资金往来 ——同城票据清算

　　贷：存放中央银行款项

（2）若应付票据金额小于应收票据金额

借：存放中央银行款项

　　贷：清算资金往来 ——同城票据清算

例5.6　交通银行某管辖分行与中央银行进行同城票据交换差额集中资金清算。假设当日辖内各行提出提入票据金额轧差结果为应付票据金额小于应收票据金额，即应收汇差500万元。其会计分录为：

借：存放中央银行款项　　　　　　　　　　　　　　　　　5 000 000

　　贷：清算资金往来 ——同城票据清算　　　　　　　　　5 000 000

（七）全国支票影像交换系统

2007 年全国支票影像交换系统在全国全面推广，票据已不仅仅限于同一票据交换区域内的交换，还可以在全国范围内交换。

支票影像交换系统（CIS）是基于影像技术将实物支票截留转换为支票影像信息，传递至出票人开户银行提示付款的支票清算系统。它是中国人民银行继大、小额支付系统建成后的又一重要金融基础设施。支票影像交换系统定位于处理银行机构跨行和行内的支票影像信息交换，其资金清算通过中国人民银行覆盖全国的小额支付系统处理。

支票影像交换系统采用两级两层结构：第一层是影像交换总中心，负责接收、转发跨分中心支票影像信息。第二层是影像交换分中心，分中心设在省（区）首府和直辖市，负责接收、转发同一省、自治区、直辖市区域内系统参与者的支票影像信息，并向总中心发送和从总中心接收跨分中心的支票影像信息。

支票影像交换系统支持支票全国通用，改变了传统的实物票据交换模式，其业务处理流程包括三个阶段：第一阶段是纸基票据流，即实物支票经过出票、转让和提示付款等环节流通到收款行或票据交换所，完成实物支票的截留和影像采集；第二阶段是影像信息流，即将采集的支票影像业务信息通过影像交换系统传递给出票人开户行审核付款；第三阶段是资金清算流，即出票人开户行收到支票影像信息审核无误后，通过小额支付系统返回业务回执和完成资金清算。

与传统支票业务处理流程相比，通过影像交换系统处理，支票在交易主体间的流通转让环节并未发生变化，主要是银行间的支票传递和清算环节发生了变化。体现在以下三个方面：一是支票在银行间的传递由实物票据交换转换为系统传输电子信息和影像信息。二是支票核验付款由出票人开户行根据实物支票核验付款转换为根据支票影像信息核验付款。三是银行间的资金清算由同城票据交换系统完成转换为由小额支付系统完成。

# 第六章

## 外汇业务的核算

随着经济一体化与金融全球化进程的加快，我国与世界经济的依存度日益增加，我国与世界各国尤其是欧美国家的进出口贸易额增长迅速，外汇业务量也随之剧增。外汇业务核算已成为金融企业，特别是商业银行业务中不可或缺的一个重要环节。

## 第一节　外汇业务核算概述

### 一、外汇及汇率

（一）外汇及外汇业务

外汇是国际汇兑的简称，从本质上讲是以本国货币兑换成外国货币，从而相应地把这部分资金转移到国外。概括地说，外汇指的是外币或以外币表示的用于国际间债权债务结算的各种支付手段。从形态上说，外汇可从两个方面来理解，即动态含义的外汇和静态含义的外汇。动态含义的外汇是指把一国的货币兑换成另一国的货币，借以清偿国际间债权债务关系的行为或活动。静态含义的外汇是指外币和以外币表示的用于国际结算的支付手段。国际货币基金组织对外汇的定义为："外汇是货币行政当局以银行存款、财政部库券、长短期政府证券等形式所持有的国际收支逆差时可以使用的债权。"《中华人民共和国外汇管理条例》第三条对外汇的定义也是采用静态的含义，指以外币表示的可以用于国际清偿的支付手段和资产。具体包括以下五项内容：

（1）外国货币，包括纸币、铸币；

（2）外币支付凭证，包括票据、银行存款凭证、邮政储蓄凭证等；

（3）外币有价证券，包括政府债券、公司债券、股票等；

（4）特别提款权、欧洲货币单位；

（5）其他外汇资产。

外汇的主要功能是：

（1）作为国际结算的支付手段；

（2）促进国际贸易和资本流动；

（3）调剂各国的资金余缺；

（4）充当国家的国际储备。

外汇业务是指以记账本位币以外的货币进行的款项收付、往来结算等业务。目前，我国商业银行经营的外汇业务主要有外币存、贷款和国际结算等业务。

（二）汇率

汇率（Exchange Rate），又称汇价，是一个国家的货币折算成另一个国家的货币的比率或比价，也可以说是用一国货币表示的另一国货币的价格。例如，2009 年 7 月 16 日美元兑人民币的汇率中间价是：1 美元 = 6.832 8 元人民币。由于国际间的经贸往来必然会引起国与国之间的债权债务和货币收付，因而需要有关国家办理国际结算。这种结算是通过外汇买卖来实现的，为此产生了外汇买卖的价格问题。这种外汇买卖所产生的比价实质上就是外汇汇率。可见，汇率是随着外汇交易而产生的。汇率，简而言之，是指两个国家不同货币之间的比价或交换比率。

## 二、汇率的标价方法

折算两个国家的货币，首先要明确以哪个国家的货币作为标准，通过变动另一国家的货币来反映比价。由于确定的比较标准不同，因而产生了两种不同的汇率标价方法——直接标价法和间接标价法两种标价方式。

（一）直接标价法（Direct Quotation）

直接标价法是指以一定单位（1 个或 100 个、10 000 个单位等）的外国货币作为标准，折算成若干数额的本国货币来表示汇率。即用一定单位的外国货币为基准来计算应付多少本国货币，所以又叫应付标价法。简单地说，就是用若干数量的本币表示一定单位的外币，或是以一定单位的外币为标准，折算成若干单位本币的一种汇率表示方法。例如人民币市场汇价（见表6.1）。

表6.1 人民币市场汇价表（2009年7月16日）

单位：人民币元

| 货 币 | 单 位 | 中 间 价 | 货 币 | 单 位 | 中 间 价 |
|---|---|---|---|---|---|
| 美元 | 100 | 6.832 8 | 日元 | 100 | 7.298 8 |
| 欧元 | 100 | 955.4 | 港元 | 100 | 88.162 |

［资料来源］中国外汇交易中心、中国货币网．http://www.chinamoney.com.cn.

在该种标价法下：当折成的本国货币数量增加了，表示本国货币币值下降，外国货币币值上涨，即为外汇汇率升值，本币汇率贬值；当折成的本国货币数量减少了，表示本国货币币值上升，外国货币币值下跌，即为外汇汇率贬值，本币汇率升值。

（二）间接标价法（Indirect Quotation）

间接标价法是指以一定单位的本国货币为标准，折算为若干数额的外国货币来表示汇率。即用一定单位的本国货币为基准来计算应收入多少外国货币，所以又叫应收标价法。在这一方式下，本币好似"商品"，作为单位货币，外币好似"货币"，作为计价货币，两者对比后的汇率，表示银行买卖一定单位的本币应收或应付多少外汇。目前只有极少数国家采用该标价法。

使用间接标价法时，如果折成外国货币数量增加了，这表示外国货币币值下降，本国货币币值上涨，称为外汇汇率贬值，本币汇率升值；反之，则表示外国货币币值上涨，本国货币币值下降，称为外汇汇率升值，本币汇率贬值。

目前，在国际上除了直接标价法、间接标价法以外，还有第三种标价方法即美元标价法，即以一定单位的美元为标准来计算应兑换多少其他货币的汇率表示方法。在美元标价法下，美元的单位始终不变，美元与其他货币的比值是通过其他货币量的变化体现出来的。

表6.2列出了外汇交易中常用货币的简况，包括货币发行国家或地区、货币名称和代码等。

表6.2 外汇交易中常用货币一览表

| 国家或地区<br>（Country or District） | 货币名称<br>（Currency） | ISO货币符号<br>（ISO Codes） | | 惯用缩写<br>（Abbreviation） |
|---|---|---|---|---|
| | | 字母代码<br>Alphabetic | 数字代码<br>Numeric | |
| China<br>（中国） | Renminbi Yuan<br>（人民币元） | CNY | 156 | ￥ |

| 国家或地区<br>（Country or<br>District） | 货币名称<br>（Currency） | ISO 货币符号<br>（ISO Codes） | | 惯用缩写<br>（Abbreviation） |
|---|---|---|---|---|
| | | 字母代码<br>Alphabetic | 数字代码<br>Numeric | |
| Hong Kong<br>（中国香港） | Hong Kong Dollar<br>（港元） | HKD | 344 | HK $ |
| Japan<br>（日本） | Yen<br>（日元） | JPY | 392 | Yen ￥ |
| Singapore<br>（新加坡） | Singapore Dollar<br>（新加坡元） | SGD | 702 | S $ |
| European Union<br>（欧盟） | Euro<br>（欧元） | EUR | 978 | € |
| United Kingdom<br>（英国） | Pound Sterling<br>（英镑） | GBP | 826 | £ |
| Switzerland<br>（瑞士） | Swiss Franc<br>（瑞士法郎） | CHF | 756 | SFr |
| United States<br>（美国） | US Dollar<br>（美元） | USD | 840 | US $ |
| Canada<br>（加拿大） | Canadian Dollar<br>（加拿大元） | CAD | 124 | Can $ |
| Australia<br>（澳大利亚） | Australian Dollar<br>（澳大利亚元） | AUD | 036 | A $ |

［资料来源］国际标准化组织．4217 标准 2001 版：货币和资金表示代码．

### 三、汇率的种类

汇率的种类很多，有各种不同的划分方法，特别是在实际业务中，从不同角度来划分，就有各种不同的汇率。

（一）从银行买卖外汇的角度划分

（1）买入汇率（Buying Rate or Bid Rate）。它是银行从客户或其他银行买入外汇时所使用的汇率。它又称为买入价。

（2）卖出汇率（Selling Rate or Offer Rate）。它是银行向客户或其他银行卖出外汇时所使用的汇率。它又称为卖出价。

（3）中间汇率（Mid Point），又称中间价。它是买入价与卖出价的算术平均数，即中间价 =（买入价 + 卖出价）/2。此汇率不适用于一般顾客，金融类报刊报道外汇行情信息时常用中间汇率。

（4）现钞汇率。它是指银行买卖外汇现钞所使用的汇率，有买入价与卖出价之分。一般来讲，外汇现钞的买入价比外汇汇票等支付凭证（又称外汇现汇）的价格低，外汇现钞卖出汇率一般高于或等于汇票等支付凭证卖出汇率。

（二）按银行外汇汇付方式划分

（1）电汇汇率（Telegraphic Transfer Rate，T/T Rate）。它是指经营外汇业务的本国银行，在卖出外汇收到本币的当天，即以电报或电传委托其国外分支机构或代理行付款给收款人所使用的一种汇率。由于电汇收付快捷，银行不能占用客户的资金头寸，同时可使客户减少甚至避免由于汇率波动带来的风险。再者，国际电报费用较高，所以电汇汇率最高。但在汇率波动日益频繁的今天，人们大多愿意使用电汇方式。电汇汇率已成为基本汇率，当前各国公布的外汇牌价，除另有注明外，一般都是电汇汇率。

（2）信汇汇率（Mail Transfer Rate，M/T Rate）。它是指以信汇方式卖出外汇时的价格。信汇是由经营外汇业务的银行开具付款委托书，用信函方式寄给国外代理行付款给指定收款人的汇款方式。由于付款委托书的邮递需要一定的时间，银行在这段时间可占用客户的资金，而且信函邮寄费相对较低，因此信汇汇率比电汇汇率低。

（3）票汇汇率（Demand Draft Rate，D/D Rate）。它是指银行以票汇方式卖出外汇时的价格。票汇是指银行在卖出外汇时，开立一张由其国外分支机构或代理行付款的汇票交给汇款人，由其自带或寄往国外凭票取款。由于票汇从卖出外汇到支付外汇有一定的时间间隔，银行可以在此期间占用客户资金，故票汇汇率较电汇汇率低。

（三）按外汇买卖的交割期限划分

（1）即期汇率（Spot Rate），也叫现汇汇率。它是指买卖外汇双方在成交当天或两天以内办理交割的汇率。交割（Delivery）是指外汇业务中两种货币的对应实际收付行为。

（2）远期汇率（Forward Rate）。远期汇率是指外汇买卖双方预约在将来某日期进行交割，而事先由买卖双方签订合同，达成协议的汇率。

远期外汇的汇率与即期汇率相比是有差额的，这种差额叫远期差价。差额通常用升水（Premium）、贴水（Discount）或平价（At Par）来表示。升水表示远期汇率比即期汇率贵，贴水表示远期汇率比即期汇率便宜，平价表示两者相等。

（四）按照对汇率的管理宽严度划分

（1）官方汇率（Official Exchange Rate）。它是指国家货币管理当局（中央银行或外汇管理当局）所规定的汇率。在实施比较严格的外汇管制的国家，禁止自由外汇市场的存在，规定一切交易都按其公布的汇率进行。许多发展中国家属这种类型。在外汇管理较宽松的国家，官方汇率只是起中心汇率的作用。

（2）市场汇率（Market Exchange Rate）。它是指在自由外汇市场上买卖外汇的实际汇率，且随外汇市场上的外汇供求进行上下波动。政府要想对其汇率进行调节，就必须对外汇市场进行干预。目前西方发达国家都采取市场汇率。我国自 1994 年 1 月 1 日起，人民币实行有管理的单一浮动汇率后，也开始采用市场汇率。2005 年 7 月 21 日，政府通过使人民币兑美元汇率脱钩和采用"参考一篮子货币的有管理的浮动汇率制度"对人民币汇率进行了改革。即人民币兑美元的双边汇率将由美元与篮子中的其他重要货币之间的交叉汇率的变化所确定。

（3）黑市汇率（Black Market Rate）。在外汇管制较严的国家，往往存在进行外汇交易的地下市场，即外汇黑市，在这个市场上交易的汇率就是黑市汇率。黑市汇率在一定程度上接近于市场汇率，但仍与自由市场汇率有区别，因为外汇黑市的供求关系具有较强的盲目性，并且交易操作不甚规范。

（五）按银行营业时间划分

（1）开盘汇率（Opening Rate），也称开盘价。它是指外汇银行在一个营业日刚开始营业时进行外汇交易所使用的汇率。

（2）收盘汇率（Closing Rate），也称收盘价。它是指外汇银行在一个营业日的外汇交易终了时使用的汇率。

### 四、外汇分账制与外汇统账制

（一）外汇分账制

外汇分账制又称原币记账法。它是商业银行处理外汇业务所采用的一种专门记账方法。它具体是指在外汇业务发生时，对有关外币的账务，从填制凭证、登记账簿到编制报表，都直接以外币核算，各种外币都自成一套独立的账务系统，互不混淆。外币分账制的主要内容包括以下几个方面：

1. 按照各种外币分别设账

在外汇资金核算中，银行应当将本币和外币严格分开设置账户。一般按照经营的主要外汇币种分别设置外汇账户，填制外币凭证、登记账簿、编制报表形成独立的外币账务体系，以反映各种外币情况。

2. 划分现汇和记账外汇

按照银行与国外银行清算方式划分，商业银行要将外汇进一步划分为现汇账务体系和记账外汇账务体系。

3. 设置"货币兑换"科目

在外汇核算过程中，当涉及两种不同种类货币交易时，必须通过"货币兑换"账户核算，使其各自保持账务系统的完整性和独立性。

4. 年终编制各种货币合并的决算报表

年终决算时，为了全面反映本币和外币的资产负债情况，各商业银行应将按照原币反映的各种分账货币按照年终决算日汇价折合为本币，与本币核算的决算报表的相同科目对口合并，汇总编制各类货币合并的本币决算报表，汇总反映本行财务状况和经营成果。

（二）外汇统账制

外汇统账制又称本位币记账法或单一货币制。它是指以本国货币为记账单位，各种外国货币都按照一定的标准汇价，折合为本国货币记账的一种记账方法。

# 第二节 外汇买卖业务的核算

## 一、外汇买卖

外汇买卖是商业银行经营外汇的重要业务之一。银行在办理国际业务过程中，特别是国际结算时，由于进出口双方不在同一国家和地区，使用的货币币种也不相同，需要将一种货币兑换成另一种货币才能了结双方的债权债务；银行出于自身资金保值增值的需要或代客理财，需要将一种外币兑换成另一种外币。这种按照一定的汇率，以某种货币兑换另一种货币的资金交易业务称为外汇买卖。

## 二、外汇买卖价格

银行在买卖外汇时，本国货币与外国货币相互折算，必须要有一定的比价，作为买卖的依据，这种比价就是汇率。汇率即汇价，习惯上又称人民币汇价或外汇牌价。它有汇买价、汇卖价（钞卖价）、钞买价、中间价四种。

汇买价是指银行买进外汇现汇的价格，钞买价是指银行买入外币现钞的价格。银行的钞买价与汇买价有一个差额，这是因为外币现钞只有在支付一定的运输保险费用运往货币发行国变成现汇后才能用于国际结算支付，故银行钞买价比汇买价低。汇卖价是指银行卖出外汇现汇的价格，卖出外币现钞的价格与卖出外汇现汇的价格相同。中间价是汇买价与汇卖价的平均价。在我国，商业银行与中央银行之间的外汇买卖有时也用中间价。

现今国际上大多数国家的外汇汇价采取两档汇价制，即买入价（Buying Rate）和卖出价（Selling Rate），买卖价之间的差价一般为5‰。

### 三、外汇买卖科目

银行在买卖外汇时，主要设置"货币兑换"账户。本账户是实行外汇分账制的一个特定账户。它是不同货币折算的工具，体现了本币与外币之间的折算关系；是会计账务平衡的桥梁；能提供有关外汇、本币头寸情况。

"货币兑换"账户是资产负债共同类账户。当买入外汇时，银行借记有关账户（外币），贷记"货币兑换"账户（外币）；相应付出人民币时，借记"货币兑换"账户（人民币），贷记有关账户（人民币）。当卖出外汇时，银行借记"货币兑换"账户（外币），贷记有关账户（外币）；相应收到人民币时，借记有关账户（人民币），贷记"货币兑换"账户（人民币）。

例 6.1　甲银行从国内居民手中买入 10 000 美元现钞，给付人民币。假定当日钞买价为 676.33/100，当日汇买价为 681.79/100。根据相关会计凭证做出如下会计分录：

借：库存现金　　　　　　　　　　　　　　　　US ＄　10 000
　　贷：货币兑换　　　　　　　　　　　　　　　US ＄　10 000
借：货币兑换　　　　　　　　　　　　　　　　　¥ 67 633
　　贷：库存现金　　　　　　　　　　　　　　　　¥ 67 633

### 四、外汇买卖凭证

银行发生外汇买卖业务时，均应填制货币兑换传票。货币兑换传票分为三种：货币兑换借方传票、货币兑换贷方传票和货币兑换套汇传票。货币兑换借方传票和货币兑换贷方传票一般各由三联组成：一联是外币的货币兑换传票，一联是人民币的货币兑换传票，一联是货币兑换统计卡。货币兑换套汇传票一般由五联组成：两联是外汇的货币兑换传票，两联是人民币的货币兑换传票，一联是两种外汇套汇的统计卡。

### 五、外汇买卖账簿

（一）货币兑换分账户

货币兑换分账户（见表 6.3）是一种特定格式的账簿。它把人民币和外币的买卖科目分户账合并在同一账页上。账簿格式由"买入"、"卖出"、"结余"三栏组成，"买入"、"卖出"栏内各由"外币"、"牌价"和"人民币"三栏组成，"结余"栏则设"借或贷"、"人民币"两栏。

表6.3　　　　　　　　　　　　　　货币兑换分账户

| 公元年 | | 摘要 | 买　入 | | | 卖　出 | | | 结　余 | | | | |
| --- | --- | --- | --- | --- | --- | --- | --- | --- | --- | --- | --- | --- | --- |
| 月 | 日 | | 外币（贷）（十亿位） | 牌价 | 人民币（借）（十亿位） | 外币（借）（十亿位） | 牌价 | 人民币（贷）（十亿位） | 借或贷 | 外币（十亿位） | 借或贷 | 人民币（十亿位） |
| | | | | | | | | | | | | |
| | | | | | | | | | | | | |
| | | | | | | | | | | | | |

核算时，根据货币兑换传票记载分户账。人民币和外币的换算可按以下公式进行：

买入外币（贷方）×牌价＝人民币借方

卖出外币（借方）×牌价＝人民币贷方

"结余"栏则为"买入"和"卖出"栏数额之差，人民币和外币数额分别结计，同时反映。

（二）货币兑换科目总账

每天营业终了，根据各种货币的货币兑换科目日结单借贷方发生额填制外币科目总账，人民币的货币兑换科目总账则根据人民币的货币兑换科目日结单借贷方发生额填记，然后根据上日余额分别求出本日外币和人民币的余额，记入"余额"栏。

**六、外汇买卖账务处理**

（一）外币兑入的处理

外币兑入即结汇（买汇），是指境内企事业单位、机关和社会团体按国家的外汇政策规定，将各类外汇收入按银行挂牌汇率结售给商业银行的行为。兑入外币时，外币金额记入"货币兑换"账户的贷方，与原币有关科目对转；相应的人民币金额记入该账户的借方，与人民币有关科目对转。其账务处理（会计分录）为：

借：××科目　　　　　　　　　　　　　　　　　　　　外币

　贷：货币兑换　　　　　　　　　　　　　　　　　　　外币

借：货币兑换　　　　　　　　　　　　　　　　　　　　人民币

　贷：吸收存款——××户（或：库存现金）　　　　　人民币

例6.2　中国银行某分行从客户李明手中购入1 000美元现钞，按当日汇率折算后，兑付人民币6 763.30元给该客户。

该业务涉及美元和人民币两种货币，按照外汇分账制的要求，美元必须设一套账，人民币也必须设一套账。美元账表现为：美元现金资产增加，借记美元现金账；人民币账表现为：人民币现金资产减少，贷记人民币现金账。此时，美元账和人民币账均只有一个科目，各自账务得不到平衡。通过"货币兑换"这一特定科目作为桥梁和平衡后，就使外币与人民币两套账相互联系、各自平衡。根据相关凭证做出如下会计分录：

借：库存现金                       US $ 1 000

    贷：货币兑换                 US $ 1 000

借：货币兑换                      ￥6 763.30

    贷：库存现金                 ￥6 763.30

（二）外币兑出的处理

外币兑出即售汇（卖汇），是指境内企事业单位、机关和社会团体因经常项目下的正常对外付汇，持有效凭证，用人民币到商业银行办理兑换，商业银行收进人民币、支付等值外汇的行为。兑出外币时，外币金额记入"货币兑换"账户的借方，与原币有关账户对转；相应的人民币金额记入该账户的贷方，与人民币有关账户对转。

当客户用人民币现金兑换外币现金时，其会计分录为：

借：库存现金                       人民币

    贷：货币兑换                人民币

借：货币兑换                       外币

    贷：库存现金                  外币

（注：汇卖价＝钞卖价）

当客户从人民币存款账户中支取款项，购买外汇汇出时，其会计分录为：

借：吸收存款——××户              人民币

    贷：货币兑换                人民币

借：货币兑换                       外币

    贷：汇出汇款等               外币

例6.3 客户汪鸣因出国留学需要，经批准向中国银行A支行购买1万美元（美元卖出价为684.53/100）。根据相关凭证银行做出如下会计分录：

借：库存现金                       ￥68 453

    贷：货币兑换                ￥68 453

借：货币兑换                    US $ 10 000

    贷：库存现金              US $ 10 000

（三）套汇业务的处理

所谓套汇是指经营外汇业务的银行按挂牌人民币汇率，以一种外汇通过人民币折算，兑换成另一种外汇的业务活动。它包括两种情况：一是两种外币之间的套算，即一种外币兑换为另一种外币，通过人民币进行套汇，也就是先买入一种外币，按买入价折成人民币数额，再卖出另一种外币，把人民币数额按卖价折算为另一种外币；二是同种货币之间的套算包括钞兑汇或汇兑钞，因为同一种外币体现在汇率上，现钞和现汇价值有所差异，所以也按套汇处理。

套汇的原则是通过人民币核算，即对收入的一种外币按买入价折成人民币，填制"货币兑换"科目传票并据以登记入账；然后将折合的人民币按另一种外币的卖出价折算出另一种外汇金额，填制"货币兑换"科目传票并据以登记入账。套汇时，做出的会计分录如下：

借：××科目　　　　　　　　　　　　　　　　　　　（买入外币）
　　贷：货币兑换（汇买价或中间价）　　　　　　　　（买入外币）
借：货币兑换　　　　　　　　　　　　　　　　　　　（人民币）
　　贷：货币兑换　　　　　　　　　　　　　　　　　（人民币）
借：货币兑换（汇卖价或中间价）　　　　　　　　　　（卖出外币）
　　贷：××科目　　　　　　　　　　　　　　　　　（卖出外币）

例6.4　耀广进出口公司要求将其收到的汇款5 000美元存入其在银行开立的英镑存款账户中，设当日美元汇买价为681.79/100，英镑汇卖价为1 122.12/100，该业务中银行买入美元，卖出英镑，根据相关凭证做出如下会计分录：

借：汇入汇款　　　　　　　　　　　　　　　　　US＄5 000
　　贷：货币兑换　　　　　　　　　　　　　　　US＄5 000
借：货币兑换　　　　　　　　　　　　　　　　　￥34 089.50
　　贷：货币兑换　　　　　　　　　　　　　　　￥34 089.50
借：货币兑换　　　　　　　　　　　　　　　　　£3 037.96
　　贷：吸收存款——活期存款耀广进出口公司户　　£3 037.96

例6.5　某外宾要求将1 000美元现钞汇往纽约。当日美元汇卖价为684.53/100，钞买价676.33/100（汇费略）。该业务中，银行买入美元现钞，卖出美元现汇，其会计分录为：

借：库存现金　　　　　　　　　　　　　　　　　US＄1 000
　　贷：货币兑换　　　　　　　　　　　　　　　US＄1 000
借：货币兑换　　　　　　　　　　　　　　　　　￥6 763.30
　　贷：货币兑换　　　　　　　　　　　　　　　￥6 763.30
借：货币兑换　　　　　　　　　　　　　　　　　US＄988.02
　　贷：汇出汇款等科目　　　　　　　　　　　　US＄988.02

# 第三节 外汇存、贷业务的核算

## 一、外汇存款业务概述

### （一）外汇存款概述

外汇存款是商业银行以信用方式吸收的国内外单位和个人在经济活动中暂时闲置或节余的并能自由兑换的外币资金。外汇存款，是指单位或个人将其所有的外汇资金（国外汇入汇款、外币、外币票据等），在我国境内办理的，以外国货币为计量单位的，并于以后随时或约定期限支取的一种存款。

外汇存款是银行的主要负债之一，是银行吸收社会闲散外汇资金的信用活动，是银行组织外汇资金的重要渠道。它既是银行的主要外汇业务之一，也是发放外汇贷款的重要资金来源和从事国际结算业务的前提。

### （二）外汇存款的分类

#### 1. 按照存款管理特点分类

按存款管理特点的不同，将外汇存款分为甲种外汇存款、乙种外汇存款、丙种外汇存款。

甲种外币存款对象是驻华机构和我国境内机关、团体、学校及企事业单位与"三资"企业等。甲种外币存款只有现汇账户，没有现钞账户。

乙种外币存款对象是居住在国外或我国港澳地区的外国人、外籍华人、华侨、港澳同胞和短期来华人员，以及居住在中国境内的外国人。乙种外币存款有外汇账户和现钞账户两种。

丙种外币存款的对象是中国境内的居民。有现钞账户和外汇账户两种。丙种外币存款汇往境外需经国家外汇管理部门批准。

#### 2. 按照存款对象分类

按存款对象的不同，将外汇存款分为单位外汇存款和个人外汇存款。

#### 3. 按照存款期限分类

按存款期限的不同，将外汇存款分为定期存款和活期存款。

### 二、单位外汇存款核算

（一）单位外汇存款的有关规定

单位外汇存款也称甲种外汇存款。凡在我国境内的机关、团体、企事业单位、部队以及业务经营中有外汇收付经银行同意开户的单位，均可存入该项存款。

1. 存款对象

根据银行《单位外币存款章程》的规定，单位外汇存款的主要对象是境内机构及驻华机构，包括：各国驻华外交代表机构、领事机构、商务机构、驻华国际组织机构和民间组织机构；侨资、外资、中外合资经营企业；在中国境内的机关、团体、学校、国营企事业单位、部队以及部分城乡集体经济组织、私营企业以及经中央银行批准可以经营外汇业务的金融机构等。

2. 存款种类

单位外汇存款，按存取期限方式不同，可分为活期和定期两种。活期存款又可按支取方法的不同，分为支票户和存折户两种。支票户存入时凭缴存款单、进账单，支取时凭支票，可随时存取，不得透支；存折户凭存折及存取款凭条办理。其一般手续与本币的存款手续相同，定期存款为记名式存单，一次存入，整存整取，其存期可分为 3 个月、半年、1 年、2 年四种。

3. 存款货币

银行吸收何种货币的外汇存款，根据银行具体情况而定，一般有美元、英镑、港币、日元和欧元等；如为其他外币，可按存入日的外汇汇价折算成上述货币存入。

4. 存款账户的种类

单位外汇存款账户的种类，根据国家外汇管理局《境内外汇账户管理规定》的要求，可根据存款对象不同，开立现汇账户、外汇结算账户、外汇资本金账户、外汇贷款账户和还本付息账户等。所有单位存款对象只能开立现汇账户，不得开立外币现钞账户。以现钞存入或支取外币现钞时，应按要求进行货币兑换。

5. 存款使用范围

存款使用范围包括：①可汇往境内外；②可按现汇买入价兑换本币；③可转入其他账户；④根据需要，经银行同意后按规定换取少量外币现金；⑤可购买旅行支票等。

6. 起存金额

活期存款的起存金额为不低于本币 1 000 元的等值外汇；定期存款的起存金额为不低于本币 10 000 元（或按当时规定）的等值外汇。

7. 存款账户的管理

存款单位可凭存单及预留印鉴或其他的约定方式支取。定期存款通常是在存款到期时支取，一般不得提前支取。存款对象不得擅自超出外汇管理局核定的账户收支范围、使用期限、最高金额使用外汇账户，不得出租、出借或者串用外汇账户，不得利用外汇账户代其他单位或个人收付、保存或者转让外汇。需要关闭账户时，应按要求在规定时间范围内申请并提交相关证明，办理关闭账户手续。

（二）应设置和运用的账户

为便于单位外汇存款业务的会计核算，应设置以下两个会计账户：

1. "吸收存款——活期外汇存款"账户

该账户属负债类，用于核算存款对象在银行1年以内的外汇存款。开户、存入外汇时，反映在该账户的贷方；支取外汇时，反映在该账户的借方；有余额反映在贷方，反映存款对象在银行外汇活期存款的结存数。

2. "吸收存款——定期外汇存款"账户

该账户属负债类，用于核算存款对象在银行1年以上的外汇存款。开户、存入外汇时，反映在该账户的贷方；支取外汇时，反映在该账户的借方；有余额反映在贷方，反映存款对象在银行外汇定期存款的结存数。

由于单位外汇存款的开户单位较多，为方便分析，可按单位的性质，分为单位外汇活期存款、"三资"企业活期存款、金融机构活期存款、驻华机构活期存款等二级科目，同时还应分货币立户。

（三）单位外汇存款业务的账务处理

外汇存款开户时，应由开户单位或个人填写开户申请书提交银行。开立存折户，需填制存入凭条。开立往来账户，需填制送款单。定期存款的开户申请书上应填明户名、地址、存款种类、存款期限等内容，连同外汇或外钞一并提交银行。银行经审核无误后，办理开户及存入手续，如存款人要求凭印鉴支取，应预留银行印鉴，银行分别不同情况进行账务处理。

单位外汇活期存款设支票户和存折户两种。对于支票户存款，存入时用送款单，支取时用支票。存折户存款，存入时用存款凭条，支取时用取款凭条，并将存折一并交与银行办理存取款手续。

单位申请外汇定期存款时，凡从存款单位的外汇活期存款账户支款转存，或由汇入汇款或其他款项转进存入的，银行可按单位要求办理开户手续，开给外汇定期存款单；凡单位事前没有开立活期存款账户而办理定期存款的，单位应按照有关开户规定，申请办理开户手续，经银行审查同意后，为其开户，填发外汇定期存款单，同时，还应根据有关凭证登记开销户登记簿。

1. 存入的核算

（1）以外币现钞存入

单位外汇活期或定期存款一般为现汇账户，存入时应按存入日的现钞买入价和同种货币现汇卖出价折算入账。其会计分录如下：

借：库存现金（外币）

　　贷：货币兑换——钞买价（外币）

借：货币兑换——钞买价（本币）

　　贷：货币兑换——汇卖价（本币）

借：货币兑换——汇卖价（外币）

　　贷：吸收存款——活期外汇存款××户

例6.6　芯瑞公司持 10 000 港币现钞存入活期存款账户。当天港币钞买价为HKD100 = ￥87.36，港币汇卖价为 HKD 100 = ￥88.33。根据相关会计凭证做出如下会计分录：

借：库存现金　　　　　　　　　　　　　　　　HK＄10 000

　　贷：货币兑换——钞买价　　　　　　　　　　　HK＄10 000

借：货币兑换——钞买价　　　　　　　　　　　　￥8 736

　　贷：货币兑换——汇卖价　　　　　　　　　　　　￥8 736

借：货币兑换——汇卖价　　　　　　　　　　　HK＄9 890.19

　　贷：吸收存款——活期外汇存款芯瑞公司户　　HK＄9 890.19

（2）直接以国外收汇存入

以国外收汇存入时，银行根据收到的 SWIFT 报文和转款收账通知，审核编制收款凭证一式二联，将收款凭证第一联通知存款单位，第二联作为贷记凭证据以记账。

如存款单位以汇入原币存入，其会计分录如下：

借：汇入汇款或有关科目（外币）

　　贷：吸收存款——活期外汇存款××户（外币）

如汇入币种与存入币种不同时，则按当天外汇汇价折算入账，其会计分录如下：

借：汇入汇款或有关科目（外币）

　　贷：货币兑换——汇买价（外币）

借：货币兑换——汇买价（本币）

　　贷：货币兑换——汇卖价（本币）

借：货币兑换——汇卖价（外币）

　　贷：吸收存款——活期外汇存款××户（外币）

2. 支取的核算

（1）从现汇账户支取原币现钞时，经银行做汇买钞卖套汇后，支取原币现钞。其会计分录如下：

借：吸收存款——活期外汇存款××户（外币）

　　贷：货币兑换——汇买价（外币）

借：货币兑换——汇买价（本币）

　　贷：货币兑换——钞卖价（本币）

借：货币兑换——钞卖价（外币）

　　贷：库存现金（外币）

外汇定期存款到期或提前支取时，不得直接提取现金，只能转入活期存款后从活期存款中支取。

（2）以原币汇往国外时，其会计分录如下：

借：吸收存款——活期外汇存款××户（外币）

　　贷：汇出汇款等有关科目（外币）

凡汇款，应按规定的收费标准收取本币或等值外汇手续费。

（3）支取货币与原存款货币不同时，经银行做汇买汇卖套汇后办理。其会计分录如下：

借：吸收存款——活期外汇存款××户（外币）

　　贷：货币兑换——汇买价（外币）

借：货币兑换——汇买价（本币）

　　贷：货币兑换——汇卖价（本币）

借：货币兑换——汇卖价（外币）

　　贷：汇出汇款等有关科目（外币）

（4）从活期存款账户转存定期存款。银行办理转存定期业务时，凭存款单位开立的转账支票办理。其会计分录如下：

借：吸收存款——活期外汇存款××户（外币）

　　贷：吸收存款——定期外汇存款××户（外币）

（5）从定期存款账户转存活期存款。定期存款到期或提前支取办理转存活期时，存款单位应向银行提交外汇定期存款单、进账单及有关证明文件。银行计付利息后连同本金一并办理转存。其会计分录如下：

借：吸收存款——定期外汇存款××户（外币）

　　应付利息（外币）

　　利息支出——定期存款利息支出户（外币）

贷：吸收存款——活期外汇存款××户（外币）

3. 存款利息的核算

单位外汇存款利息的核算方法类同人民币业务处理。

### 三、个人外汇存款核算

#### （一）个人外汇存款的有关规定

个人外汇存款是银行为方便外籍人员、侨胞、港澳台同胞以及国内居民等，为积聚闲散的个人外汇资金而开办的一项外汇存款业务。目前，银行根据存款对象的不同，开办的个人外汇存款主要包括乙种存款和丙种存款两种。

1. 存款对象

乙种外汇存款的对象为个人，凡居住在国外或港澳台地区的外国人、外籍华人、华侨、港澳台同胞、短期来华旅游者以及居住在中国境内的驻华使领馆外交官、驻华代表机构外籍人员、外国专家学者、海员、留学生、实习生等外国人，以及按国家规定允许将外汇留存在国内的中国人，均可以本人的名义在银行开立乙种外汇存款账户。丙种外汇存款的对象为中国境内的居民，包括归侨、侨眷和港澳台同胞的亲属。

2. 存款种类

乙种和丙种外汇存款，按存取期限方式的不同，可分为定期存款和活期存款两种。活期存款为存折户，可随时存取。定期存款为记名式存单，可分为1个月、3个月、半年、1年和2年等多种档期，采取一次存入、整存整取方式。

3. 存款货币

银行吸收何种货币的外汇存款，根据银行具体情况而定，一般有美元、英镑、港币、日元和欧元等。如为其他外币，酌情按存入日的外汇汇价折算成上述货币入账。

4. 存款账户的种类

个人外汇存款的存款账户按存入的资金形态，分为现汇户和现钞户两种。现汇户是指由境外汇入的外汇或携入的外币票据转存存款的账户；现钞户是指存款人从境外携入或持有可自由兑换的外币现钞存款的账户。银行可根据存款人存入的资金形态及存款人的要求，开立现汇账户或现钞账户。

5. 存款使用范围

它包括：①可汇往境内外；②可按外汇买入价兑换本币；③可根据需要在规定限额内提取外币现钞；④可购买旅行支票等。

6. 起存金额

活期存款的起存金额为不低于人民币20元的等值外汇；定期存款的起存金额为不低于人民币50元的等值外汇。

7. 存款账户的管理

居民个人外汇存款账户的管理应根据国家外汇管理局《境内居民个人外汇管理办法》进行。

（二）设置和运用的账户

1. "吸收存款——个人活期外汇存款"账户

该账户属负债类，用于核算乙、丙种存款对象在银行1年以内的外汇存款。开户、存入外汇时，反映在该账户的贷方；支取外汇、清户时，反映在该账户的借方；有余额反映在贷方，反映存款对象在银行外汇活期存款的结存数。

2. "吸收存款——个人定期外汇存款"账户

该账户属负债类，用于核算乙、丙种存款对象在银行1年以上的外汇存款。开户、存入外汇时，反映在该账户的贷方；支取外汇时，反映在该账户的借方；有余额反映在贷方，反映存款对象在银行外汇定期存款的结存数。

（三）个人外汇存款业务的账务处理

1. 个人外汇存款账户开立和支取的规定

个人外汇存款的申请人开立定期或活期外币储蓄存款账户时，应填写存款凭条，提供身份证明，并应书面约定存取方式。如书面约定凭印鉴支取，需预留印鉴。由境外直接汇款转存时，应附开户内容，约定存单或存折的处理办法和取款手续，银行按约定要求办理。

个人外汇存款的存款人支取外币储蓄存款，需凭存折、存单、预留印鉴或书面约定的支取方式办理支取。支取时，需填写取款凭证。外币定期储蓄存款为记名式存单，到期支取；如提前支取，需凭存款人身份证或有关单位的证明办理。外币储蓄存款可约定自动转存。

2. 个人外汇存款业务的会计核算

（1）存入的核算

①存款人将外币现钞存入现钞户，其会计分录如下：

借：库存现金（外币）

　　贷：吸收存款——个人活（定）期外汇存款××户（外币）

②境内、境外汇入的汇款或托收的外币票据收妥存入现汇户，其会计分录如下：

借：存放国外同业或有关科目（外币）

　　贷：汇入汇款（外币）

借：汇入汇款（外币）

　　贷：吸收存款——个人活（定）期外汇存款××户（外币）

（2）支取的核算

①从个人外币活期存款现钞账户中支取外币现钞，其会计分录如下：

借：吸收存款——个人活期外汇存款××户（外币）

　　贷：库存现金（外币）

②从个人外币定期存款现钞账户中支取外币现钞时，计算应付存款利息，办理转账。其会计分录如下：

借：吸收存款——个人定期外汇存款××户（外币）

　　应付利息（外币，已提取部分）

　　利息支出——定期储蓄存款利息支出户（外币，不足部分）

　　贷：库存现金（外币）

（3）汇出汇款的核算

办理现汇户的汇出汇款时，签发结算凭证，办理账务划转手续，同时计算外币定期和活期储蓄利息。其会计分录如下：

借：吸收存款——个人活（定）期外汇存款××户（外币）

或：应付利息（或利息支出）外币

　　贷：汇出汇款（外币）

汇出行收到汇入行解付通知书后，应冲销"汇出汇款"科目卡片账。其会计分录如下：

借：汇出汇款（外币）

　　贷：存放国外同业或有关科目（外币）

同时按规定收取等值本币邮电费、手续费。其会计分录如下：

借：库存现金（本币）

　　贷：手续费收入——结算手续费收入户（本币）

　　　　营业费用——邮电费（本币）

例 6.7　客户王宜持外汇管理部门的批准证明，从其活期存款美元外汇账户支取200 英镑的等值美元，申请用信汇方式汇往伦敦牛津大学以英镑交学费。客户按有关要求办妥汇款手续，交银行审核无误后，办理汇出汇款。当天美元汇买价为 USD 100 = ￥681.79，英镑汇卖价为 GBP100 = ￥1 122.12。根据有关凭证做出如下会计分录：

借：吸收存款——个人活期外汇存款王宜户　　　　　　　　US＄329.17

　　贷：货币兑换——汇买价　　　　　　　　　　　　　　US＄329.17

借：货币兑换——汇买价　　　　　　　　　　　　　　　　￥2 244.24

　　贷：货币兑换——汇卖价　　　　　　　　　　　　　　￥2 244.24

借：货币兑换——汇卖价　　　　　　　　　　　　　　　　£200

| | | |
|---|---|---|
| 贷：汇出汇款 | | £ 200 |
| 借：库存现金 | | ￥20 |
| 贷：手续费收入——结算手续费收入户（1‰） | （最低起点） | ￥20 |

（4）存款利息的核算

个人外汇存款利息的核算方法类同人民币业务处理。

### 四、外汇贷款业务的核算

（一）外汇贷款的种类

外汇贷款是以外币为计算单位的放款业务。商业银行利用各种信用方式筹集的外汇资金予以贷放，支持国家经济建设。

商业银行的外汇贷款按照不同标准划分，可以分为不同种类的贷款。将外汇贷款按照贷款期限划分，可分为短期外汇贷款、中期外汇贷款和长期外汇贷款三种。短期外汇贷款的期限一般为 1~3 年，中期外汇贷款的期限一般为 3~5 年，5 年以上的为长期贷款。外汇贷款中一般以短期贷款为主。

将外汇贷款按资金来源划分，可分为现汇贷款、买方信贷和银团贷款。现汇贷款又称自由外汇贷款。它是商业银行以吸收的外汇存款或其他自营业务方式吸收的外汇资金向企业或单位发放的贷款。买方信贷是指出口国为了支持本国的商品出口，由出口国银行直接向买方或买方银行提供的贷款，以便于买方利用这项贷款向出口国购买技术和设备，并支付相关费用。买方信贷又分为出口买方信贷和进口买方信贷两种。银团贷款又称为辛迪加贷款（Syndicated Loan），是由获准经营贷款业务的一家或数家银行牵头，多家银行与非银行金融机构参加而组成的银行集团（Banking Group）采用同一贷款协议，按商定的期限和条件向同一借款人提供融资的贷款方式。

一般来讲，商业银行的短期外汇贷款是现汇贷款，而中、长期外汇贷款则可以是买方信贷和银团贷款等。

现汇贷款按利率特点划分，又可分为浮动利率外汇贷款、优惠利率外汇贷款、特优利率外汇贷款、贴息外汇贷款等。

其他的外汇贷款种类还有特种外汇贷款、出口押汇、贴现、外汇抵押人民币贷款、投资性贷款等。现将商业银行常用的外汇贷款分述如下。

（二）现汇贷款的核算

1. 贷款的发放

单位来行申请贷款，应填具外汇贷款申请书，银行审批同意后，发出批准文件，并与借款单位订立外汇贷款契约，注明贷款的金额、期限、利率等，明确银行与企业应负担的经济责任，然后开立外汇贷款账户。

借款单位一般委托外贸公司代办进口并使用信用证或进口代收等方式进行结算。当发生实际付汇时，借款单位填制短期外汇贷款借款凭证一式五联提交银行。第一联为短期外汇贷款科目借方传票；第二联为备查卡片，由经办银行留存，第三联为支款通知，交借款单位；第四联为支款通知副本，交负责归还外汇额度的有关单位；第五联为支付通知副本，交代办进口的外贸公司。银行审核借款凭证有关内容与借款契约规定相符后进行账务处理，其会计分录如下：

借：短期外汇贷款 （外币）

　　贷：存放国外同业或有关科目 （外币）

例6.8　假定甲银行采用分账制记账方法，选定的记账本位币为人民币并以人民币列报财务报表。20×9年7月15日，发放短期贷款5 000美元给A公司，当日汇率为1美元=6.831 6元人民币。会计分录如下：

借：短期外汇贷款（美元） 　　　　　US＄5 000

　　贷：吸收存款——活期存款××单位户（美元） 　　　　　US＄5 000

若申请人将借款直接对外支付，所借款项与支付款项不是同一种货币时，比如借美元而对外支付英镑，其会计处理如下：

借：短期外汇贷款 （美元）

　　贷：货币兑换 （美元）

借：货币兑换 （人民币）

　　贷：货币兑换 （人民币）

借：货币兑换 （英镑）

　　贷：存放国外同业或有关科目 （英镑）

2. 贷款利息的核算

短期外汇贷款因利率的不同，分为优惠利率贷款和浮动利率贷款两种。优惠利率贷款是按低于伦敦银行同业拆放利率所发放的贷款，按优惠利率计息。浮动利率贷款则是参照伦敦银行同业拆放率，浮动计息，由银行不定期公布利率。浮动档次有1个月浮动、3个月浮动、6个月浮动及1年浮动四种。企业按贷款契约规定的浮动利率档次向银行贷款，在该档次内无论利率有无变动，都按贷款日确定的该档次利率计算利息，该档次期满后再按新利率计算。

例6.9　乙银行1月13日发放一笔短期外汇贷款，约期1年，确定按3个月的浮动利率计息。1月8日利率为5.28%，2月24日变为5.55%，3月3日变为5.82%，4月11日变为5.52%，6月3日又变为6%。分段计息时，自1月13日至4月12日应按5.28%计息，4月13日起按5.52%计息，其余以此类推。

短期外汇贷款，每季结息一次。结息日填制短期外汇贷款结息凭证联，一联作为借方传票，一联作为结息通知单交借款单位，会计分录如下：

借：短期外汇贷款　　　　　　　　　　　　　　　　　　（外币）

　　贷：利息收入——外汇贷款利息收入　　　　　　　　　（外币）

3. 贷款的收回

短期外汇贷款应按期归还，也可以提前全部或分批偿还。如不直接以外汇偿还而用人民币购买外汇归还，借款单位必须将外贸公司签发的还汇凭证和填制的短期外汇贷款还款凭证一并提交银行。还汇凭证是外贸公司为借款单位偿还外汇额度的证明文件。还汇凭证一式两份，一份交借款单位向银行办理还款手续，一份由签证的外贸公司送交银行。借款单位归还贷款后，还汇凭证由经办银行留存，一份作为短期外汇贷款贷方传票附件，一份由银行签章后交外贸公司作为已扣外汇额度的通知。短期外汇贷款还款凭证一式七联，其中一联作为贷款收账通知交借款单位，一联作为卖出外汇统计联由银行留存，其余五联作为记账传票。最后一个结息期至还款日尚未计算的利息与本金一并收回。其会计分录如下：

借：吸收存款——活期存款××单位户或其他科目　　　（人民币）

　　贷：货币兑换　　　　　　　　　　　　　　　　　　（人民币）

借：货币兑换　　　　　　　　　　　　　　　　　　　　（外币）

　　贷：短期外汇贷款　　　　　　　　　　　　　　　　（外币）

　　　　利息收入——外汇贷款利息收入　　　　　　　　（外币）

借款单位如使用现汇偿还，直接减少其外汇存款即可。

**（三）买方信贷的核算**

买方信贷具有贷款期限长、利率较低等特点。它是我国利用外资的重要形式。

买方信贷分为出口买方信贷和进口买方信贷两种。我国商业银行主要办理进口买方信贷，即我国银行作为进口国银行从出口国银行取得资金，并按需要转贷给进口单位使用的信贷。

买方信贷款的使用有一定的条件限制：①该种贷款只能用于向提供买方信贷国家购买资本性商品、技术及其相关的商品或劳务；②使用买方信贷必须经过出口国政府的批准，签订贸易合同和贷款合同；③买方信贷的每一笔合同金额不能低于协议商定的最低金额；④买方信贷只贷给合同总额的85%，其余15%以定金形式支付现汇，支付定金之后才能使用贷款，分期按等分金额每半年还本付息一次。

进出口双方在签订商业合同时，进口国银行要与提供买方信贷的出口国银行签订买方信贷协议。目前，我国买方信贷项下向国外银行的借入款，是由各商业银行总行集中开户，并由总行负责偿还借入的本息。各地分行负责向使用贷款的单位发放买方信贷外汇贷款，并负责按期收回贷款的本息。

买方信贷款核算主要通过"借入买方信贷款"账户和"买方信贷外汇贷款"账户。"借入买方信贷款"账户属于负债类账户，专门用于反映商业银行买方信贷款的获取和偿还情况。其贷方反映借入款的增加数，借方反映借入款的减少数，余额在贷方，表示尚未归还国外银行的借款金额。该账户一般由总行使用。"买方信贷外汇贷款"账户属于资产类账户，用于反映商业银行将获得的买方信贷款进行发放和收回的情况。该账户借方反映买方信贷款的发放数，贷方反映买方信贷款的收回数，余额在借方，表示商业银行尚未收回的买方信贷款。

买方信贷款核算的基本程序主要有：①对外签订协议；②支付定金；③使用贷款；④收回贷款本息。

1. 对外签订协议

各商业银行总行根据国家的有关法规、政策和计划，统一对外谈判，签订买方信贷总协议，并通知各分行和有关部门。在总协议下的每个项目的具体信贷协议，由总行对外谈判签订，也可由总行授权分行谈判签订分协议。分协议签订后，均由总行使用"买方信贷用款限额"表外科目核算，并登记买方信贷用款限额登记簿。其会计分录如下：

（收入）：买方信贷用款限额（外币）

2. 支付定金

按照协议规定，在商业银行取得买方信贷款项以前必须先由买方信贷外汇贷款的使用单位向国外出口商支付定金。在支付定金后，商业银行才能从出口国取得买方信贷款，也才能向国内进口商发放该贷款。支付定金的一般会计分录为：

借：吸收存款——活期外汇存款××现汇户　　　　　　　　　　外币
　　贷：存放国外同业（或其他科目）　　　　　　　　　　　　外币

若单位没有外币对外支付，可以向商业银行申请短期外汇贷款，并以获得的短期外汇贷款对外支付定金。

3. 使用贷款

使用贷款是指在进口单位支付了定金后，买方贷款协议生效。在这一阶段，由出口国银行代向其国内出口商支付款项，同时意味着我国商业银行取得了买方信贷款并向国内进口单位发放了买方信贷款。该阶段的核算会因进口单位是否与总行同在一地而有所不同。若进口单位与总行同在一地，则由总行直接向进口商发放买方信贷款。其会计分录为：

借：买方信贷外汇贷款——××户　　　　　　　　　　　　　外币
　　贷：借入买方信贷款——××户　　　　　　　　　　　　　外币

因使用了买方信贷款，则按使用金额逐笔转销此表外科目。其会计分录如下：

（付出）：买方信贷用款限额（外币）

若进口单位与总行不在一地，则买方信贷款由进口单位所在地分行发放。分行发放的会计分录为：

借：买方信贷外汇贷款——××户 外币
　贷：全国联行外汇往来 外币

总行收到分行发来的报单后，进行如下会计分录处理：

借：全国联行外汇往来 外币
　贷：借入买方信贷款 外币

同时，还要按照发放贷款金额转销表外科目。

4. 收回贷款的核算

贷款到期，银行应按照借款契约的规定计算借款利息，并及时收回贷款本息。

买方信贷款由总行统一对外偿还本息，对内本着谁贷款、谁负责收回的原则，因而贷款收回阶段的核算分为对外偿还贷款本息和对内收回贷款本息两个部分。

总行对外偿还本息核算的会计分录为：

借：借入买方信贷款——××户 外币
　　利息支出——买方信贷款利息支出 外币
　贷：存放国外同业（或国外同业存款） 外币

若是总行对内发放的买方信贷款，则由总行负责收回贷款本息。总行收回贷款本息的会计分录为：

借：吸收存款——活期外汇存款××现汇户 外币
　贷：买方信贷外汇贷款 外币
　　　利息收入——买方信贷款利息收入 外币

如果借款单位没有外汇，则需要通过汇卖处理，将人民币折算为借款货币归还贷款。

若是分行发放的买方信贷外汇贷款，则需要由分行负责收回，并通过全国联行外汇往来转入总行账户。分行收回贷款本息的会计分录为：

借：吸收存款——活期外汇存款××现汇户 外币
　贷：买方信贷外汇贷款 外币
　　　利息收入 外币

# 第四节　国际贸易结算业务的核算

国际贸易结算又称有形贸易结算，是指对两国间商品交易所进行的债权债务清算。

国际贸易结算按照资金性质和清算方式划分，可分为记账结算和现汇结算两种。记账结算又称为"清算货币的结算"（Settlement in Clearing Currencies）。它是债权人与债务人双方根据两国政府间签订的贸易和支付协定的规定，各以本国政府的名义，分别在对方国家指定银行开立结算账户，在协议下的双方债权债务均通过此账户办理。按照协定规定，在协定有效期限内，对双方协定项下的一切债权债务，均在该账户下采用相互抵消方式，不动用现汇。现汇结算（Settlement in Free Convertible Currencies）是以自由外汇了结双方债权债务的一种结算方式。它是我国国际贸易结算主要采用的清算方式。

信用证结算、托收结算、汇款结算是国际贸易项下的主要结算方式。

### 一、信用证项下进出口业务的核算

信用证简称 L/C，是由开证行根据进口商的申请，向受益人（出口商）开立的具有一定金额，并在一定期限内凭规定的符合要求的单据付款或进行付款承诺的书面保证文件。信用证结算业务是我国国际贸易结算中使用最多的一种结算方式。

（一）信用证项下出口业务的核算

在办理信用证出口业务时，我国经办银行作为出口方银行，替国内出口企业进行结算，充当国外信用证的通知行、议付行。其会计核算主要分为：①受证与通知；②审单议付、寄单索汇；③收妥出口款项三个环节。

1. 受证与通知的处理

在出口业务中，我国银行充当受证行、通知行角色。收到国外进口方银行开来的信用证时，首先应严格审核信用证内容、开证行经营作风、资信状况及货币金额、支付方式等，审核无误后编流水号，输入电脑打印出通知书，及时通知受益人（出口商），缮打国外来证记录卡，匡算待收外汇资金数。同时记录表外科目，其会计分录为：

（收入）：国外开来保证凭信（外币）

2. 审单议付、寄单索汇的处理

我国出口方银行接到出口公司交来的全套出口单据议付时，应严格按信用证要求审单，达到"单单一致，单证一致"的要求，促使开证行承担第一付款责任。审单相符后，寄单索汇，编制出口寄单议付通知书随单据寄发，并向开证行计收通知费、议付费、修改费、邮费等从属费用。其会计分录为：

借：应收信用证出口款项                                 外币

   贷：代收信用证出口款项                               外币

（付出）：国外开来保证凭信（外币）

3. 收妥出口款的处理

收款阶段是出口方银行通过代理行往来或国外联行往来收取出口货款的核算处理。其会计分录为：

借：存放国外同业等 　　　　　　　　　　　　　　　　　　　　外币
　　贷：手续费收入——国外银行费用收入 　　　　　　　　　　　　外币
　　　　吸收存款——活期外汇存款××户 　　　　　　　　　　　　外币
借：代收信用证出口款项 　　　　　　　　　　　　　　　　　　　外币
　　贷：应收信用证出口款项 　　　　　　　　　　　　　　　　　　外币

（二）信用证项下进口业务的结算

进口贸易业务是外汇支出的主要方向，信用证项下进口业务的核算是银行根据经批准的进口公司的申请，向国外出口商开立信用证或信用保证书，凭信用证项下的全套单据审单付款的一种结算方式。在办理信用证进口业务时，我国经办银行作为进口方银行，替国内进口企业进行结算，充当开证行、付款行的角色。其会计核算主要分为：①进口开证；②审单与付汇两个环节。

1. 开立信用证

国内进口公司根据合同条款向我国进口方银行申请信用证，填具开证申请书。开证申请书内容包括两部分：一是开立信用证的具体内容；二是进口公司向开证行应负责任的声明。银行审核开证申请书、进口批示和用汇批文后，开立信用证。其会计分录为：

借：应收开出信用证款 　　　　　　　　　　　　　　　　　　　外币
　　贷：应付开出信用证款 　　　　　　　　　　　　　　　　　　外币

开证行应办理信用证卡片账的立卡、销卡及整卡手续，向进口企业收取开证手续费，其会计分录为：

借：吸收存款——活期存款××户 　　　　　　　　　　　　　　人民币
　　贷：手续费收入 　　　　　　　　　　　　　　　　　　　　人民币

开证行为保障开出信用证后有效可付，可根据进口单位的资信情况确定是否收取保证金。若预收保证金，其会计分录为：

借：吸收存款——活期外汇存款××户 　　　　　　　　　　　　外币
　　贷：存入保证金 　　　　　　　　　　　　　　　　　　　　外币

2. 审单与付汇的核算

国外出口商收到我方银行开立的信用证，备货出运，并向其议付行交单。议付行议付后，将单据寄我国开证行，我国开证行审单，若单证一致、单单一致时，应编号，按约定的支付方式办理进口单据通知和付款手续。对外付款时，若为即期信用证项下进口付款，可采取国内审单付款或国外审单付款。

（1）单到国内审单付款

开证行收到国外寄来即期信用证项下单据，经审核后逐笔编制顺序号，同时缮打进口信用证单据通知书，银行即以信汇或电汇方式对外付款。其会计分录为：

借：存入保证金　　　　　　　　　　　　　　　　　　　　　外币
或：吸收存款——活期外汇存款××户　　　　　　　　　　　外币
　　贷：存放国外同业等　　　　　　　　　　　　　　　　　　外币
同时转销或有资产、或有负债科目，其会计分录为：
借：应付开出信用款项　　　　　　　　　　　　　　　　　　　外币
　　贷：应收开出信用证款项　　　　　　　　　　　　　　　　外币
（2）国外审单付款
　　国外审单付款又有三种方式：第一种情况为国外审单后主动借记；第二钟情况为国外审单后电报向开证行索汇；第三种情况为授权国外议付行向我国账户行索汇。
　　若为远期信用证下进口付汇，因不是见票即付，而是约定一定期限，到期付款，故分为承兑和付汇两个阶段。
承兑时，其会计分录为：
借：应收承兑汇票款　　　　　　　　　　　　　　　　　　　　外币
　　贷：承兑汇票　　　　　　　　　　　　　　　　　　　　　外币
转销或有资产、或有负债科目，其会计分录为：
借：应付开出信用证款　　　　　　　　　　　　　　　　　　　外币
　　贷：应收开出信用证款　　　　　　　　　　　　　　　　　外币
到期付汇，转销承兑时，其会计分录为：
借：承兑汇票　　　　　　　　　　　　　　　　　　　　　　　外币
　　贷：应收承兑汇票款　　　　　　　　　　　　　　　　　　外币
同时做会计分录：
借：存入保证金等　　　　　　　　　　　　　　　　　　　　　外币
　　贷：存放国外同业等　　　　　　　　　　　　　　　　　　外币
　　根据规定，进口单位在付汇前应向其当地外汇管理局申请办理进口付汇备案表，对外付汇时，填写贸易进口付汇核销单交银行审核。每月 5 日前银行应向外汇管理局报送贸易进口付汇统计报表。


**二、托收项下进出口业务的核算**

　　托收结算是债权人签发汇票，委托银行向国外的债务人代为收款的一种结算方式。在该种结算方式下，涉及的基本当事人有委托人、托收行、代收行和付款人。
　　托收方式根据委托人签发的汇票是否附有货运单据分为跟单托收和光票托收两种。跟单托收是出口商根据贸易合同规定发货后，签发以进口商为付款人的汇票，连同货运单据一起交银行，委托银行凭以收款的托收方式。光票托收是指委托人签发，不附带任何货运单据的汇票，委托银行凭以收款的托收方式。它广泛运用于非贸易结算。在贸易结算中，光票托收仅被用来对国外收取样品费、佣金及其他贸易从属费用的小金额的款项。

（一）托收项下出口业务的核算

托收项下出口业务的核算是指托收银行受理国内出口商的委托，并转委托国外联行或代理行代为收款所进行的有关业务和账务处理。它有审单、寄单和托收结汇两个基本程序。

1. 审单、寄单

出口公司按照贸易合同规定发运货物后，填制出口托收申请书，连同有关单据一起送交银行办理托收，银行审核后为其办理托收手续，并进行相关账务处理，反映托收权益和责任。其会计分录为：

借：应收出口托收款项　　　　　　　　　　　　　　　　　　　　外币
　　贷：代收出口托收款项　　　　　　　　　　　　　　　　　　　外币

2. 托收结汇

出口托收结算款项一律实行收妥结汇。银行根据国外银行的收账报单、电报或授权书，经核实确认已收妥时，方能办理收款。其会计分录为：

结清托收的权益和责任时：

借：代收出口托收款项　　　　　　　　　　　　　　　　　　　　外币
　　贷：应收出口托收款项　　　　　　　　　　　　　　　　　　　外币

收取款项时：

借：存放国外同业等　　　　　　　　　　　　　　　　　　　　　外币
　　贷：吸收存款——单位活期外汇存款××现汇户　　　　　　　　外币

若出口单位不能保留外汇，则需通过"货币兑换"科目将外汇转换为人民币存款。

（二）托收项下进口业务的核算

托收项下进口业务的核算是代收行收到国外联行或代理行寄来的收款委托书及跟单汇票后，通知国内进口单位认付，并将代收款项划转国外托收行所进行的有关业务和账务处理。托收项下进口业务核算有进口代收单据、确认付款及划款两个阶段的核算。

1. 进口代收单据

进口公司所在国银行收到国外银行寄来的收款委托书及有关单据，经审查无误后，如果同意受理，即成为代收行。代收行收到进口单据后通知进口单位，并进行相关账务处理，反映进口代收的权益和责任。其会计分录为：

借：应收进口代收款项　　　　　　　　　　　　　　　　　　　　外币
　　贷：进口代收款项　　　　　　　　　　　　　　　　　　　　　外币

2. 确认付款及划款

进口公司收到代收行转来的进口单据，经审核后确认付款，并通知银行对外付款。代收行即按有关规定办理对外付款手续。其会计分录为：

结清代收权益和责任时：

借：进口代收款项 　　　　　　　　　　　　　　　　　　　　　　外币

　　贷：应收进口代收款项 　　　　　　　　　　　　　　　　　　外币

对外付款时：

借：吸收存款——单位活期外汇存款××现汇户 　　　　　　　　外币

　　贷：存放国外同业等 　　　　　　　　　　　　　　　　　　外币

### 三、汇款项下进出口业务的核算

汇款项下进出口业务是一种国际汇兑。它是用一个国家货币表示债权转换成用另一个国家货币表示债权的方法，是资金在不同国家和地区之间的调拨。汇款结算至少涉及四方当事人，即汇款人、汇出行、汇入行和收款人。

在实际工作中，汇款项下进出口业务可以是预付款，也可以是收货后付款。不管是预付款还是收货后付款，汇款结算的基本程序有汇出汇款和汇入汇款两个阶段。

（一）汇出汇款

汇出汇款是汇出行按照汇款人的要求将款项汇往国外的业务和账务处理。其会计分录为：

借：吸收存款——单位活期外汇存款××现汇户 　　　　　　　　外币

　　贷：汇出汇款 　　　　　　　　　　　　　　　　　　　　　外币

同时，向国外行划拨头寸，其会计分录为：

借：汇出汇款 　　　　　　　　　　　　　　　　　　　　　　　外币

　　贷：国外同业存款等 　　　　　　　　　　　　　　　　　　外币

2. 汇入汇款

汇入汇款是汇入行收到国外银行寄来的汇款凭证或电报后，进行的有关业务和账务处理。汇入行收到汇款或电报后，即进行有关账务处理并通知收款人前来银行取款。其会计分录为：

借：存放国外同业等 　　　　　　　　　　　　　　　　　　　　外币

　　贷：汇入汇款 　　　　　　　　　　　　　　　　　　　　　外币

收款人前来取款时，即进行汇款解付会计处理。其会计分录为：

借：汇入汇款 　　　　　　　　　　　　　　　　　　　　　　　外币

　　贷：吸收存款——单位活期外汇存款××现汇户 　　　　　　外币

# 第七章

## 保险业务的核算

中国保监会〔2006〕96 号文件规定，从 2007 年 1 月 1 日起，保险公司按照新会计准则编制并对外报送会计报表。执行该准则 38 项具体准则的保险企业将不再执行旧会计准则、《企业会计制度》和《金融企业会计制度》。本章将根据《企业会计准则第 25 号——原保险合同》（以下称 CAS25）、《企业会计准则第 26 号——再保险合同》的规范，全面介绍保险企业的会计核算。

## 第一节　保险合同概述

人们在生活中面临的无法预测的事故越来越多，如 2008 年的中国南方冰雪冻灾、山东火车相撞、汶川特大地震，往年的长江洪灾、SARS、禽流感，以及涉及世界各国的二恶英、疯牛病、核泄漏、臭氧层空洞、台风、泥石流等。应对风险成了人生与社会的一个重要话题。灾害事故的发生，就整个社会而言，在客观上有其必然性，然而就局部来讲，却有着偶然性。随着社会生产力的发展，人们逐渐开始运用经济方式来抵消灾害事故的不利影响，保险应运而生。

保险，是指投保人根据合同约定，向保险人支付保险费，保险人对于合同约定的可能发生的事故因其发生所造成的财产损失承担赔偿保险金责任，或者当被保险人死亡、伤残、疾病或者达到合同约定的年龄、期限时承担给付保险金的商业保险行为。

保险公司从事保险业务实质上是经营保险风险。保险公司承担的被保险人保险风险是通过与投保人签订保险合同来体现的。

## 一、保险合同的定义

保险合同，是指保险人与投保人约定保险权利与义务关系，并承担源于被保险人保险风险的协议。其中，保险人（承保人），是指与投保人订立保险合同而言，并承担赔偿或给付保险金责任的保险公司。投保人，对于原保险合同而言，投保人指与保险公司订立原保险合同，并按照合同约定负有支付保险费义务的自然人、法人及其他组织；对再保险合同而言，投保人是指与保险公司（再保险接受人）订立再保险合同，并按照合同约定负有支付保险费义务的保险公司。被保险人，是指其财产或人身受保险合同保障，享有保险金请求权的自然人、法人及其他组织。投保人可以为被保险人。

保险合同的本质特征是承担被保险人的保险风险，即如果保险人承担了被保险人的保险风险，双方签订的合同就是保险合同。

风险，是指人们在日常生活中经常会遇到的一些难以预料的（具有不确定性）的意外事故和自然灾害。保险风险，是指从合同持有人转移到合同签发人的除金融风险之外的风险。保险风险有如下特性：风险不是投机性的；风险必须具有不确定性，就每一个具体单独的保险标的而言，保险当事人事先无法知道其是否发生损失，以及发生损失的时间和发生损失的程度如何；风险必须是大量标的的均有遭受损失的可能性；风险必须是意外的；风险可能导致较大损失；在保险合同期限内预期的损失是可计算的，保险公司承保某一特定风险，必须在保险合同期间内收取足够的保险费，以聚集资金支付赔款，支付各项费用开支，并获得合理的利润。

从经济学角度看，保险是对客观存在的未来风险进行转移，把确定性损失转化为确定性成本（保费），是风险管理的有效手段；从法律学角度看，保险是一种合同行为，投保人向保险人缴纳保费，保险人在被保险人发生合同规定的损失时给予补偿，体现的是一种民事法律关系。

CAS25 定义的保险合同有如下特点：

（1）保险合同的定义强调了保险风险的转移。

（2）按照风险损失转移的层次分类，保险合同被划分为原保险合同和再保险合同。

（3）与 IFRS 下保险合同的定义存在显著不同：《国际财务报告准则第 4 号——保险合同》中，对保险合同成立的要素主要看重大保险风险的转移程度，而在新准则下，将"重大"两字移去，保险合同成立的要素主要看是否存在保险风险，不考虑保险风险转移的程度。

## 二、保险合同的分类

按照危险损失转移的层次分类，保险合同被划分为原保险合同和再保险合同。

　　原保险合同，是指保险人向投保人收取保费，对约定的可能发生的事故因其发生所造成的财产损失承担赔偿保险金责任，或者当被保险人死亡、伤残、疾病或者达到约定的年龄、期限时承担给付保险金责任的保险合同。

　　再保险合同，是指一个保险人（再保险分出人）分出一定的保费给另一个保险人（再保险接受人），再保险接受人对再保险分出人由原保险合同所引起的赔付成本及其他相关费用进行补偿的保险合同。

　　保险人应当根据在原保险合同延长期内是否承担赔付保险金责任，将原保险合同分为寿险原保险合同和非寿险原保险合同。

　　原保险合同延长期，是指投保人自上一期保费到期日未缴纳保费，保险人仍承担赔付保险金责任的期间。

　　原保险合同延长期内承担赔付保险金责任的，应当确定为寿险原保险合同。如定期寿险、终身寿险、两全保险、年金保险、长期健康保险等属于寿险原保险合同。原保险合同延长期内不承担赔付保险金责任的，应当确定为非寿险原保险合同。如企业财产保险、家庭财产保险、工程保险、责任保险、信用保险、保证保险、机动车交通强制保险、船舶保险、货运保险、航空航天保险、农业保险、短期健康保险和意外伤害保险等均属于非寿险原保险合同。

### 三、混合保险合同的处理

　　保险人与投保人签订的合同，使保险人既承担保险风险又承担其他风险的，应当分别下列情况进行处理：

　　（1）保险风险部分和其他风险部分能够区分，并且能够单独计量的，可以将保险风险部分和其他风险部分进行分拆。保险风险部分，确定为原保险合同；其他风险部分，不确定为原保险合同。

　　（2）保险风险部分和其他风险部分不能够区分，或者虽能够区分但不能够单独计量的，应当将整个合同确定为原保险合同。

# 第二节　原保险合同的核算

## 一、原保险合同收入的确认和计量

（一）保费收入确认的条件

保费收入同时满足三个条件的，才能予以确认，即：

（1）原保险合同成立并承担相应保险责任。原保险合同虽已成立，但未承担相应保险责任，在签订合同时，保险公司不能将收到的保费作为保费收入，而应作为预收款处理，待承担保险责任时再转入保费收入。

（2）与原保险合同相关的经济利益很可能流入。如果有确凿证据表明投保人不能按原保险合同规定的期限和金额缴纳保费，则不能确认保费收入。如果与原保险合同相关的经济利益流入的可能性很小，则不能确认保费收入。如赠予保险，由于不会有经济利益流入，所以公司不应确认保费收入。

（3）与原保险合同相关的收入能够可靠地计量。收入能够可靠计量，即是指收入金额能够确定。如收入金额不能确定，则不应确认保费收入。

对于非寿险原保险合同，应当根据原保险合同约定的保费总额确定保费收入。

对于寿险原保险合同，分期收取保费的，应当根据当期应收取的保费确定；一次性收取保费的，应当根据一次性应收取的保费确定。

（二）设置和运用的账户

1. "保费收入"账户

损益类账户。本账户核算企业（保险）确认的保费收入。本账户可按保险合同和险种进行明细核算。期末，应将本账户的余额转入"本年利润"账户，结转后本账户无余额。

2. "预收保费"账户

负债类账户。本账户核算企业（保险）收到未满足保费收入确认条件的保险费。本账户按投保人进行明细核算。

3. "保户储金"账户

负债类账户。本账户核算企业（保险）收到投保人以储金本金增值作为保费收入的储金。本账户可按投保人进行明细核算。

4. "退保金"账户

损益类账户。本账户核算企业（保险）寿险原保险合同提前解除时按照约定应当退还投保人的保单现金价值。本账户可按险种进行明细核算。

（三）保费收入核算的账务处理

例7.1  2008年1月10日，中国太平洋财产保险股份有限公司（简称太保公司）与投保人李静签订了一份家庭财产保险合同，保险金额为2 000 000元，保险期间为一年，保费为2 000元。合同规定，该公司自1月15日零时起开始承担保险责任。合同签订日，该公司收到全部保费并存入银行。太保公司做如下会计分录：

（1）核保前：

借：银行存款                 2 000

  贷：预收保费            2 000

（2）核保后：

借：预收保费                 2 000

  贷：保费收入            2 000

例7.2  2008年12月31日，泰康人寿保险股份有限公司与投保人张进签订了一份定期寿险保险合同，保险金额为1 000 000元，保险期间为2009年1月1日零时起至2028年12月31日24时止，保费总额为60 000元。合同生效日，该公司收到全部保费并存入银行。泰康人寿做如下会计分录：

借：银行存款                60 000

  贷：保费收入           60 000

例7.3  2008年9月30日，大地保险公司与金鑫公司签订保单，约定保费20万元，保费分期付款。签保单当日，大地保险公司收到首期保费4万元，其余16万元分8期，每期收取2万元，即以后每月底收取保费2万元，直至2009年5月30日。

收到首期保费时，大地保险公司做如下会计分录：

借：银行存款                40 000

应收保费               160 000

  贷：保费收入          200 000

2008年10月~2009年4月都按期收到保费，其会计分录如下：

借：银行存款                20 000

  贷：应收保费           20 000

假如2012年5月，大地保险公司还没有收到最后一期应收保费，已超过3年，应确认为坏账，按照批准的坏账转销凭证冲销坏账准备。则最后一期应收保费的会计分录如下：

借：坏账准备                20 000

贷：应收保费　　　　　　　　　　　　　　　　　　　　　20 000

（四）退保费核算的账务处理

CAS25 第九条规定，原保险合同提前解除的，保险人应将退保费作为支出单独核算或是直接冲减保费，计入当期损益。具体说，非寿险合同发生退保应直接冲减保费收入；寿险合同在犹豫期间发生的退保行为，应当按照合同约定将相关的保费返回保户，冲减当期保费收入。寿险犹豫期后发生的退保，按保单持有期间累积而得的保单现金价值，确认为退保费支出。

### 二、原保险合同责任准备金的确认和计量

原保险合同责任准备金包括未到期责任准备金、未决赔款准备金、寿险责任准备金和长期健康险责任准备金。其中，未到期责任准备金、未决赔款准备金适用于非寿险原保险合同；寿险责任准备金和长期健康险责任准备金适用于寿险原保险合同。

未决赔款准备金、寿险责任准备金、长期健康险责任准备金又称为保险责任准备金。

根据 CAS25 第十一条，保险人应当在确认非寿险原保险合同保费收入的当期，按照保险精算确定的金额，提取未到期责任准备金，作为当期保费收入的调整，并确认未到期责任准备金负债。

根据 CAS25 第十二条，保险人应当在确认非寿险保险事故发生的当期期末，按照保险精算确定的金额，提取未决赔款准备金，并确认未决赔款准备金负债。

根据 CAS25 第十三条，保险人应当在确认寿险保费收入的当期，按照保险精算确定的金额，提取寿险责任准备金、长期健康险责任准备金金额，并确认寿险责任准备金、长期健康险责任准备金负债。

值得注意的是，保险公司评估的责任准备金应当以分保前的金额列示，应当以从再保险接受人摊回的部分作为再保险资产列示。这一点和原来的会计处理有较大区别。未到期责任准备金是针对非寿险业务计提的，寿险责任准备金和长期健康险责任准备金是针对寿险业务计提的，而就未决赔款准备金而言，只要有未决的赔案责任就应该计提。未决赔款准备金提取的对象既包括寿险业务又包括非寿险业务，既包括 1 年期及 1 年期以内的保单，又包括 1 年期以上的保单，核算的口径与现行法规一致。未到期责任准备金核算的对象及范围，也与现行法规一致。

（一）未到期责任准备金

这是指保险人为尚未终止的非寿险保险责任提取的准备金。

1. 实质

未赚取的保费收入。

2. 提取的缘由

真实地反映保险人当期已赚取的保费收入。

3. 提取时间

在确认保费收入的当期期末提取，且需在资产负债表日重新计算确定。

4. 会计处理

例7.5 2007年11月1日，华泰财产保险股份有限公司确认宏基厂投保的货运保险合同的保费收入为9 600元；11月30日，保险公司精算部门计算确定该货运保险合同的未到期责任准备金金额为8 800元；12月31日，保险公司精算部门计算确定该货运保险合同未到期责任准备金金额为8 000元。华泰财产保险公司做如下会计分录：

（1）11月1日 确认保费收入9 600元时：

借：银行存款                                                             9 600

  贷：保费收入                                                           9 600

（2）11月30日 确认未到期责任准备金8 800元时：

借：提取未到期责任准备金                                                 8 800

  贷：未到期责任准备金                                                   8 800

（3）12月31日调减未到期准备金800（8 800 – 8 000）元时：

借：未到期责任准备金                                                       800

  贷：提取未到期责任准备金                                                 800

**（二）未决赔款准备金**

这是指保险人为非寿险保险事故已发生尚未结案的赔案而提取的准备金。

1. 实质

保险人的现时义务

2. 类别

包括已发生已报案未决赔款准备金、已发生未报案未决赔款准备金和理赔费用准备金。已发生已报案未决赔款准备金，是指保险人为非寿险保险事故已发生并已向保险人提出索赔、尚未结案的赔案提取的准备金。已发生未报案未决赔款准备金，是指保险人为非寿险保险事故已发生、尚未向保险人提出索赔的赔案提取的准备金。理赔费用准备金，是指保险人为非寿险保险事故已发生尚未结案的赔案可能发生的律师费、诉讼费、损失检验费、相关理赔人员薪酬等费用提取的准备金。

3. 提取时间

需在非寿险保险事故发生的当期提取，且需在每年年度终了进行充足性测试。

4. 会计处理

例7.6 承上例7.5，2008年10月10日，宏基厂因发生保险事故，华泰财产保险股份有限公司精算部门计算确定该货运保险合同未决赔款准备金金额为 300 000 元，其中，已发生已报案未决赔款准备金为 290 000 元、理赔费用准备金为 10 000 元。当年 12 月 31 日，甲公司精算部门计算确定该类财产保险合同未决赔款准备金金额为 310 000 元。华泰财产保险公司做如下会计分录：

（1）10 月 31 日提取未决赔款准备金 300 000 元时：

借：提取保险责任准备金 300 000
　贷：保险责任准备金 300 000

（2）12 月 31 日补提 10 000 元时：

借：提取保险责任准备金 10 000
　贷：保险责任准备金 10 000

（三）寿险（长期健康险）责任准备金

寿险（长期健康险）责任准备金是指保险人为尚未终止的寿险（长期健康险）保险责任提取的准备金。

1. 实质

保险人的现时义务

2. 提取时间

在确认保费收入的当期期末提取，且需在每年年度终了进行充足性测试。

3. 会计处理

例 7.7　2007 年 3 月 31 日，中国人寿保险公司精算部门计算确定的宏源公司投保的团体终身寿险合同寿险责任准备金金额为 1 200 000 元。中国人寿保险公司做如下会计分录：

借：提取保险责任准备金 1 200 000
　贷：保险责任准备金 1 200 000

（四）准备金充足性测试

CAS25 第十四条规定，保险人至少应当于每年年度终了，对未决赔款准备金、寿险责任准备金、长期健康险责任准备金进行充足性测试。如果准备金不足，保险合同存在损失的可能性，应当在损失发生的当期通过补提相关责任准备金的方式进行确认。

充足性测试的概念：很多现行的精算模型都有测试以确保保险负债没有被低估。测试的具体形式取决于基本的计量方法。但是目前的会计模式并不存在这些测试。如果某个承保人对于因现有合约义务而产生的重要的可以合理预计的损失没有予以确认，则会降低财务报告的可信度，因此新会计准则要求进行负债充足性测试。

### 三、原保险合同成本的确认和计量

（一）准则规定

CAS25 第十六条：原保险合同成本，是指原保险合同发生的、会导致所有者权益减少的、与向所有者分配利润无关的经济利益的总流出。

原保险合同成本主要包括：发生的手续费或佣金支出、赔付成本以及提取的未决赔款准备金、寿险责任准备金、长期健康险责任准备金等。

赔付成本包括保险人支付的赔款、给付以及在理赔过程中发生的律师费、诉讼费、损失检验费、相关理赔人员薪酬等理赔费用。

CAS25 第十七条：保险人在取得原保险合同过程中发生的手续费、佣金，应当在发生时计入当期损益。

CAS25 第十八条：保险人按照保险精算确定提取的未决赔款准备金、寿险责任准备金、长期健康险责任准备金，计入当期损益。

保险人应当在确定支付赔付款项金额的当期，按照确定支付的赔付款项金额，计入当期损益；同时，冲减相应的未决赔款准备金、寿险责任准备金、长期健康险责任准备金余额。

保险人应当在实际发生理赔费用的当期，按照实际发生的理赔费用金额，计入当期损益；同时，冲减相应的未决赔款准备金、寿险责任准备金、长期健康险责任准备金余额。

CAS25 第十九条：保险人按照充足性测试补提的未决赔款准备金、寿险责任准备金、长期健康险责任准备金，计入当期损益。

CAS25 第二十条：保险人承担赔偿保险金责任取得的损余物资，应当按照同类或类似资产的市场价格计算确定的金额确认为资产，并冲减当期赔付成本。处置损余物资时，保险人应当按照收到的金额与相关损余物资账面价值的差额，调整当期赔付成本。

CAS25 第二十一条：保险人承担赔付保险金责任应收取的代位追偿款，同时满足下列条件的，应当确认为应收代位追偿款，并冲减当期赔付成本：

（1）与该代位追偿款有关的经济利益很可能流入；

（2）该代位追偿款的金额能够可靠地计量。

收到应收代位追偿款时，保险人应当按照收到的金额与相关应收代位追偿款账面价值的差额，调整当期赔付成本。

（二）设置和运用的账户

1．"赔付支出"账户

损益类账户。本账户核算企业（保险）支付的原保险合同赔付款项和再保险合同赔付款项。本账户应按险种设置明细账。期末，应将本账户的余额转入"本年利润"账户，结转后本账户应无余额。

企业也可以单独设置"赔款支出"、"期满给付"、"年金给付"、"死伤医疗给付"、"分保赔付支出"账户。

2．"预付账（赔付）款"账户

资产类账户。本账户核算企业（保险）预先支付的赔付款。本账户按照保险人或受益人进行明细核算。

3．"应收代位追偿款"账户

资产类账户。本账户核算企业按照原保险合同约定承担赔付保险金责任后确认的代位追偿款，本账户可按被追偿单位（或个人）进行明细核算。

4．"损余物资"账户

资产类账户。本账户核算保险公司按照原保险合同约定承担赔偿保险金责任后取得的损余物资成本。本账户可按照损余物资种类进行明细核算。

（三）账务处理

例7.8　2008年2月28日，中国人寿保险公司确定应给付宏源公司职工李某投保的团体终身寿险款项80 000元，款项尚未支付。中国人寿保险公司做如下会计分录：

（1）确认应给付的赔款金额80 000元时：

借：赔付支出　　　　　　　　　　　　　　　　　　　　　　80 000
　　贷：应付赔付款　　　　　　　　　　　　　　　　　　　　　80 000

（2）同时，冲减寿险责任准备金余额80 000元：

借：保险责任准备金　　　　　　　　　　　　　　　　　　　80 000
　　贷：提取保险责任准备金　　　　　　　　　　　　　　　　　80 000

例7.9　2008年6月22日，华泰财产保险公司确定应赔偿张某投保的家庭财产保险款100 000元，款项当日以银行存款支付。2008年5月31日，华泰财产保险公司为该保险事故确认的未决赔款准备金金额为105 000元。华泰财产保险公司做如下会计分录：

（1）确认应赔偿的赔款金额100 000元：

借：赔付支出　　　　　　　　　　　　　　　　　　　　　　100 000
　　贷：银行存款　　　　　　　　　　　　　　　　　　　　　　100 000

（2）按实际赔偿的金额冲减未决赔款准备金余额100 000元：

借：保险责任准备金 100 000
　　贷：提取保险责任准备金 100 000

例7.10　2008年8月31日，中国人寿保险公司分配相关理赔人员薪酬9 300 000元，其中与寿险责任准备金有关的金额为6 300 000元，与长期健康险责任准备金有关的金额为3 000 000元。中国人寿保险公司做如下会计分录：

（1）确认理赔费用金额为9 300 000元：

借：赔付支出 9 300 000
　　贷：应付职工薪酬 9 300 000

（2）按实际发生的理赔费用金额冲减相应的责任准备金余额9 300 000元：

借：保险责任准备金——寿险责任准备金 6 300 000
　　　　　　　　　　——长期健康险责任准备金 3 000 000
　　贷：提取保险责任准备金 9 300 000

例7.11　2008年8月5日，中国平安财产保险股份有限公司与长江集团签订了一份货运险保险合同，保险金额为1 200万元。同时，收到趸交保费60万元。8月31日，按保险精算确定的结果应提取未到期责任准备金金额为55万元。9月30日，按保险精算确定的结果该货运险保险合同的未到期责任准备金金额为50万元。中国平安财产保险股份有限公司做如下会计分录：

（1）2008年8月5日确认保费收入600 000元：

借：银行存款 600 000
　　贷：保费收入 600 000

（2）8月31日提取未到期责任准备金550 000元：

借：提取未到期责任准备金 550 000
　　贷：未到期责任准备金 550 000

（3）9月30日调减未到期责任准备金50 000（550 000 - 500 000）元：

借：未到期责任准备金 50 000
　　贷：提取未到期责任准备金 50 000

例7.12　续上例7.11，设：2008年10月20日，因交通事故发生使该保险标的受损。同期，按保险精算确定的结果应提取未决赔款准备金1 100万元。经查勘，应赔偿金额为1 000万元，实际发生理赔费用为10万元；另，应收代位追偿款为30万元，实际收到28万元。保险公司做如下会计分录：

（1）2008年10月31日提取未决赔款准备金1 100万元：

借：提取保险责任准备金 11 000 000
　　贷：保险责任准备金 11 000 000

（2）支付赔款和发生理赔费用 1 010 万元：

借：赔付支出　　　　　　　　　　　　　　　　　　　　　10 100 000

　　贷：应付赔付款　　　　　　　　　　　　　　　　　　10 000 000

　　　　应付职工薪酬　　　　　　　　　　　　　　　　　　　100 000

（3）同时，冲减相应的责任准备金余额 1 010 万元：

借：保险责任准备金　　　　　　　　　　　　　　　　　　10 100 000

　　贷：提取保险责任准备金　　　　　　　　　　　　　　10 100 000

（4）承担赔款支出后确认代位追偿款 30 万元：

借：应收代位追偿款　　　　　　　　　　　　　　　　　　　300 000

　　贷：赔付支出　　　　　　　　　　　　　　　　　　　　　300 000

（5）实际收到代位追偿款 28 万元时：

借：银行存款　　　　　　　　　　　　　　　　　　　　　　280 000

　　赔付支出　　　　　　　　　　　　　　　　　　　　　　　20 000

　　贷：应收代位追偿款　　　　　　　　　　　　　　　　　　300 000

# 第三节　再保险合同的核算

　　保险公司开展业务必须考虑自身的资本金实力，谨慎控制风险累积，安排必要的风险转移措施，以保持经营稳定性，避免受到重大损失事件的冲击。由此产生了再保险业务。

　　保险公司之间的再保险关系是通过签订再保险合同确立的。

## 一、再保险合同概述

（一）概念及特征

　　再保险合同，是指一个保险人（再保险分出人）分出一定的保费给另一个保险人（再保险接受人），再保险接受人对再保险分出人由原保险合同所引起的赔付成本及其他相关费用进行补偿的保险合同。

　　再保险合同具有如下特征：

（1）它是保险人与保险人之间签订的合同；

（2）它是补偿性合同；

（3）独立于原保险合同。

（二）再保险合同基本业务

再保险合同基本业务包括分出业务与分入业务。其中，分出业务是指再保险分出公司转移出的保险业务。分入业务是指再保险分入公司接受分入的保险业务。

再保险分出业务又包括分出保费、摊回分保费用、摊回保险责任准备金、摊回赔付支出等具体业务。再保险分入业务又包括收取分保费、支付分保手续费、支付分保赔付款等具体业务。

此外，再保险接受人与再保险分出人之间还有支付和收取纯益手续费的业务。纯益手续费是指再保险接受人在其取得纯益基础上付给再保险分出人一定比例（即纯益手续费率）的报酬。"纯益"是指某个业务年度再保险分入业务获得的纯收益，即该年度分入业务收入项目合计减去支出项目合计的差额。

（三）再保险合同分类

按自留额与分保额计算的基础不同，再保险合同分为比例再保险合同和非比例再保险合同。

1. 比例再保险合同

比例再保险合同，是指以原保险合同保险金额为基础来确定分出公司自留额和分入公司分保额的再保险合同。

自留额，是指再保险分出人对于每一危险单位或一系列危险单位的责任和损失，承担自负责任的限额。分保额，是指对于再保险分出人每一危险单位或一系列危险单位的责任和损失，再保险接受人承担分保责任的限额。危险单位，是指一次保险事故可能造成的最大损失范围。不同的保险有不同的危险单位，保险人在确定其本身可以承担的最高保险责任时，用危险单位来作为计算的基础。

比例再保险合同包括成数再保险、溢额再保险两种具体方式。

（1）成数再保险合同

成数再保险合同，是指分出公司以原保险合同保险金额为基础，对每一危险单位按一定成数（固定比例）作为自留额，将其余的一定成数（固定比例）转让给分入公司，保险费和保险赔款按同一比例分摊。成数再保险合同有时还约定再保险接受人所承担分保额的最高险额。

例 7.13　一份成数再保险合同，双方约定，每一危险单位的最高限额为 500 万元，分出公司自留 40%，分入公司分入 60%，则此合同称为 60% 的成数再保险合同。若原保险合同的保险金额如下表 7.1 所示，成数再保险责任的分配也见表 7.1。

表7.1　　　　　　　　　　　　　成数再保险责任分配

单位：万元

| 原保险金额 | 自留额 | 分保额 | 其他 |
|---|---|---|---|
| ①40 | 16 | 24 | |
| ②100 | 40 | 60 | |
| ③500 | 200 | 300 | |
| ④600 | 200 | 300 | 100 |

表7.1的④中的100万元如何处理？一般会放入其他合同或安排临时再保险，否则仍由分出公司自负。

（2）溢额再保险合同

溢额再保险合同，是指分出公司以原保险合同保险金额为基础，规定每一危险单位的一定额度作为自留额，并将超过自留额的部分即溢额分给分入公司。分入公司按承担的溢额责任占保险金额的比例收取分保费，分担分保赔款和分保费用。

在溢额再保险合同中，自留额是固定的，责任比例却是不固定的。

分保额＝保险金额－自留额

自留额比例＝自留额／保险金额×100%

分保额比例＝分保额／保险金额×100%

溢额再保险合同的分入公司并不是无限度地接受分出公司的溢额责任，通常以自留额的一定倍数（或称线数）为限。整个合同容量是自留额加分保限额。

例7.14　某一溢额再保险合同分出公司的自留额为50万元，分入公司的分保限额为10线，则此合同称为10线溢额再保险合同。分保限额为500万元，合同容量为550万元。若原保险合同的保险金额如下表7.2所示，溢额再保险责任的分配也见表7.2。

表7.2　　　　　　　　　　　　　溢额再保险责任分配

单位：万元

| 原保险金额 | 自留额（自留比） | 分保额（分保比） | 其他 |
|---|---|---|---|
| ① 40 | 40（100%） | 0 | 0 |
| ②100 | 50（50%） | 50（50%） | 0 |
| ③500 | 50（10%） | 450（90%） | 0 |
| ④600 | 50（9%） | 500（91%） | 50 |

超过合同容量的 50 万元将放入其他合同或安排临时再保险，否则仍由分出公司自负。

例 7.15 某保险人与再保险人分别签订了两份货运险溢额再保险合同，危险单位可按每一船或每一航次划分。分出公司自留额为 10 万美元，第一溢额合同限额为 10 线，第二溢额合同限额为 15 线。若原保险合同的保险金额如下表 7.3 所示，溢额再保险责任的分配也见表 7.3。

表 7.3 溢额保险责任分配

单位：万元

| 项 目 \ 船 名 | A | B | C | D | 合计 |
|---|---|---|---|---|---|
| 保险总额 | 5 | 50 | 200 | 250 | 505 |
| 自留额 | 5 | 10 | 10 | 10 | 35 |
| 第一溢额分保额 | 0 | 40 | 100 | 100 | 240 |
| 第二溢额分保额 | 0 | 0 | 90 | 140 | 230 |

2. 非比例再保险合同

非比例再保险合同是指以再保险分出人赔付款金额（实际损失）为自留额和分保额计算基础的一种再保险合同。在该种再保险方式下，再保险分出人与再保险接受人并不是按照比例分配相关的保费和赔付款，而通常是规定两个限额：一是再保险分出人自己承担的赔付限额；二是再保险接受人承担的最高限额。

非比例再保险是在比例再保险承担补偿责任以后才承担补偿责任的再保险。非比例再保险合同分为超额赔款再保险合同和赔付率再保险合同。

超额赔款再保险合同：即双方签署协议，对每一危险单位损失或者一次巨灾事故的累计责任损失规定一个自赔额，自赔额以上至一定限度由分保接受人负责。前者叫做险位超赔再保险；后者叫做事故超赔再保险。

例 7.16 分出公司自赔额为 100 万元；分入公司接受大于 100 万元、小于 300 万元的赔款责任限额。假若：

其一：实际赔款额为 100 万元。分出公司自赔 100 万元。

其二：实际赔款额为 400 万元。分出公司自赔 100 万元，分入公司接受赔款责任 300 万元。

其三：实际赔款额为 600 万元。分出公司自赔 100 万元，分入公司接受赔款责任限额为 300 万元。其余 200 万元损失将放入其他合同安排，否则仍由分出公司自负。

例7.17　一次事故分出公司自赔额为500万元，分保额为400万元。假设在一次巨灾事故中有三个危险单位受损，情况一：其损失金额分别为100万元、90万元和500万元，共计690万元；情况二：其损失金额分别为300万元、500万元和550万元，共计1 350万元。

第一种情况：分出公司自赔500万元，分入公司接受赔款责任190万元。

第二种情况：分出公司自赔500万元，分入公司接受赔款责任400万元。超出的450万元损失将放入其他合同安排，否则仍由分出公司自负。

超额赔付率再保险：即以一定时期（一般为1年）的累计责任赔付率为基础计算责任限额，当实际赔付率超过约定的赔付率时，超过部分由分入公司负责一定限额。即只有在分出公司的自负赔款超过约定的赔付率时，分入公司才负责赔偿。故，正确地确定赔付率限额很重要。一般在实收保费中，营业费用占25%，净保险费占75%。因此，划分分出公司和分入公司的责任可以以75%的赔付率为准。

一般分入公司接受的限额为营业费用的两倍，即已得保费的50%。即只负责赔付率在75%～125%之间的赔款，并有金额限制，在两者中以低者为限。

### 二、再保险合同的会计处理方法

（一）预估法

预估法，是指再保险业务相关收入、费用在发生时确认。

例7.18　华泰财产保险公司与苏黎世保险公司签订再保险合同，接受苏黎世保险公司分出的原保险业务。再保险合同起期后，第一个账单期预估分保费收入680万元，预估分保手续费180万元。

（1）再保险业务相关收入、费用发生时，华泰财产保险公司的会计处理为：

借：分保费用　　　　　　　　　　　　　　　　　　　　　　　1 800 000
　　贷：应付分保账款——苏黎世保险公司　　　　　　　　　　　1 800 000
借：应收分保账款——苏黎世保险公司　　　　　　　　　　　　6 800 000
　　贷：保费收入　　　　　　　　　　　　　　　　　　　　　　6 800 000

（2）收到第一期分保业务账单，账单标明金额为：分保费收入700万，分保手续费189万元。华泰财产保险公司的会计处理为：

分保费收入调整金额 = 700 - 680 = 20（万元）

分保手续费调整金额 = 189 - 180 = 9（万元）

借：分保费用　　　　　　　　　　　　　　　　　　　　　　　　90 000
　　贷：应付分保账款——苏黎世保险公司　　　　　　　　　　　　90 000
借：应收分保账款——苏黎世保险公司　　　　　　　　　　　　　200 000

贷：保费收入                                                                       200 000

（3）以后各账单期和收到账单时均比照第（2）项进行会计处理。

（二）账单法

账单法，是指再保险业务相关收入、费用在发出或收到分保业务账单时确认。

例7.19  承上例7.18，在账单法下，没有收到分保业务账单时，华泰财产保险公司不需要进行账务处理，收到第一期账单时，直接进行如下账务处理：

借：分保费用                                                                       1 890 000

贷：应付分保账款——苏黎世保险公司                                      1 890 000

借：应收分保账款——苏黎世保险公司                                      7 000 000

贷：保费收入                                                                       7 000 000

CAS26 号要求分出业务采用预估法进行会计处理；分入业务一般采用预估法，也可以采用账单法。

再保险合同准则着重解决与再保险分出业务和分入业务有关的确认、计量和列报，尤其是分出业务的分出保费、摊回各项准备金、摊回分保费用的处理，分入业务的分保收入、分保费用、分保赔付成本的处理。

### 三、分出业务的会计核算

再保险分出业务又包括分出保费、摊回分保费用、摊回保险责任准备金、摊回的赔付支出等具体业务。即：

（1）再保险分出人应当在确认原保险合同保费收入的当期，按照相关再保险合同的约定，确定分出保费、应从再保险接受人摊回分保费用，同时确认应收分保未到期责任准备金；

（2）在提取原保险合同未决赔款准备金、寿险责任准备金、长期健康险责任准备金的当期，按照相关再保险合同的约定，确认相应的应收分保合同准备金资产，同时确认摊回保险责任准备金收入；

（3）在确定支付赔付款项金额或实际发生理赔费用的当期，按照相关再保险合同的约定，确定应从再保险接受人摊回的赔付支出等。

（一）应收分保准备金的确认

CAS26 第六条规定，原保险合同为非寿险原保险合同的，再保险分出人应当按照相关再保险合同的约定，计算确认相关的应收分保未到期责任准备金资产，并冲减提取未到期责任准备金。

再保险分出人应当在资产负债表日调整原保险合同未到期责任准备金余额时，相应调整应收分保未到期责任准备金余额。

CAS26 第八条规定，再保险分出人应在提取原保险合同未决赔款准备金、寿险责任准备金、长期健康险责任准备金的当期，按照相关再保险合同的约定，计算确定应从再保险接受人摊回的相应准备金，确认为相应的应收分保准备金资产。

1. 确认原则

应收分保准备金与有关原保险合同准备金不得相互抵消。

2. 确认方法

（1）再保险分出人应当在确认非寿险原保险合同保费收入的当期，按照相关再保险合同的约定，计算确认相关的应收分保未到期责任准备金资产，并冲减提取未到期责任准备金。

（2）再保险分出人应当在提取原保险合同未决赔款准备金、寿险责任准备金、长期健康险责任准备金的当期，按照相关再保险合同的约定，计算确定应从再保险接受人摊回的相应准备金，确认为相应的应收分保准备金资产。

例 7.20　2006 年 12 月 2 日，A 保险公司与 B 保险公司签订一份成数分保财险再保险合同，将合同规定范围内的原保险业务向 B 公司办理分保。合同约定，分保比例为 10%；分保手续费以分出保费作为计算基础，分保手续费率为 25%；合同起期日为 2007 年 1 月 1 日，保险责任期间为一年。

2007 年 1 月 1 日，A 公司就该再保险合同规定业务范围内的某企业财产保险合同确认保费收入 12 万元；1 月 31 日，A 公司就某企业财产保险合同提取未到期责任准备金 11 万元；3 月 18 日，某企业财产保险合同约定的保险事故发生，至 3 月 31 日尚未结案定损，A 公司就该合同提取未决赔偿准备金 7 500 万元。

A 公司确认应收分保准备金的会计处理为：

（1）2007 年 1 月 31 日，确认应收分保未到期责任准备金。

A 公司应确认的对 B 公司应收分保未到期责任准备金 = 11 × 10% = 1.1（万元）

借：应收分保未到期责任准备金　　　　　　　　　　　　　　11 000

　　贷：提取未到期责任准备金　　　　　　　　　　　　　　　　11 000

（2）2007 年 3 月 31 日，确认应收分保未决赔款准备金。

A 公司应确认的对 B 公司应收分保未决赔款准备金 = 7 500 × 10% = 750（万元）

借：应收分保未决赔款准备金　　　　　　　　　　　　　　7 500 000

　　贷：摊回未决赔款准备金　　　　　　　　　　　　　　　　7 500 000

3. 应收分保准备金账面余额的调整

（1）应收分保未到期责任准备金的调整。再保险分出人在资产负债表日按照保险精算重新计算确定的未到期责任准备金额与已提取的未到期责任准备金余额的差额调整未到期责任准备金余额时，应按照相关再保险合同约定，计算确定应收分保未到期责任准备金和提取未到期责任准备金的账面余额。

（2）应收分保未决赔款准备金、寿险责任准备金、应收分保长期健康险责任准备金的调整。再保险分出人对应收分保未决赔款准备金、寿险责任准备金、应收分保长期健康险责任准备金进行充足性测试而补提相关准备金时，应按照相关再保险合同约定，计算确定相关应收分保准备金的增加金额，调整增加应收分保准备金和摊回责任准备金的账面余额。

4. 应收分保准备金的冲减或转销

（1）再保险分出人在确定支付赔付款项金额或实际发生理赔费用而冲减原保险合同未决赔款准备金、寿险责任准备金、长期健康险责任准备金余额的当期，应按照相关再保险合同约定，计算确定相关应收分保准备金的相应冲减金额，冲减相关应收分保准备金和摊回责任准备金的账面余额。

（2）再保险分出人应当在原保险合同提前解除而转销相关未到期责任准备金、寿险责任准备金、长期健康险责任准备金余额的当期，转销相关应收分保准备金余额。

（二）分出保费

CAS26 第六条规定，再保险分出人应当在确认原保险合同保费收入的当期，按照相关再保险合同的约定，计算确定分出保费，计入当期损益。

例 7.21　2007 年 1 月 31 日，新华保险公司与邹某签订了一份意外伤害保险合同，保险金额为 400 万元，合同于 2007 年 2 月 1 日生效，保险期间为 1 年。邹某在合同生效当日趸交保险费 15 000 元。该份保险合同属于新华保险公司与大华公司签订的再保险合同约定的范围。再保险合同约定：每一被保险人的意外险自留额为 100 万元，大华公司的分保额最高限额为 350 万元，分保手续费率为 30%。

新华保险公司分出保费的会计处理为：

分出保费 = $[15\ 000 \times (4\ 000\ 000 - 1\ 000\ 000) \div 4\ 000\ 000]$ = 11 250（元）

借：分出保费　　　　　　　　　　　　　　　　　　　　　　11 250

　　贷：应付分保账款——大华公司　　　　　　　　　　　　　　　11 250

（三）摊回分保费用

CAS26 第七条规定，再保险分出人应当在确认原保险合同保费收入的当期，按照相关再保险合同的约定，计算确定应从再保险接受人摊回的分保费用，计入当期损益。

在原保险合同的保费收入确认的当期，原保险合同还会发生佣金支出、手续费支出、营业费用和营业税金及附加等费用支出。按照再保险合同的约定，再保险接受人应从再保险分出人摊回分保费用以弥补其发生的这些费用。

例 7.22　在例 7.21 中，新华保险公司摊回分保费用的会计处理为：

借：应收分保账款——大华公司　　　　　　　3 375（11 250×30%）

　　贷：摊回分保费用　　　　　　　　　　　　　　　　　　　　3 375

CAS26 第十三条规定，再保险分出人应当根据相关再保险合同的约定，在能够计算确定应向再保险接受人收取的纯益手续费时，将该项纯益手续费作为摊回分保费用，计入当期损益。

（四）摊回赔付成本

CAS26 第九条规定，再保险分出人应当在确定支付赔款金额的当期，按照相关再保险合同的约定，计算确定应从再保险接受人摊回的赔付成本，计入当期损益。

例 7.23　承例 7.21，2007 年 10 月 3 日，邹某发生车祸死亡，新华保险公司确认了赔付成本 400 万元，并于 10 月 21 日向邹某家属支付了保险赔款。

新华保险公司确认应摊回赔付成本时应作如下会计处理：

摊回赔付支出 = [4 000 000 × (4 000 000 − 1 000 000) ÷ 4 000 000] = 3 000 000（元）

借：应收分保账款——大华公司　　　　　　　　　　　3 000 000

　　贷：摊回赔付支出　　　　　　　　　　　　　　　　　　　　3 000 000

保险会计事务中，凡是保险事故发生后当月内保险公司能够结案定损的，一般不提未决赔款准备金。故在确认摊回赔付成本时不再转销相关的应收分保未决赔款准备金。

例 7.24　2007 年 4 月 30 日，大地公司与客户张某签订了一份人身意外伤害保险合同，保险金额为 600 万元，自 2007 年 5 月 1 日零时合同生效，保险期间为 1 年；张某于合同生效当日趸交保费 1.42 万元，大地公司开始承担保险责任并确认了保费收入。该份人身意外伤害保险合同属于大地公司与德隆公司签订的溢额再保险合同约定的业务范围。该再保险合同约定：每一被保险人的意外险自留额为 200 万元，德隆公司分保额最高限额为 500 万元，分保手续费率为 35%。2007 年 9 月 10 日，被保险人张某发生车祸死亡，大地公司确定该事故属于全额赔偿责任范围，于事故发生当月确认了赔付成本 600 万元。2007 年 9 月 30 日，大地公司向张某家属支付了保险赔款，该保险事故结案。大地公司账务处理如下：

（1）2007 年 5 月，大地公司就该业务确认应向德隆公司分出的保费金额：

1.42 × (600 − 200) ÷ 600 = 0.946 67（万元）

借：分出保费　　　　　　　　　　　　　　　　　　9 466.70

　　贷：应付分保账款——德隆公司　　　　　　　　　　　　9 466.70

（2）大地公司就该业务确认应从德隆公司摊回的分保费用金额：

0.946 67 × 35% = 0.331 23（万元）

借：应收分保账款——德隆公司　　　　　　　　　　3 312.30

　　贷：摊回分保费用　　　　　　　　　　　　　　　　　　3 312.30

（3）2007 年 9 月，大地公司就该业务确认应从德隆公司摊回的赔款金额：

600 (600 − 200) ÷ 600 = 400（万元）

借：应收分保账款——德隆公司                     4 000 000

    贷：摊回赔付支出                          4 000 000

（五）分出保费、摊回分保费用、摊回赔付成本的调整

（1）再保险分出人应当在原保险合同提前解除的当期，按照相关再保险合同的约定，计算确定分出保费、摊回分保费用的调整金额，计入当期损益。

（2）再保险分出人应当在因取得和处置损余物资、确认和收到应收代位追偿款等而调整原保险合同赔付成本的当期，按照相关再保险合同的约定，计算确定摊回赔付成本的调整金额，计入当期损益。

（3）再保险分出人与再保险接受人约定采用浮动（或累进）分保手续费方式下，再保险分出人依据合同规定在能够计算确定实际分保手续费率而调整分保手续费时，应将调整金额计入当期损益。再保险分出人确认入账的分保手续费调整金额应为经再保险接受人确认一致后的金额。

### 四、分入业务的会计核算

再保险分入业务又包括收取分保费、支付分保手续费、支付分保赔付等具体业务。即：

（1）再保险接受人应及时确认分保费收入，根据相关再保险合同的约定，确定应当从再保险分出人摊回的分保费用，并及时提取有关责任准备金；

（2）在收到分保业务账单的当期，及时核算分保赔付支出。

（一）分保费收入

1. 分保费收入的确认

CAS26 第十五条规定，分保费收入应在同时满足"再保险合同成立并承担相应的保险责任"、"与再保险合同相关的经济利益很可能流入"和"与再保险合同相关的收入能够可靠地计量"的条件时，才能予以确认。并且再保险接受人应根据再保险合同的约定，计算确定分保收入金额。

由于再保险合同一般只是规定某一时期再保险所承保的业务范围和地区范围、自留额和分保额的计算基础、分保费及手续费的计算方法等，并未明确分保费的具体金额，因此，对分保费收入的核算可采用预估法。但是，当再保险接受人不能对分保费收入进行合理估计时，应采用账单法。

2. 分保费收入的调整（仅针对预估法）

当收到该期分保业务账单时，按照账单标明的金额进行调整，将调整金额记入当期损益。

（二）分保费用

1. 分保费用的确认

CAS26 第十六条规定，再保险分出人应当在确认原保险合同保费收入的当期，按照相关再保险合同的约定，计算确定应从再保险接受人摊回的分保费用，计入当期损益。

对于纯益手续费，再保险接受人应根据再保险合同的约定，将纯益手续费作为分保费用，计入当期损益，金额为双方确认一致的金额。

2. 分保费用的调整

再保险接受人应在调整分保费收入当期，根据分保费用率或实际账单标明的分保费用金额计算调整相关分保费用，计入当期损益。

例 7.25　2008 年 6 月 30 日，甲公司与乙公司签订一份再保险合同，接受乙公司分出的原保险业务。再保险合同约定：保险责任从 2008 年 7 月 1 日到 2009 年 7 月 1 日整一年，分保比例为 20%，分保手续费为 30%。假设甲公司预估 2008 年 7 月与乙公司再保险合同项下的分保费收入金额为 800 万元。又假设甲公司于 2008 年 8 月 12 日，收到乙公司发来的分保业务账单，账单标明的分保费收入为 900 万元，分保手续费 270 万元。

2008 年 7 月 31 日，甲公司分保费收入的会计处理如下：

借：应收分保账款——乙公司　　　　　　　　　　　　　　　　8 000 000

　　贷：保费收入　　　　　　　　　　　　　　　　　　　　　　　8 000 000

借：分保费用　　　　　　　　　　　　　　　　　　　　　　　2 400 000

　　贷：应付分保账款——乙公司　　　　　　　　　　　　　　　2 400 000

2008 年 8 月 12 日，甲公司作如下调整分录：

借：应收分保账款——乙公司　　　1 000 000（9 000 000 – 8 000 000）

　　贷：保费收入　　　　　　　　　　　　　　　　　　　　　　　1 000 000

借：分保费用　　　　　　　　　　300 000（2 700 000 – 2 400 000）

　　贷：应付分保账款——乙公司　　　　　　　　　　　　　　　　300 000

（三）分入业务准备金

CAS26 第十九条规定，再保险接受人提取分保未到期责任准备金、分保未决赔款准备金、分保寿险责任准备金、分保长期健康险责任准备金，以及进行相关分保准备金充足性测试，比照《企业会计准则第 25 号——原保险合同》的相关规定处理。

即：如果原保险合同为非寿险保险合同，再保险接受人应根据本期分保费收入提取分保未到期责任准备金，作为分保费收入的调整，并确认分保未到期责任准备金负债。再保险接受人应当在资产负债表日，调整确认分保未到期责任准备金负债，作为分保费收入的调整；并在非寿险保险事故发生的当期，根据精算确定的金额提取相关的分保未决赔款准备金；并至少应当于每年年度终了，对分保未决赔款准备金进行充足性测试。

如果原保险合同为寿险保险合同，再保险接受人应当在确认寿险分保费收入的当期，根据精算确定的金额提取相关分保寿险责任准备金、分保长期健康险责任准备金；并至少应当于每年年度终了，对分保寿险责任准备、分保长期健康险责任准备金进行充足性测试。

（四）分保赔付成本的会计处理

CAS26 第二十条规定，再保险接受人应当在收到分保业务账单的当期，以账单标明的分保赔付款项金额作为分保赔付成本，计入当期损益；同时，冲减相应的分保准备金余额。

分保业务账单是保险人之间履行保险合同约定、办理再保险业务和进行再保险资金结算的主要凭证。分保业务账单一般由再保险分出公司按季度编制。为了减少付款次数和不必要的汇款费用，再保险合同双方通常约定按照账单上各项应收应付款项相抵后的净额结算。

分保业务账单格式如下：

**分保业务账单**

分出公司名称：

分入公司名称：

账单期：

业务年度：

合同名称：

币种：

| 借方 | | 贷方 | |
|---|---|---|---|
| 项目 | 金额 | 项目 | 金额 |
| 分保手续费 | | 分保费 | |
| 分保赔付费 | | | |
| 纯益手续费 | | | |
| 应付你方余额 | | 应付我方余额 | |
| 合计 | | | |
| 备注 | | | |

经办人：　　　　　复核人：　　　　　批准人：

日期：

盖章：

例 7.26　承例 7.25，假设甲公司于 2008 年 8 月 12 日，收到乙公司发来的分保业务账单，账单标明的分保赔款金额为 300 万元，甲公司已提取的相应分保未决赔款准备金为 200 万元。

甲公司的会计处理如下：

| | |
|---|---|
| 借：分保赔付支出 | 3 000 000 |
| 　贷：应付分保账款——乙公司 | 3 000 000 |
| 借：未决赔款准备金 | 2 000 000 |
| 　贷：提取未决赔款准备金 | 2 000 000 |

# 第八章

## 证券业务的核算

新《证券法》取消了对综合类和经纪类证券公司的划分，重新界定了证券公司的业务范围。与之对应，《证券公司风险控制指标管理办法》要求证券公司经营不同业务，应符合相应的净资本绝对指标和相对指标标准，以此实现证券公司业务范围与其净资本水平相匹配。《关于证券公司风险资本准备计算标准的规定》使得公司各项业务均有相应的净资本来支撑，实现了对各项业务规模的间接控制，同时直接控制部分高风险业务规模，从而建立了各项业务规模与净资本水平动态挂钩机制。随着我国证券市场的发展，通过证券会计来加强证券公司的经营管理就显得更加迫切。本章根据《企业会计准则第 22 号——金融工具确认和计量》的规范介绍证券企业会计的核算。

## 第一节　证券经纪业务的核算

证券经纪业务，是指证券公司代客户（投资者）买卖证券的活动。具体又包括代理买卖证券业务、代理兑付证券业务、代理保管证券业务。券商在开展本项业务时，不垫付资金，不赚取差价，仅仅是取得手续费（或佣金）收入。

根据《证券公司监督管理条例》第三十七条，证券公司从事证券经纪业务，应当对客户账户内的资金、证券是否充足进行审查。客户资金账户内的资金不足的，不得接受其买入委托；客户证券账户内的证券不足的，不得接受其卖出委托。第四十条规定，证券公司向客户收取证券交易费用，应当符合国家有关规定，并将收费项目、收费标准在营业场所的显著位置予以公示。

### 一、设置和运用的账户

（1）"代理买卖证券款"账户，是负债类账户，核算证券公司接受客户委托，代理买卖股票、债券、基金和其他有价证券而由客户缴存的款项，以及公司代客户认购新股的款项、代客户领取的现金股利和债券利息、代客户向证券交易所支付的配股款等。

（2）"代理兑付证券"账户，是资产类账户，核算证券公司接受客户委托，代理兑付到期的证券。本账户借方登记收到客户交来的代理兑付实物券金额，贷方登记公司向委托单位交回已兑付的实物券。借方余额，反映已兑付但未交付的债券。

如果委托单位尚未拨付兑付资金，该账户借方登记收到客户交来的代理兑付实物券金额，贷方登记向委托单位交回已兑付的债券并收回垫付的资金数。借方余额，反映企业已兑付但尚未收到委托单位兑付资金的证券余额。

本账户应按委托单位和债券种类设置明细账。

（3）"代理兑付证券款"账户，是负债类账户，核算证券公司接受客户委托，代理兑付证券而收到的委托单位预付的兑付资金。公司代理兑付无记名债券时，本账户的贷方登记收到委托单位的兑付资金，借方登记公司向委托单位交回已兑付的债券；公司代理兑付记名债券时，贷方登记收到委托单位的兑付资金，借方登记已兑付的债券本息。期末贷方余额，反映公司已收到但尚未兑付的代理兑付债券款余额。

本账户应按委托单位和债券种类设置明细账。

（4）"结算备付金"账户，是资产类账户，核算证券公司为证券交易的资金清算与交收而存入指定清算代理机构的款项。企业向客户收取的结算手续费、向证券交易所支付的结算手续费，也在本账户核算。将款项存入清算代理机构，借记本账户，贷记"银行存款"账户；从清算机构划回资金，借记"银行存款"账户，贷记本账户。期末借方余额，反映企业存入指定清算代理机构尚未使用的款项。

本账户应设置"公司"、"客户"两个明细账户。

### 二、账务处理

（一）客户证券交易保证金的核算

（1）客户以自己的名义在指定的存管银行开立交易结算资金账户后，存管银行应为证券公司开立客户交易结算资金存管专户以集中反映所有客户交易保证金情况。当开设专户并已交存款项时，做如下会计分录：

借：银行存款

　　贷：代买卖证券款——××户

（2）客户日常存款，分录同上。

（3）客户取款，做如下会计分录：

借：代买卖证券款——××户

　　贷：银行存款

（4）按季计提客户存款利息，做如下会计分录：

借：利息支出

　　贷：应付款项——应付客户资金利息

（5）客户资金专户统一结息，做如下会计分录：

借：应付款项——应付客户资金利息

　　　利息支出

　　贷：代买卖证券款——××户

（6）公司代为客户在证券交易所开设清算资金专户，将客户资金划入指定的清算代理机构，做如下会计分录：

借：结算备付金——××客户

　　贷：银行存款

（二）代理买卖证券业务的核算（一般是根据券商当日买入卖出净额进行核算）

（1）企业接受客户委托，通过上海证券交易所或深圳证券交易所买卖证券，与客户清算时，如果买入证券成交总额大于卖出证券成交总额，做如下会计分录：

借：代理买卖证券款（买卖证券成交价的差额＋代扣代缴的印花税费＋应向客户收取的手续费佣金）

　　贷：结算备付金——客户（同上）

同时，做如下会计分录：

借：手续费及佣金支出（即公司应负担的交易费用）

　　　结算备付金——自有（公司应向客户收取的手续费及佣金与公司应负担的交易费用的差额）

　　贷：手续费及佣金收入（向客户收取的手续费及佣金）

（2）公司接受客户委托，通过上海证券交易所或深圳证券交易所买卖证券，与客户清算时，如果卖出证券成交总额大于买入证券成交总额，做如下会计分录：

借：结算备付金——客户（买卖证券成交价的差额－代扣代缴的印花税费－应向客户收取的手续费及佣金）

　　贷：代理买卖证券款（同上）

同时，手续费收、支的核算同上。

例8.1　客户王红委托宏源证券公司当日买入 A 股票，卖出 B 股票。

（1）假设买入 A 股票的成交总额为 100 000 元，卖出 B 股票的成交总额为 90 000

元。应向客户收取的交易费用率为 0.2%，印花税为单边收取，税率为 0.1%。证券公司负担的交易费用率为 0.05%。

（2）假设买入 A 股票的成交总额为 95 000 元，卖出 B 股票的成交总额为 110 000元。税率、费率同上。

分析 A：买入 A 股票的成交总额为 10 万元，卖出 B 股票的成交总额为 9 万元，买入大于卖出，净额（净支出）为 1 万元。同时，券商应向客户收取的手续费为（10 万元 +9 万元）×0.2% =380 元；应向客户代收的印花税为 9 万元×0.1% =90 元；券商应支付的交易费用为（10 万元 +9 万元）×0.05% =95 元。宏源证券公司账务处理如下：

借：代理买卖证券款　　　　　　　　　　　　　　　　10 470

　　贷：结算备付金——王红　　　　　　　　　　　　　　10 470

同时做如下会计分录：

借：手续费及佣金支出　　　　　　　　　　　　　　　　95

　　　结算备付金——公司　　　　　　　　　　　　　　285

　　贷：手续费及佣金收入　　　　　　　　　　　　　　380

分析 B：买入 A 股票的成交总额为 9.5 万元，卖出 B 股票的成交总额为 11 万元，卖出大于买入，净额（净收入）为 1.5 万元。同时，券商应向客户收取的手续费为（9.5 万元 +11 万元）×0.2% =410 元；应向客户代收的印花税为 11 万元×0.1% =110元；券商应支付的交易费用为（9.5 万元 +11 万元）×0.05% =102.5 元。宏源证券公司账务处理如下：

借：结算备付金——王红　　　　　　　　　　　　　　14 480

　　贷：代理买卖证券款　　　　　　　　　　　　　　　14 480

同时做如下会计分录：

借：手续费及佣金支出　　　　　　　　　　　　　　　102.5

　　　结算备付金——自有　　　　　　　　　　　　　307.5

　　贷：手续费及佣金收入　　　　　　　　　　　　　410

（三）代理兑付证券业务的核算

代理兑付证券，是指证券公司接受委托，代理国家或企业兑付到期债券的业务。代理兑付债券业务的证券公司一般不垫付资金，而是先由债券发行人拨付一部分资金。代理兑付债券业务结束后，证券公司将已兑付的债券交付债券发行人，收取相应的手续费。

1. 接受委托代理兑付无记名证券（已拨付资金）

（1）收到委托单位拨付的兑付资金，做如下会计分录：

借：银行存款

　　贷：代理兑付证券款

（2）收到客户交来的实物券，做如下会计分录：

借：代理兑付证券

　　贷：银行存款

（3）兑付期结束，向委托单位交回已兑付的实物券，同时退还尚未使用的兑付资金，做如下会计分录：

借：代理兑付证券款

　　贷：代理兑付证券

　　　　银行存款

（4）收取代理兑付证券手续费收入，做如下会计分录：

借：银行存款

或 ：应收手续费及佣金

　　贷：手续费及佣金收入

2. 接受委托代理兑付无记名证券（未拨付资金）

（1）收到客户交来的实物券，做如下会计分录：

借：代理兑付证券

　　贷：银行存款

（2）向委托单位交回已兑付的实物券，同时收回已兑付的垫付资金，做如下会计分录：

借：银行存款

　　贷：代理兑付证券

（3）收取代理兑付证券手续费收入，做如下会计分录：

借：银行存款

或 ：应收手续费及佣金

　　贷：手续费及佣金收入

例8.2　华西证券公司代理A公司兑付到期的无记名债券（实物券），6月1日收到A公司的兑付资金1 000万元。截至6月底兑付期结束，华西证券公司兑付的债券共计1 000万元。兑付期结束，收到手续费4万元。

分析：这是一笔收到了委托单位兑付资金的代理兑付无记名债券的业务。应编制的会计分录如下：

（1）收到A公司的兑付资金时：

借：银行存款　　　　　　　　　　　　　　　　　　　　　　　　10 000 000

　　贷：代理兑付证券款——A 公司　　　　　　　　　　　　　　10 000 000

（2）兑付期结束，收到客户交来的实物券金额时：

借：代理兑付证券——A 公司　　　　　　　　　　　　　　　　10 000 000

　　贷：银行存款　　　　　　　　　　　　　　　　　　　　　　10 000 000

（3）兑付期结束，向委托单位 A 公司交回已兑付的实物券时：

借：代理兑付证券款——A 公司　　　　　　　　　　　　　　　10 000 000

　　贷：代理兑付证券——A 公司　　　　　　　　　　　　　　　10 000 000

（4）收取代理兑付证券手续费收入时：

借：银行存款　　　　　　　　　　　　　　　　　　　　　　　　40 000

　　贷：手续费及佣金收入　　　　　　　　　　　　　　　　　　40 000

3. 接受委托代理兑付记名证券

（1）收到委托单位的兑付资金，做如下会计分录：

借：银行存款

　　贷：代理兑付证券款

（2）收到客户交来的证券，做如下会计分录：

借：代理兑付证券款

　　贷：银行存款

（3）收取代理兑付证券手续费收入，做如下会计分录：

借：银行存款

或 ：应收手续费及佣金

　　贷：手续费及佣金收入

　　例8.3　联合证券公司代理兑付 B 公司记名债券（无纸化债券）。8 月 5 日收到委托单位 B 公司的兑付资金 450 万元。截至 8 月底兑付期结束，公司共兑付债券 450 万元。收到 B 公司支付的手续费 1.5 万元。

　　分析：这是一笔收到了委托单位兑付资金的代理兑付记名债券的业务。应编制的会计分录如下：

（1）收到委托单位的兑付资金时：

借：银行存款　　　　　　　　　　　　　　　　　　　　　　　4 500 000

　　贷：代理兑付证券款——B 公司　　　　　　　　　　　　　　4 500 000

（2）兑付期结束时：

借：代理兑付证券款——B 公司　　　　　　　　　　　　　　　4 500 000

　　贷：银行存款　　　　　　　　　　　　　　　　　　　　　　4 500 000

（3）收取代理兑付证券手续费收入时：

借：银行存款            15 000
 贷：手续费及佣金收入         15 000

（四）代理保管证券业务的核算

代理保管证券业务是指证券公司接受客户委托，代理保管有价证券的业务。代理保管证券业务不需要单独设置表内账户核算。不论采用何种代理保管方式，均需在专设的备查簿中记录代理保管证券的情况。代理保管证券业务的手续费收入，应在代理保管服务完成时确认为收入。

# 第二节　证券自营业务的核算

证券自营业务，是指公司以自己的名义，使用公司自有资金和依法筹资在证券交易所或场外交易市场买卖各种证券以获取利润并承担交易风险的各项业务。具体又包括买入证券业务和卖出证券业务。

根据《证券公司监督管理条例》第四十一条，证券公司从事证券自营业务，限于买卖依法公开发行的股票、债券、权证、证券投资基金或者国务院证券监督管理机构认可的其他证券。第四十四条规定：证券公司从事证券自营业务，自营证券总值与公司净资本的比例、持有一种证券的价值与公司净资本的比例、持有一种证券的数量与该证券发行总量的比例等风险控制指标，应当符合国务院证券监督管理机构的规定。

## 一、设置和运用的账户

（1）"交易性金融资产"账户，是资产类账户。本科目核算企业为交易目的所持有的债券投资、股票投资、基金投资等交易性金融资产的公允价值。本科目期末借方余额，反映企业交易性金融资产的公允价值。

本科目应当按照交易性金融资产的类别和品种，分别"成本"、"公允价值变动"进行明细核算。

（2）"公允价值变动损益"账户，是损益类账户。本科目核算企业交易性金融资产、交易性金融负债，以及采用公允价值模式计量的投资性房地产、衍生工具、套期保值业务等公允价值变动形成的应计入当期损益的利得或损失。本科目应当按照交易性金融资产、交易性金融负债、投资性房地产等进行明细核算。

（3）"投资收益"账户，是损益类账户。本科目核算企业确认的投资收益或投资损失。本科目按投资项目进行明细核算。

（4）"持有至到期投资"账户，是资产类账户。本科目核算企业持有至到期投资的摊余成本。期末余额反映企业持有至到期投资的摊余成本。

本科目应当按照持有至到期投资的类别和品种，分别"成本"、"利息调整"、"应计利息"等进行明细核算。

（5）"持有至到期投资减值准备"账户，是资产类账户。本科目核算企业持有至到期投资的减值准备。

本科目应当按照持有至到期投资类别和品种进行明细核算。

（6）"可供出售金融资产"账户，是资产类账户。本科目核算企业持有的可供出售金融资产的公允价值，包括划分为可供出售的股票投资、债券投资等金融资产。

本科目应当按照可供出售金融资产类别或品种，分别"成本"、"利息调整"、"应计利息"、"公允价值变动"等进行明细核算。

（7）"资产减值损失"账户，是费用类账户。本科目核算企业计提各资产减值准备所形成的损失。

本科目应按资产减值损失项目进行明细核算。


## 二、账务处理

（一）公司买入交易性金融资产

1. 取得时

借：交易性金融资产——成本（按公允价值计入）

　　投资收益（按相关交易费用计入）

　　　应收股利或应收利息（取得交易性金融资产所支付价款中包含的已宣告发放的现金股利或债券利息）

　　贷：结算备付金——公司

2. 在持有期间

按合同规定计算确定的利息或现金股利时，计入"投资收益"账户。

借：结算备付金——公司

　　贷：投资收益

3. 资产负债表日

交易性金融资产的公允价值高于其账面余额的差额时，

借：交易性金融资产——公允价值变动

　　贷：公允价值变动损益

交易性金融资产的公允价值低于其账面余额的差额时，

借：公允价值变动损益

　　　　贷：交易性金融资产——公允价值变动

4. 出售

出售交易性金融资产时，

　　借：结算备付金——公司（实际收到的金额）

　　（或：投资收益）

　　　　贷：交易性金融资产——成本

　　　　　　　　　　——公允价值变动

　　　　贷：投资收益

同时，借记或贷记"公允价值变动损益"科目，贷记或借记"投资收益"科目。

例8.4　中信证券公司2007年1月5日购入B债券，面值为100万元，票面利率3%，按年付息，到期还本。该债券投资划分为交易性金融资产。取得时，支付价款103万元（含已到付息期尚未支付利息3万元），另支付交易费用2万元。2007年1月10日收到已到付息期尚未支付的利息3万元；该年12月31日，B债券的公允价值为110万元。2008年10月6日将该债券处置，售价为120万元。中信证券公司进行账务处理如下：

（1）取得B债券时：

| | | |
|---|---|---|
| 借：交易性金融资产——成本 | | 1 000 000 |
| 　　投资收益 | | 20 000 |
| 　　应收利息 | | 30 000 |
| 　　　贷：结算备付金——公司 | | 1 050 000 |

（2）2007年1月10日收到已到付息期尚未支付的利息3万元：

| | | |
|---|---|---|
| 借：结算备付金——公司 | | 30 000 |
| 　　　贷：应收利息 | | 30 000 |

（3）该年12月31日（资产负债表日）用公允价值进行后续计量：

| | | |
|---|---|---|
| 借：交易性金融资产——公允价值变动 | | 100 000 |
| 　　　贷：公允价值变动损益 | | 100 000 |

（4）2008年1月10日收到2007年利息3万元：

| | | |
|---|---|---|
| 借：结算备付金——公司 | | 30 000 |
| 　　　贷：投资收益 | | 30 000 |

（5）2008年10月6日，处置B债券：

| | | |
|---|---|---|
| 借：结算备付金——公司 | | 1 200 000 |
| 　　　贷：交易性金融资产——成本 | | 1 000 000 |
| 　　　　　　　　　　——公允价值变动 | | 100 000 |

投资收益 100 000

同时做如下会计分录：

借：公允价值变动损益 100 000

　　贷：投资收益 100 000

（二）购入持有至到期的债券

1. 取得时

按投资的面值，借记"持有至到期投资——成本"；

支付的价款中包含已宣告发放债券利息，借记"应收利息"；

取得投资时，贷记"结算备付金——自有"；

按其差额，借记或贷记"持有至到期投资——利息调整"。

2. 资产负债表日

对分期付息、一次还本的债券投资：

借：应收利息（按成本和票面利率）

（或：持有至到期投资——利息调整）

　　贷：投资收益（按摊余成本和实际利率）

　　贷：持有至到期投资——利息调整（按差额）

对一次还本付息债券投资：

借：持有至到期投资——应计利息（按成本和票面利率）

（或：持有至到期投资——利息调整）

　　贷：投资收益（按摊余成本和实际利率）

　　贷：持有至到期投资——利息调整（按差额）

持有至到期的投资发生减值时：

借：资产减值损失

　　贷：持有至到期投资减值准备

已计提减值准备的持有至到期投资价值以后又得以恢复的，应在原已计提的减值准备金额内，按恢复增加的金额做会计分录：

借：持有至到期投资减值准备

　　贷：资产减值损失

3. 出售持有至到期投资

借：结算备付金——公司

　　贷：持有至到期投资——（成本、利息调整、应计利息）

借记或贷记：投资收益

同时，转销减值准备。

例 8.5 2007 年 1 月 1 日，中国银河证券公司购买了一项 5 年期的金融债券，实际支付价款为 4 400 万元，另支付了 1 万元的交易费用。该项债券投资归类为持有至到期投资进行核算和管理，该债券面值为 5 000 万元，票面利率为 5%，每年年末支付利息，发行人无权提前赎回该债务工具。中国银河证券公司做账务处理如下：

（1）取得该金融债券时：

借：持有至到期的投资——成本 50 000 000

　贷：结算备付金——公司 44 010 000

　　持有至到期投资——利息调整 5 990 000

（2）经计算，该债券的实际利率为 8%。

（3）每年年末应收到的利息、应确认的投资收益及年末摊余成本的计算如表 8.1 所示。

表 8.1　　　　每年年末应收到的利息、应确认的投资收益及年末摊余成本

单位：万元

| 年度 | 年初摊余成本 ① | 利息收入 ②＝①×8% | 现金流量 ③＝面值×5% | 年末摊余成本 ④＝①＋②－③ |
|---|---|---|---|---|
| 2007 | 4 401 | 352.08 | 250 | 4 503.08 |
| 2008 | 4 503.08 | 360.25 | 250 | 4 613.33 |
| 2009 | 4 613.33 | 369.07 | 250 | 4 732.40 |
| 2010 | 4 732.40 | 378.59 | 250 | 4 860.99 |
| 2011 | 4 860.99 | 389.01 | 250＋5 000 | 0 |

（4）每年年末（资产负债表日）

①2007 年 12 月 31 日：

借：应收利息 2 500 000

　持有至到期投资——利息调整 1 020 800

　贷：投资收益 3 520 800

②2008 年 12 月 31 日：

借：应收利息 2 500 000

　持有至到期投资——利息调整 1 102 500

　贷：投资收益 3 602 500

③2009 年 12 月 31 日：

借：应收利息 2 500 000

　　　持有至到期投资——利息调整　　　　　　　　　　　　　　　　　1 190 700
　　　　贷：投资收益　　　　　　　　　　　　　　　　　　　　　　　　　3 690 700
④2010 年 12 月 31 日：
　　借：应收利息　　　　　　　　　　　　　　　　　　　　　　　　　　2 500 000
　　　　持有至到期投资——利息调整　　　　　　　　　　　　　　　　　1 285 900
　　　　贷：投资收益　　　　　　　　　　　　　　　　　　　　　　　　　3 785 900
⑤2011 年 12 月 31 日：
　　借：应收利息　　　　　　　　　　　　　　　　　　　　　　　　　　2 500 000
　　　　持有至到期投资——利息调整　　　　　　　　　　　　　　　　　1 390 100
　　　　贷：投资收益　　　　　　　　　　　　　　　　　　　　　　　　　3 890 100

　　假设中国银河证券公司因持有能力发生变化，于 2009 年 4 月 1 日出售该债券投资，实际收到金额为 4 700 万元。做如下会计分录：

　　借：结算备付金——公司　　　　　　　　　　　　　　　　　　　　47 000 000
　　　　持有到期投资——利息调整　　　　　　　　　　　　　　　　　　3 866 700
　　　　贷：持有到期投资——成本　　　　　　　　　　　　　　　　　　50 000 000
　　　　　投资收益　　　　　　　　　　　　　　　　　　　　　　　　　866 700

　　例 8.6　2007 年 1 月 1 日，宏源证券公司以折价方式购买了甲公司发行的 5 年期金融债券，债券面值总额为 500 万元，实际支付债券款项为 488 万元，另支付手续费 2 万元。假设合同利率为 10%。宏源证券公司将购买的债券划分为持有至到期投资，初始确认该持有至到期投资时计算出实际利率为 10.53%。

　　2009 年 12 月 31 日，有客观证据表明甲公司发生了严重的财务困难，宏源证券公司据此认定对甲公司的持有至到期投资发生了减值，并预期 2010 年 12 月 31 日将收到利息 50 万元，但 2011 年 12 月 31 日仅收到本金 250 万元。

　　试确认 2009 年 12 月 31 日宏源证券公司的持有至到期投资的减值损失并编制相关会计分录。

　　分析：宏源证券公司的持有至到期投资的减值损失的确认应根据 2009 年 12 月 31 日该持有至到期投资的摊余成本与未来现金流量现值之间的差额确定。而要确认 2009 年 12 月 31 日该持有至到期投资的摊余成本，就要求计算出 2007 年、2008 年的年末摊余成本。具体处理如下：

　　2007 年年初该持有至到期投资的摊余成本为 490 万元。

　　2007 年年末该持有至到期投资的摊余成本为：

　　$490 + 490 \times 10.53\% - 500 \times 10\% = 491.597$（万元）

　　2008 年年末该持有至到期投资的摊余成本为：

$491.597 + 491.597 \times 10.53\% - 500 \times 10\% = 493.362$（万元）

2009 年年末该持有至到期投资的摊余成本为：

$493.362 + 493.362 \times 10.53\% - 500 \times 10\% = 495.313$（万元）

2009 年年末该持有至到期投资预计未来现金流量现值为：

$50 \times (1 + 10.53\%) - 1 + 250 \times (1 + 10.53\%) - 2 = 249.871$（万元）

2009 年年末该持有至到期投资的减值损失是：

$495.313 - 249.871 = 245.442$（万元）

宏源证券公司确认资产减值损失后应编制如下会计分录：

借：资产减值损失            245.442

  贷：持有至到期投资减值准备       245.442

（三）购入可供出售金融资产的核算

1. 取得时

应按可供出售金融资产的公允价值与交易费用之和，借记"可供出售金融资产——成本"；按支付的价款中包含的已宣告但尚未发放的现金股利，借记"应收股利"，按实际支付的金额，贷记"结算备付金——公司"等科目。

若是债券投资，应按债券的面值，借记"可供出售金融资产——成本"；按支付的价款中包含的已到付息期但尚未领取的利息，借记"应收利息"；按实际支付的金额，贷记"结算备付金——公司"等科目；按差额，借记或贷记"可供出售金融资产——利息调整"（这说明在此种情况下，交易费用是反映在"利息调整"里）。

2. 资产负债表日

可供出售债券为分期付息、一次还本债券投资的，应按票面利率计算确定的应收未收利息，借记"应收利息"科目；按可供出售债券的摊余成本和实际利率计算确定的利息收入，贷记"投资收益"科目；按其差额，借记或贷记"可供出售金融资产——利息调整"。

可供出售债券为一次还本付息债券投资的，应按票面利率计算确定的应收未收利息，借记"可供出售金融资产——应计利息"；按可供出售债券的摊余成本和实际利率计算确定的利息收入，贷记"投资收益"科目；按其差额，借记或贷记"可供出售金融资产——利息调整"。

可供出售权益工具投资的现金股利，应当在被投资单位宣告发放股利时计入当期损益。

资产负债表日，可供出售金融资产的公允价值高于其账面余额的差额，借记"可供出售金融资产——公允价值变动"，贷记"资本公积——其他资本公积"科目；公允价值低于其账面余额的差额，做相反的会计分录。

资产负债表日，若确定可供出售金融资产发生减值时，即使该金融资产未终止确认，原直接计入所有者权益中的因公允价值下降形成的累计损失，也应当予以转出，计入当期损益。会计分录如下：

借：资产减值损失

　　贷：资本公积——其他资本公积

　　贷：可供出售金融资产——公允价值变动

减值后恢复：

对债务工具：

借：可供出售金融资产——公允价值变动

　　贷：资产减值损失

对权益工具（且不含无报价、公允价值不能可靠计量的权益工具）：

借：可供出售金融资产——公允价值变动

　　贷：资本公积——其他资本公积

3. 出售

例 8.7　国泰君安证券公司于 2007 年 6 月 1 日购入 A 公司股票 500 000 股，按当时每股市价 8.8 元以银行存款支付 4 400 000 元，交易费用 8 800 元。初始确认时将该项投资归类为可供出售金融资产。国泰君安证券公司账务处理如下：

借：可供出售金融资产——成本　　　　　　　　　　　　4 408 800

　　贷：结算备付金——公司　　　　　　　　　　　　　　　4 408 800

例 8.8　承例 8.7，假设 2007 年 6 月 30 日 A 公司股票市价为每股 9 元，该项股票投资属于可供出售金融资产的投资，每股公允价值上涨 0.2 元，合计 100 000 元。国泰君安证券公司账务处理如下：

借：可供出售金融资产——公允价值变动　　　　　　　　100 000

　　贷：资本公积——其他资本公积　　　　　　　　　　　　100 000

假设 2007 年 12 月 31 日该股票上涨至每股 9.2 元，国泰君安证券公司账务处理如下：

借：可供出售金融资产——公允价值变动　　　　　　　　100 000

　　贷：资本公积——其他资本公积　　　　　　　　　　　　100 000

假设 2008 年 1 月 5 日以每股 9 元出售，国泰君安证券公司账务处理如下：

借：结算备付金——公司　　　　　　　　　　　　　　　4 500 000

　　资本公积——其他资本公积　　　　　　　　　　　　200 000

　　贷：可供出售金融资产——成本　　　　　　　　　　　　4 408 800

　　　　　　　　　　——公允价值变动　　　　　　　　　200 000

投资收益                                                                      91 200

例8.9 承例8.7，该可供出售投资，以公允价值计量，则可供出售金融资产的成本为4 408 800元。假设2007年6月30日该股票上涨至每股9.0元，公允价值变动100 000元计入所有者权益（即"资本公积——其他资本公积"）。假设2007年12月31日该公司因财务丑闻及财务状况恶化，股票下跌至每股8.7元，公允价值变动计入所有者权益，国泰君安证券公司账务处理如下：

借：资本公积——其他资本公积                                                 150 000

　贷：可供出售金融资产——公允价值变动                                        150 000

假设2008年6月30日，A公司因财务状况进一步恶化，股票停止交易即将退市，该投资发生严重减值，估计公允价值为每股4.5元。将原直接计入所有者权益的累计损失50 000元（150 000 – 100 000）从所有者权益中转出，连同公允价值下降的差额2 100 000元 [（8.7 – 4.5）× 500 000] 计入当期损益。国泰君安证券公司账务处理如下：

借：资产减值损失                                                           2 150 000

　贷：资本公积——其他资本公积                                                50 000

　　可供出售金融资产——公允价值变动                                       2 100 000

对于可供出售的权益性投资减值损失不得通过损益转回，而对于可供出售的债务工具投资，公允价值上升，可以通过损益转回。

根据公司执行《企业会计准则》有关核算问题的规定（中国证券监督管理委员会证监会计字 [2007] 34号文件）：证券公司持有的对上市公司具有重大影响以上的限售股权，应当作为长期股权投资，视对上市公司的影响程度分别采用成本法或权益法核算；证券公司持有的对上市公司不具有控制、共同控制或重大影响的限售股权，应当划分为可供出售金融资产；证券公司持有的集合理财产品应当划分为可供出售金融资产。

直接投资业务形成的投资，在被投资公司股票上市前，应当作为长期股权投资，视对被投资公司的影响程度分别采用成本法或权益法核算；在被投资公司股票上市后，如对被投资公司存在控制、共同控制或重大影响，应当继续作为长期股权投资，并视对被投资公司的影响程度分别采用成本法或权益法核算；如对被投资公司不具有控制、共同控制或重大影响，应当于被投资公司股票上市之日将该项投资转作可供出售金融资产，并按《企业会计准则第22号——金融工具确认和计量》进行初始及后续计量。上述划分为可供出售金融资产的投资，限售期结束后不得重新分类至其他类别金融资产。

对存在活跃市场的投资品种，如报表日有成交市价，应当以当日收盘价作为公允价值。如报表日无成交市价且最近交易日后经济环境未发生重大变化的，应当以最近交易日收盘价作为公允价值。如报表日无成交市价且最近交易日后经济环境发生了重大变化的，应当在谨慎性原则的基础上采用适当的估值技术，审慎确定其公允价值。对交易明显不活跃的投资品种，应当采用适当的估值技术，审慎确定其公允价值。

附有限售条件的股票等投资的公允价值，应当按《关于证券投资基金执行〈企业会计准则〉估值业务及份额净值计价有关事项的通知》（证监会计字［2007］21 号）中规定的原则确定。

# 第三节　证券承销业务的核算

证券承销业务，是指公司接受证券发行人的委托，代发行人发行证券的活动。按照委托程度及承销商所承担的责任不同，证券承销业务具体又包括全额包销方式的承销业务、余额包销方式的承销业务和代销方式的承销业务。其中：全额承购包销是指承销商接受发行人的全权委托，承担将本次发行的全部证券销售给投资者的职责。在该种方式中，承销商一般从发行者那里以自己的名义一次性将所发行的债券或股票全部买入，然后再将它们向社会公众出售。如果向社会公众出售的数量少于公司委托发行的数量，则余额就由承销商全部承购。余额承购包销是指承销商接受发行人的委托，代理发行人发行本次证券，如果在规定的时间内，还有剩余没有销售出去，则承销商认购全部未销售出去的证券余额。代销方式是指承销商接受发行人的委托，代理发行人发行本次证券，如果在规定的时间内，还有剩余没有销售出去，则承销商退还全部未销售出去的证券余额给发行人。

（一）设置和运用的账户

1. "承销证券"账户

资产类账户。本账户核算公司接受委托采用全额承购包销方式承销的股票、债券等证券的价值。本科目按委托单位和承销证券的种类设置明细账。期末借方余额，反映公司尚未售出的承销证券的价值。

2. "代理承销证券款"账户

负债类账户。本账户核算企业接受委托采用余额承购包销方式或代销方式承销证券所形成的应付证券发行人的承销资金。本科目按委托单位和承销证券的种类设置明细账。期末贷方余额，反映公司承销证券尚未支付给委托单位的款项。

3. "证券承销"账户

损益类账户。本账户核算公司采用全额承购包销方式承销证券的发行收入、发行成本和发行费用。采用余额承购包销方式和代销方式承销证券收取的手续费收入，以及相关的发行费用，也在本科目核算。本科目按委托单位和承销证券的种类设置明细账。期末本科目余额结转"本年利润"后应无余额。

4. "交易性金融资产"账户

资产类账户。本账户核算企业为交易目的所持有的债券投资、股票投资、基金投资等交易性金融资产的公允价值。本科目期末借方余额,反映企业交易性金融资产的公允价值。

本科目应当按照交易性金融资产的类别和品种,分别"成本"、"公允价值变动"进行明细核算。

5. "长期股权投资"账户

资产类账户。本账户核算企业采用成本法和权益法核算的长期股权投资。

本科目应当按照投资单位进行明细核算。

长期股权投资采用权益法核算的,还应当分别"成本"、"损益调整"、"其他权益变动"进行明细核算。

## 二、账务处理

**(一) 采用全额承购包销方式代发行的证券**

(1) 按承购价认购时:

借:承销证券

　　贷:银行存款

(2) 将证券按承销价转售给投资者时:

借:银行存款

　　贷:证券承销

(3) 结转售出证券的实际成本:

借:证券承销

　　贷:承销证券

(4) 承销期结束,按承购价结转未售出的证券:

借:交易性金融资产

或借:可供出售金融资产等

　　贷:承销证券

例8.10　东方证券公司接受甲公司的委托,以全额承购包销方式代理发行股票1 000万股,承购价每股5元,发行价每股5.2元。网上发行结束,共售出980万股,公司应支付上网费60 000元,未售出的2万股确定为交易性金融资产。

借:承销证券——代发行甲公司股票　　　　　　　　　　　　50 000 000

　　贷:银行存款　　　　　　　　　　　　　　　　　　　　　50 000 000

借：银行存款　　　　　　　　　　50 900 000（5.2×980 万股－6 万元）
　　贷：证券承销　　　　　　　　　　　　　　　　　　50 900 000
借：证券承销　　　　　　　　　　49 000 000（5×980 万股）
　　贷：承销证券　　　　　　　　　　　　　　　　　　49 000 000
借：交易性金融资产——成本　　　　1 000 000
　　贷：承销证券　　　　　　　　　　　　　　　　　　1 000 000

（二）采用余额承购包销方式承销的证券

1. 承销无记名证券

（1）收到委托单位委托发行的证券，只需在专设的备查账簿中记录承销证券的情况。

（2）在约定的期限内按承销价售出：

借：银行存款
　　贷：代理承销证券款

（3）未售出的部分按承销价核算：

借：交易性金融资产等
　　贷：代理承销证券款

（4）承销期结束，所集资金付给委托单位，并收取手续费：

借：代理承销证券款
　　贷：银行存款
　　贷：证券承销——承销证券手续费收入

同时，冲销备查账簿记录。

2. 承销记名证券

（1）通过证券交易所上网发行的证券

①在证券上网发行日，根据承销合同确认证券承销总额，按承销价格，在备查账簿中记录承销证券的情况。

②网上发行结束后，与证券交易所交割清算，按网上实际发行数量和承销价格计算的承销款项减去上网费用：

借：结算备付金——公司
　　　应收款项——应收代垫委托单位上网费
　　贷：代理承销证券款

③承销期结束，未售出的部分，按承销价核算：

借：交易性金融资产（可供出售金融资产）
　　贷：代理承销证券款

④将承销证券款项交委托单位，并收取手续费和代垫上网费用：

借：代理承销证券款

　　贷：应收款项——应收代垫委托单位上网费

　　　　证券承销——承销证券手续费收入

　　　　结算备付金——公司

同时，冲销备查账簿中登记的承销证券。

例8.11　东方证券公司接受乙公司的委托，以余额承购包销方式通过证券交易所上网发行其记名股票500万股，约定发行价格为每股4元，网上发行期结束，售出400万股。另代 B 公司支付上网费用24 000元，双方约定手续费率为发行额的0.3%。

（1）作备查登记。

（2）网上发行结束，与证券交易所交割清算：

借：结算备付金——公司　　　　　　15 976 000（4 000 000 股×4 元 – 24 000 元）

　　应收款项——应收代垫委托单位上网费　　　　　　　　　24 000

　　贷：代理承销证券款　　　　　　　　　　　　　　　　16 000 000

（3）承销期结束，未售出的部分，按承销价核算：

借：交易性金融资产等　　　　　　　4 000 000（100 万股×4 元）

　　贷：代理承销证券款　　　　　　　　　　　　　　　　 4 000 000

（4）将承销证券款项交委托单位，并收取手续费和代垫上网费用：

借：代理承销证券款　　　　　　　　20 000 000

　　贷：应收款项——应收代垫委托单位上网费　　　　　　　 24 000

　　　　证券承销——承销证券手续费收入　　　　　　　　　 48 000

　　　　结算备付金——公司　　　　　　　　　　　　　　19 928 000

同时，冲销备查账簿中登记的承销证券。

（2）通过柜台承销的证券

①收到委托单位委托发行的证券，只需在专设的备查账簿中记录承销证券的情况。

②在约定的期限内售出，按承销价格核算：

借：银行存款（现金）

　　贷：代理承销证券款

③未售出的部分，按承销价核算：

借：交易性金融资产（可供出售金融资产）

　　贷：代理承销证券款

④承销期结束，所集资金付给委托单位，并收取手续费：

借：代理承销证券款

　　贷：银行存款

　　　贷：证券承销——承销证券手续费收入

　　同时，冲销备查账簿记录。

　　（三）采用代销方式承销的证券

　　1. 承销无记名证券

　　（1）收到委托单位委托发行的证券，只需在专设的备查账簿中记录承销证券的情况。

　　（2）证券售出后，按约定的承销价格核算：

　　借：银行存款

　　　贷：代理承销证券款

　　（3）承销期结束，所集资金付给委托单位，并收取手续费：

　　借：代理承销证券款

　　　贷：银行存款

　　　贷：证券承销——承销证券手续费收入

　　同时，将未售出的承销证券退还委托单位，冲销备查账簿中登记的承销证券。

　　2. 承销记名证券

　　（1）通过证券交易所上网发行的证券

　　①在证券上网发行日根据承销合同确认证券承销总额，按承销价格，在备查账簿中记录承销证券的情况。

　　②网上发行结束后，与证券交易所交割清算，按网上实际发行数量和承销价格计算的承销款项减去上网费用：

　　借：结算备付金——公司

　　　　应收款项——应收代垫委托单位上网费

　　　贷：代理承销证券款

　　③将承销证券款项交委托单位，并收取手续费和代垫上网费用：

　　借：代理承销证券款

　　　贷：应收款项——应收代垫委托单位上网费

　　　　　证券承销——承销证券手续费收入

　　　　　结算备付金——公司

　　同时，将未售出的承销证券退还委托单位，冲销备查账簿中登记的承销证券。

　　例8.12　国泰君安证券公司接受A公司委托，以代销方式通过上网发行其记名股票5 000万股，约定发行价格为每股5元，网上发行期结束，售出4 800万股。另代A公司支付上网费用360 000元，双方约定手续费率为发行额的0.25%。

（1）作备查登记。

（2）网上发行结束，与证券交易所交割清算：

借：结算备付金——公司　　　203 640 000（48 000 000 股×5 元 – 360 000 元）

　　　应收款项——应收代垫委托单位上网费　　　　　　　　　360 000

　　贷：代理承销证券款　　　　　　　　　　　　　　　　　204 000 000

（3）将承销证券款项交委托单位，并收取手续费和代垫上网费用：

借：代理承销证券款　　　　　　　　　　　　　　　　　204 000 000

　　贷：应收款项——应收代垫委托单位上网费　　　　　　　　360 000

　　　证券承销——承销证券手续费收入　　　　　　　　　　　510 000

　　　结算备付金——公司　　　　　　　　　　　　　　　203 130 000

同时，将未售出的承销证券 200 万股退还委托单位，冲销备查账簿中登记的承销证券。

（2）通过柜台承销的证券

①收到委托单位委托发行的证券，只需在专设的备查账簿中记录承销证券的情况。

②证券售出，按承销价格核算：

借：银行存款（现金）

　　贷：代理承销证券款

③承销期结束，所集资金付给委托单位，并收取手续费：

借：代理承销证券款

　　贷：银行存款

　　贷：证券承销——承销证券手续费收入

同时，将未售出的承销证券退还委托单位，冲销备查账簿中登记的承销证券。

例 8.13　长江证券公司接受海鸿公司委托，采用代销方式通过证券交易所上网发行其记名股票 200 万股，发行价格为每股 5 元，网上发行期结束，共售出 180 万股。公司代垫上网费用 10 800 元，经商定手续费费率为 0.2%。

（1）作备查登记。

（2）网上发行结束，与证券交易所交割清算：

借：结算备付金——自有　　　8 989 200（1 800 000 股×5 元 – 10 800 元）

　　　应收款项——应收代垫委托单位上网费　　　　　　　　　　10 800

　　贷：代理承销证券款　　　　　　　　　　　　　　　　　9 000 000

3. 将承销证券款项交委托单位，并收取手续费和代垫上网费用：

借：代理承销证券款　　　　　　　　　　　　　　　　　9 000 000

　　贷：应收款项——应收代垫委托单位上网费　　　　　　　　　10 800

　　　　证券承销——承销证券手续费收入　　　　　　　　　　　　　18 000

　　　　结算备付金——自有　　　　　　　　　　　　　　　　　　8 971 200

　　同时，将未售出的承销证券 20 万股退还委托单位，冲销备查账簿中登记的承销证券。

# 第九章

# 所有者权益的核算

## 第一节　金融企业所有者权益概述

### 一、所有者权益的概念

所有者权益是指企业投资者对企业净资产的所有权。它来源于所有者投入的资本和直接计入所有者权益的利得和损失。在数量上它等于企业全部资产减全部负债后的差额。它表明了企业的产权关系，即谁是投资者、企业归谁所有的问题。

企业的所有者权益，主要由以下几部分组成：

（一）实收资本（股本）

实收资本是企业投资者实际投入企业经营活动中的各种财产、物资，具体包括国家投资、其他单位投资、个人投资和外商投资。股份有限公司应通过"股本"账户核算。

（二）资本公积

资本公积不同于投资人实际投入的资本，它是企业在筹集资本过程中所取得的由投入资本引起的各种增值项目。它包括资本（股本）溢价、其他资本公积等。

（三）库存股

该项目反映银行企业持有的尚未转让或注销的本公司的股份金额。

（四）盈余公积

盈余公积是企业从税后利润中提取，具有特定用途的资金，包括法定盈余公积、任意盈余公积。

（五）一般风险准备

该项目反映企业按一定比例从净利润中提取的一般风险准备金。一般风险准备是金融企业特有的所有者权益的项目。从净利润中提取的一般风险准备金，主要用于弥补金融企业的非预期损失。

（六）未分配利润

未分配利润是企业在以前各期及当期没有进行分配、留待以后年度进行分配的利润。

在我国现行的会计核算中，为了反映所有者权益的构成，将所有者权益分为实收资本（股本）、资本公积、库存股、一般风险准备、盈余公积及未分配利润几个部分，分别设置总账科目（或明细科目）进行核算，在资产负债表上，单列项目予以反映。

## 二、所有者权益与负债的区别

所有者权益和负债都是对企业资产的要求权，但所有者权益和负债之间又存在明显的区别。其主要表现是：

（一）对象不同

负债是对债权人承担的经济责任，而所有者权益是对投资者承担的经济责任。

（二）偿还期限不同

负债必须在债务到期时偿还；所有者权益一般只有在企业清算解散时（按法定程序减资等除外），其破产财产在偿付了破产费用、债权人的债务以后，如有剩余财产，才可能偿还给投资者，而在企业持续经营的情况下，一般不能收回投资。

（三）享受的权利不同

债权人只享有收回债务本金和利息的权利，无权参与企业收益的分配；企业的投资者不仅可以参与企业收益的分配，还可以参与企业的经营管理。

（四）责任不同

企业的投资对企业的债务和亏损承担无限责任或者有限责任，而债权人对企业的债务和亏损不承担任何责任。

（五）计量不同

负债是在发生时按照规定的方法单独予以计量；所有者权益不必单独予以计量，而是对资产和负债计量以后形成的结果。

# 第二节　实收资本（股本）的核算

实收资本（股本）是所有者在企业注册资本的范围内实际投入的资本。企业对实收资本（股本）的筹集应按法律、合同和公司章程规定及时进行：如果是一次筹集的，实收资本（股本）应等于注册资本；如果是分期筹集的，在所有者最后一次缴入资本后，实收资本（股本）应等于注册资本。

实收资本（股本）的大小反映了一个企业规模的大小和偿还债务的能力。我国《公司法》对各种企业注册资本的最低额做出了具体的规定。

## 一、非股份制金融企业实收资本的核算

为了反映投资者实收资本的情况，应设置"实收资本"账户。该账户属于权益类账户，用于核算金融企业实际收到投资者投入的资本。投资者可以用现金进行投资，也可以用现金以外的其他有形资产和无形资产进行投资。账户的贷方登记金融企业实际收到投资者投入的资本、按法定程序结转的资本公积、盈余公积转增资本的增加数；账户的借方一般不做记录，只在金融企业破产清理或金融企业回购股本时借记减少数；余额反映在贷方，表示金融企业实际拥有的资本金总额。投资者投入的资本，在企业经营期间，除依法转让外，一般不得抽回。该账户需按投资人情况进行明细核算。

（一）接受货币资金投入的核算

国家、企业、外商、个人以人民币现钞或银行存款进行投资时，以实际收到或者存入企业开户银行的金额作为实收资本入账。实际收到或者存入企业开户银行的金额超过其在该企业注册资本中所占份额的部分，计入资本公积。记账的会计分录为：

借：库存现金

或：存放中央银行款项

　　银行存款

　贷：实收资本——国家投资

　　　　　　——其他单位投资

　　　　　　——个人投资

（二）接受实物投资的核算

金融企业收到投资人实物形态的投资时，需要按照评估确认的价值或合同、协议约定的价值记账。当收到投资人投入的房屋、机器设备等固定资产时，借记"固定资

产"，贷记"实收资本"。若投资人投入的是商品、材料以及各种物资时，应按评估确认价值或约定的价值，借记"原材料"，贷记"实收资本"账户。

例9.1 甲金融企业收到国家投入的房屋1栋，价值2 000 000元。根据相关会计凭证做出如下会计分录：

借：固定资产 2 000 000

贷：实收资本——国家投资 2 000 000

**（三）接受无形资产投资的核算**

投资人投入无形资产，应按评估确认价值或协议约定的价值记账。首次发行股票而接受投资者投入的无形资产，应按该项无形资产在投资方的账面价值入账。

例9.2 乙金融企业收到A企业土地使用权投资，确认价值为3 300 000元。根据相关会计凭证做出如下会计分录：

借：无形资产——土地使用权 3 300 000

贷：实收资本——A企业投资 3 300 000

**（四）接受外币投资的核算**

投资者投入的外币，合同没有约定汇率的，按收到出资额当日的汇率折合；合同约定汇率的，按合同约定的汇率折合，因汇率不同产生的折合差额，作为资本公积处理。

例9.3 丙金融企业收到B外商的外币投资1 000万美元，未约定汇率，收到出资额当日的汇率为1：6.833 2。根据相关会计凭证做出如下会计分录：

借：银行存款（美元户） 68 332 000

贷：实收资本 68 332 000

"实收资本"应按投资人设置明细账，并设置相应备查簿，登记企业的法定资本金、各投资人的出资比例以及认缴资本的金额等情况。

### 二、股份制金融企业股本的核算

股份制企业与一般企业相比，最大的特点是其资本被划分为等额股份，并通过发行股票的方式来筹集资本。股票的面值与股份总数的乘积为股本，即股份制金融企业的注册资本。

（1）股份制金融企业的股本应当在核定的股本总额及核定的股份总额的范围内发行股票或由股东出资取得。当企业实际收到现金等资产时，按照实际收到的金额，借记"银行存款"等科目，按其面值和核定的股份总数的乘积计算的金额，贷记"股本"，超过面值发行取得的收入，其超过面值的部分，贷记"资本公积——股本溢价"。

例9.4 丁金融股份有限公司经批准发行普通股股票1 000 000股，股票面值为1元/股，该股票的发行价格为6元/股。根据相关会计凭证做出如下会计分录：

借：存放中央银行款项 60 000 000
　　贷：股本 1 000 000
　　　　资本公积——股本溢价 5 000 000

（2）境外上市公司以及在境内发行外资股的上市公司，按收到股款当日的汇率折合的人民币金额，借记"银行存款"；按确定的人民币股票面值和核定的股份总额的乘积计算的金额，贷记"股本"；按收到股款当日的汇率折合的人民币金额与按人民币计算的股票面值总额的差额，贷记"资本公积——股本溢价"。

例9.5　戊金融股份有限公司属中外合资公司，外资核定的股份总额为500万股，合同规定汇率为1：9.561欧元。收到股款当日的汇率为1：9.564欧元。根据相关会计凭证做出如下会计分录：

借：存放中央银行款项 47 820 000
　　贷：股本 47 805 000
　　　　资本公积——股本溢价 15 000

### 三、实收资本（股本）变动的核算

按《金融企业会计制度》规定，企业资本（或股本）除下列情况外，不得随意变动：一是符合增资条件，并经有关部门批准增资的，在实际取得股东的出资时，登记入账；二是企业按法定程序报经批准减少注册资本的，在实际返还投资时登记入账。若采用收购本企业股票方式减资的，在实际购入本企业股票时，登记入账。

（一）实收资本（股本）增加的核算

金融企业增加资本的途径主要有三条：一是将资本公积转为实收资本，会计处理应借记"资本公积"账户，贷记"实收资本"账户；二是将盈余公积转为实收资本，会计处理应借记"盈余公积"账户，贷记"实收资本"账户；三是所有者投入，企业在收到投资者投入生产的资金时，借记"银行存款"、"固定资产"、"原材料"等账户，贷记"实收资本"账户。

金融企业增加资本是有条件的，不能随意变动资本。一般企业增加股本，只要通过股东会议（但必须经过代表2/3以上表决权的股东通过），并修改公司章程即可。

股份制金融企业增加股本应符合以下条件：①前一次发行的股份已经募足，并间隔一年以上；②最近三年内连续盈利，并可向股东支付股利；③最近三年内，财务会计文件无虚假记载；④预期利润率可达同期银行存款利率；⑤经股东会议决议，同意并修改公司章程。

金融企业发行的可转换债券，按规定转为股本时，可转换债券持有人可将其持有的债券转换为股票，股份制金融企业应按转换增加的股票面值作为股本入账。债券转换为股本时，按该债券的面值，借记"应付债券——债券面值"账户；按未摊销的溢价或折价，借记或贷记"应付债券——债券溢价、债券折价"账户；按已提利息，借记"应付债券（应计利息）"账户；按股票面值和转换的股数计算的股票面值总额；贷记"股本"账户；按实际用现金支付的不可转换股票的股份，贷记"现金"账户；按其差额，贷记"资本公积"账户。

（二）实收资本（股本）减少的核算

金融企业的实收资本不能随意减少，股东在存续期内不能抽回投资。资本减少应符合的条件：①企业（包括一般金融企业和股份制金融企业）减资，应事先通知所有债权人，债权人无异议方允许减资；②经股东会决议同意，并经有关部门批准；③企业减资后的注册资本不得低于法定注册资本的最低限额。

金融企业实收资本减少的原因主要有两种：一是资本过剩；二是企业发生重大亏损，短期内无力弥补而需要减少实收资本。

1. 一般金融企业实收资本减少的核算

企业因资本过剩而减资，一般要返还现金。一般金融企业减少实收资本时，按发还投资的数额，借记"实收资本"账户，贷记"银行存款"等账户。

2. 股份制金融企业股本减少的核算

股份制金融企业由于采用的是发行股票的方式筹集股本，发还股款时，则要收购发行的股票。发行的股票的价格与股票的面值可能不同，收回股票的价格也可以与发行价格不同，会计核算比较复杂。由于股本科目是按股票的面值登记的，收购本企业股票时，亦应按面值注销股本。超出面值付出的价格，可区别情况处理；收购的股票凡属溢价发行的，首先冲销溢价收入（资本公积），其不足部分，凡提有盈余公积的，冲销盈余公积；如盈余公积仍不足以支付收购款的，冲销未分配利润。凡属按面值发行的，直接冲销盈余公积和未分配利润。

例9.6　A金融股份有限公司经批准收回公司面值为1元的普通股股票1 000 000股，用以减少股本。该股票的发行价格为1.20元/股。收回股票的价格为1.30元/股。根据相关会计凭证做出如下会计分录：

（1）收回股票时：

借：库存股——减资股　　　　　　　　　　　　　　　　　　1 300 000

　　贷：银行存款　　　　　　　　　　　　　　　　　　　　　　　1 300 000

（2）注销股票时：

库存股面值 = $1 \times 1\ 000\ 000 = 1\ 000\ 000$（元）

冲销股本溢价 = $0.2 \times 1\ 000\ 000 = 200\ 000$（元）

冲销盈余公积 = $300\ 000 - 200\ 000 = 100\ 000$（元）

借：股本——普通股          1 000 000
  资本公积——股本溢价       200 000
  盈余公积           100 000
 贷：库存股——减资股        1 300 000

# 第三节　资本公积的核算

## 一、资本（股本）溢价的核算

（一）资本溢价的核算

在两个以上投资者合资经营的金融企业中，投资者依其出资份额对金融企业经营决策享有表决权，依其所认缴的出资对企业承担有限责任。为明确记录投资者认缴出资额，真实地反映各投资者对企业享有的权利与承担的义务，会计上设置了"实收资本"账户，核算投资者按照合同协议或公司章程所规定的出资比例实际缴付的出资额。在金融企业创立时，出资者认缴的出资额全部记入"实收资本"账户。如有新的投资者加入时，为了维护原投资者的利益，新加入的投资者的出资额并不一定全部作为实收资本处理。这是因为，在金融企业正常经营过程中投入的资金，即使与开始时投入的资金在数量上一致，其获利能力却不一样。在正常情况下，资本利润率是以新创时必要的垫支资本带来的，企业的创办者为此付出了代价。所以相同数量的投资，由于出资时间不同，其对金融企业的影响程度不同，由此而带给投资者的权利不同。所以新加入的投资者要付出大于原有投资者的出资额，才能取得与原有投资者相同的投资比例。另外，不仅原投资者的投资在质量上发生了变化，就是在数量上也发生了变化，这是因为金融企业经营过程中的一部分利润留存在企业，形成留存收益。而留存收益也属所有者权益，但未转入实收资本，新加入的投资者和原投资者共享这部分留存收益，也要求新加入的投资者付出大于原有投资者的出资额，才能取得与原有投资者相同的投资比例。投资者投入的资本等于按其股本的比例计算的出资额，应记入"实收资本"账户，超出部分应记入"资本公积"账户。

例9.7　B金融企业成立时，由甲、乙、丙三方各出资500万元，实收资本共计1 500万元。经营三年之后，该企业留存收益为500万元，这时又有丁投资者参加投资。经董事会讨论后，丁出资800万元，仅占该企业股份的25%，而注册资本增资500万元。根据相关会计凭证做出如下会计分录：

借：存放中央银行款项　　　　　　　　　　　　　　　8 000 000
　　贷：实收资本　　　　　　　　　　　　　　　　　　5 000 000
　　　　资本公积——资本溢价　　　　　　　　　　　　3 000 000

2. 股本溢价的核算

股份制金融企业以发行股票的方式筹集资本。股票是企业签发的证明股东按其所持有股份分享权利和承担义务的书面证明。股票的种类很多，其中按其是否有面值，可分为有面值和无面值股票，而我国目前只能发行有面值股票。由于各种原因，股票面值与股票发行价格可能一致，也可能不一致。按与股票面值相同的价格发行股票，称面值发行；按超出股票面值的价格发行股票，称溢价发行；按低于股票面值的价格发行股票，称折价发行。我国目前不允许折价发行股票。

由于股东按其所持企业股份享有权利和承担义务，为了反映和便于计算其股份与企业全部股本的比例，企业股本总额应按股票的面值与股份总数的乘积计算。国家规定股本应与注册资本一致。因此，在面值发行的情况下，金融企业发行股票取得的价款，全部记入"股本"账户。在溢价发行股票的情况下，金融企业发行股票取得的价款，相等于股票面值部分记入"股本"账户，超出股票面值的溢价部分记入"资本公积"账户。对于委托证券商代理发行股票而支付的手续费、佣金等，应从溢价发行收入中扣除，金融企业应按扣除手续费、佣金后的数额登记"资本公积"账户。在面值发行股票的情况下，金融企业没有溢价收入，企业将发行的全部收入记入"股本"账户，支付发行股票的费用作递延资产处理。

例 9.8　C 股份制金融企业以发行股票的方式筹集股本，其委托从事证券业务的金融企业代理发行普通股 1 亿股，每股面值 1 元。与受托单位约定，按发行收入的 1% 收取手续费，从发行收入中扣除。如按面值发行，收到受托单位交来款项时，做出如下会计分录：

借：存放中央银行款项　　　　　　　　　　　　　　　99 000 000
　　　递延资产　　　　　　　　　　　　　　　　　　　1 000 000
　　贷：股本　　　　　　　　　　　　　　　　　　　100 000 000

如以每股 1.2 元的价格发行，则会计分录为：

借：存放中央银行款项　　　　　　　　　　　　　　　118 800 00
　　贷：股本　　　　　　　　　　　　　　　　　　　100 000 000
　　　　资本公积——股本溢价　　　　　　　　　　　　18 800 000

（二）其他资本公积的核算

其他资本公积主要包括以下内容：

1. 享有被投资单位资本公积变动的份额

在长期股权投资采用权益法进行核算时，被投资单位资本公积发生变动，金融企业按持股比例计算应享有的份额，记入"其他资本公积"。

在金融企业长期股权投资采用权益法核算时，长期股权投资账面余额应随着被投资企业所有者权益的变动而变动，所以，当被投资单位因增资扩股等原因增加资本公积时，其所有者权益便得到了相应增加，这样，企业就应按其在被投资企业注册资本中所占的投资比例计算并调增长期股权投资账面价值，并相应调增资本公积。

根据长期股权投资权益法核算的基本方法，被投资企业因增资扩股等原因增加资本公积的，金融企业应按其在被投资企业注册资本中所占的投资比例计算其应享有的份额，借记"长期股权投资——股票投资（其他权益变动）"账户，贷记"资本公积——其他资本公积"账户。

2. 自用房地产或存货转换为投资性房地产的公允价值与账面价值的差额

当金融企业将自用房地产或存货转换为采用公允价值模式计量的投资性房地产时，转换当日的公允价值大于原账面价值的差额，应记入"其他资本公积"；处置该项投资性房地产时，应转销与其相关的其他资本公积。

3. 持有至到期投资转换为可供出售金融资产时公允价值与账面价值的差额

当金融企业将持有至到期投资转换为可供出售金融资产时，转换当日，该项持有至到期投资的公允价值与其账面价值的差额，应记入"其他资本公积"；将可供出售金融资产转换为持有至到期投资，与其相关的原记入"其他资本公积"的余额，应在该项金融资产的剩余期限内进行摊销。

4. 可供出售金融资产的公允价值的变动

金融企业可供出售金融资产的公允价值高于其账面价值的差额，记入"其他资本公积"的借方，增加资本公积；金融企业可供出售金融资产的公允价值低于其账面价值的差额，记入"其他资本公积"的贷方，减少资本公积。

5. 以权益结算的股份支付

金融企业以权益结算的股份支付换取职工或其他方提供服务的，应按权益工具授予日的公允价值记入"其他资本公积"；在行权日，应按实际行权的权益工具数量计算确定的金额，转为实收资本和资本溢价。

资本公积（资本溢价或股本溢价）主要用于转增资本。

# 第四节　留存收益的核算

留存收益是指归所有者共有的，由收益转化而形成的所有者权益。它主要包括法定盈余公积金、任意盈余公积金、未分配利润和一般风险准备。

## 一、盈余公积的核算

盈余公积是为了保证金融企业持续经营，维护债权人利益而提取的留存收益，包括法定盈余公积金、任意盈余公积金。

### （一）法定盈余公积金和任意盈余公积金的核算

法定盈余公积金，是金融企业按规定标准从净利润中提取的积累基金；任意盈余公积金，是指金融企业经股东大会或类似机构批准按照规定的比例从净利润中提取的盈余公积金，主要用于企业弥补亏损或转增资本金。当提取的法定盈余公积金达到注册资本的50%时，可不再提取。法定盈余公积金可转增资本金，但转增资本金后，法定盈余公积金不得低于注册资本的20%。在特定的情况下，盈余公积金还可以用于企业发放股利。

（1）提取法定盈余公积金和任意盈余公积金的核算

按规定标准提取法定盈余公积金和任意盈余公积金时，做出如下会计分录：

借：利润分配——提取法定盈余公积
　　　　　　——提取任意盈余公积
　贷：盈余公积——法定盈余公积
　　　　　　——任意盈余公积

（2）盈余公积补亏的核算

以盈余公积弥补亏损时，做出如下会计分录：

借：盈余公积
　贷：利润分配——盈余公积补亏

（3）盈余公积转增资本金的核算

盈余公积转增资本金的会计分录已在前面叙述，此处不再重复。

### （二）未分配利润的核算

未分配利润是金融企业税后净利润的一种留存收益形式。它由两个方面的概念组成：一是这部分留存收益还未分配给企业的投资者，二是这部分留存收益还未指明一定的用途。未分配利润属所有者权益。当年未分配完的利润可以留待以后年度再分配，也可以用于企业弥补今后的亏损。金融企业在"利润分配"账户下设"未分配利润"明细账户进行核算。其账务处理如下：

（1）年度终了，金融企业要将全年实现的利润总额从"本年利润"账户转"利润分配"账户。其会计分录为：

借：本年利润

　　贷：利润分配——未分配利润

如企业发生亏损，会计分录相反。

同时，将"利润分配"账户中各明细账户的余额转入"未分配利润"明细账户。其会计分录为：

借：利润分配——未分配利润

　　贷：利润分配——其他明细科目

"利润分配——未分配利润"账户的余额在贷方，表示历年积累的未分配利润；如为借方金额，表示历年未弥补的亏损。

（2）金融企业在年度终了后，发现以前年度需要调整的会计事项，如果涉及以前年度损益，应通过"未分配利润"明细账户调整，而不得增减本年度的利润。

调整增加的上年利润或减少上年的亏损，其调整账务分录为：

借：有关科目

　　贷：利润分配——未分配利润

调整减少上年利润或调整增加上年的亏损，其会计分录为：

借：利润分配——未分配利润

　　贷：有关科目

例 9.9　D 股份制金融企业当年实现净利润 100 万元，按法定程序提取法定盈余公积 10 万元，提取任意盈余公积 5 万元，宣布向投资人分配现金 60 万元。其会计分录为：

借：利润分配——提取法定盈余公积　　　　　　　　　　　　100 000

　　　　　　——提取任意盈余公积　　　　　　　　　　　　 50 000

　　　　　　——应付现金股利　　　　　　　　　　　　　　600 000

　　贷：盈余公积——法定盈余公积　　　　　　　　　　　　100 000

　　　　　　　　——任意盈余公积　　　　　　　　　　　　 50 000

　　　　应付股利　　　　　　　　　　　　　　　　　　　　600 000

结转全年实现的净利润额：

借：本年利润　　　　　　　　　　　　　　　　　　　　　1 000 000

　　贷：利润分配——未分配利润　　　　　　　　　　　　　　　1 000 000
　结转全年利润的分配额：
　借：利润分配——未分配利润　　　　　　　　　　　　　　　　750 000
　　贷：利润分配——提取法定盈余公积　　　　　　　　　　　　100 000
　　　　　　——提取任意盈余公积　　　　　　　　　　　　　　50 000
　　　　　　——应付现金股利　　　　　　　　　　　　　　　　600 000

（三）一般风险准备的核算

　　一般风险准备是金融企业特有的内容，它从净利润中提取，主要用于弥补金融企业的非预期损失。一般风险准备不能用于企业分红，也不能转增资本。

　　（1）从事存贷款业务的金融企业，从净利润中提取一般准备，主要用于弥补企业的非预期损失。

　　（2）从事保险业务的金融企业，从净利润中提取总准备金，主要用于巨灾补偿，如冰雹灾害、地震灾害、核电站灾害等的补偿。

　　（3）从事证券业务的金融企业，从净利润中提取一般风险准备金，主要用于弥补证券交易的损失。

　　按一定比例提取一般风险准备时，会计分录如下：

　借：利润分配——提取一般风险准备
　　贷：一般风险准备

　用一般风险准备弥补亏损时，会计分录如下：

　借：一般风险准备
　　贷：利润分配—— 一般风险准备补亏

　保险企业用总风险准备金进行巨灾补偿时，会计分录如下：

　借：一般风险准备
　　贷：银行存款

# 第十章

## 金融资产转移及资产证券化业务的核算

在《信贷资产证券化试点会计处理规定》的基础上，2006 年 2 月 15 日财政部颁布了《企业会计准则第 23 号——金融资产转移》。该准则的出台较系统、全面地解决了包括资产证券化在内的金融资产转移的会计处理问题。

## 第一节　金融资产转移及资产证券化概述

### 一、金融资产转移概述

（一）金融资产转移的概念

金融资产转移，是指企业（转出方）将金融资产让与或交付给该金融资产发行方以外的另一方（转入方）。这里所指的金融资产，既包括单项金融资产，也包括一组类似的金融资产；既包括单项金融资产（或一组类似金融资产）的一部分，也包括单项金融资产（或一组类似金融资产）的全部整体。

（二）金融资产转移的内容

根据《企业会计准则第 23 号——金融资产转移》的规定，企业金融资产转移，包括下列两种情形：

（1）将收取金融资产现金流量的权利转移给另一方；

（2）将金融资产转移给另一方，但保留收取金融资产现金流量的权利，并承担将收取的现金流量支付给最终收款方的义务，同时满足下列条件：

①从该金融资产收到对等的现金流量时，才有义务将其支付给最终收款方；

②根据合同约定，不能出售该金融资产或以其作为担保物，但可以将其作为对最终收款方支付现金流量的保证；

③有义务将收取的现金流量及时支付给最终收款方。

金融资产转移包括金融资产整体转移和部分转移。金融资产部分转移，包括下列三种情形：

（1）将金融资产所产生现金流量中特定、可辨认部分转移，如企业将一组类似贷款的应收利息转移等；

（2）将金融资产所产生全部现金流量的一定比例转移，如企业将一组类似贷款的本金和应收利息合计的一定比例转移等；

（3）将金融资产所产生现金流量中特定、可辨认部分的一定比例转移，如企业将一组类似贷款的应收利息的一定比例转移等。

其他金融资产转移的情形适用于金融资产整体转移。

## 二、资产证券化概述

### （一）资产证券化的概念

资产证券化是指把缺乏流动性，但具有预期稳定现金流的资产集中起来，形成一个资产池，通过一定的金融结构安排，对资产中的风险和收益进行分离组合，进而转换成可以在金融市场上出售和流通的证券并据以融资的过程。

资产证券化实质上是对证券化资产的风险及收益在发起人、发行人、信用担保机构及投资者等参与主体之间进行分离与重组。

### （二）资产证券化的特征

**1. 资产证券化以证券化资产所产生的未来现金流为支撑发行证券**

资产证券化表面上是以资产本身为支撑发行证券，但实际上是以资产所产生的未来现金流为支撑的。比如信贷资产证券化就是以贷款将来收回时的现金流为支撑发行证券；收益权的资产证券化是以将来获取的收益为支撑发行证券。因此，证券化资产具有预期可见的稳定的现金流是资产证券化的先决条件。

**2. 资产证券化的关键技术是破产隔离和信用增级**

破产隔离是指当发起人破产清算时，证券化资产将不列入清算范围，以确保证券化资产及其产生的现金流免受发起人任何不测事件所造成的不利影响，从而达到保护投资者的目的。

信用增级是运用各种有效手段和金融工具，来提高资产支持证券的信用等级。为了吸引更多的投资者并降低发行成本，必须对整个资产证券化交易进行信用增级，以提高所发行证券的信用级别。通过信用增级，资产池本身的偿付能力与发起人的资信水平分割开了，这样就可以缩小发行人限制与投资者需求之间的差异，使得证券的信用质量和现金流的时间性与确定性能更好地满足投资者的需要，同时满足发行人在会计、监管和融资目标方面的需求。

（三）资产证券化的意义

资产证券化自 20 世纪 70 年代产生于美国后，经历了 30 多年的发展，资产证券化已在 21 世纪的国际金融领域占据了重要位置。它是当代金融业发展的大趋势，更是商业银行等金融机构在竞争中所必备的技术。资产证券化无论对于发起人还是投资者或是整个宏观经济而言，都有着重要意义。

1. 资产证券化对发起人的意义

（1）增强资产的流动性，提高资本利用率。资产证券化最基本的功能是增强资产的流动性。发起人通过资产证券化将流动性较低但具有预期稳定现金流的资产转移给特殊目的实体（SPV）而获得对价，从而提高了资产的流动性。资产流动性的提高也就意味着资本利用率的提高。发起人通过资产证券化获得了资金，促进了资金的周转。

（2）实现低成本融资。传统的融资方式是以融资方的整体信用为支持的，而资产证券化是一种资产支持融资。资产证券化可以通过破产隔离机制的设计，再辅以信用增级等手段，使得发行的证券的信用级别独立于融资方的信用级别，大大提高证券的信用级别。也就是说，即使发起人的信用级别并不高，进行资产证券化的证券也可以有较高的信用级别。信用级别的提高必然使得投资者要求的回报率降低，所以融资成本也就降低了。

（3）增加收入来源。在资产证券化中，服务商通常由发起人担任，使得发起人可以通过收付款等途径获取报酬，增加新的收入来源。

2. 资产证券化对投资者的意义

（1）提供多样化的投资品种。根据投资者对风险、收益和期限等的不同偏好，资产证券化产品对基础资产的现金流进行重组，使本金与利息的偿付机制发生变化，以满足各种投资者的需求。

（2）提供更多的合规投资。资产证券化可以为那些在投资品种上受到诸多限制的机构投资者提供更多的合规投资。由于组成资产池的资产大部分都是优质资产，且有完善的信用增级，因此所发行证券的风险通常很小，而收益却相对比较高，并且在二级市场上具有较高的流动性。

3. 资产证券化对宏观经济的意义

（1）提供新的投融资途径。资产证券化是一种金融创新工具，通过这种新的金融安排，在资金的供需双方建立了新的沟通桥梁，提供了新的选择，使资金的供需双方和整个金融市场与经济体趋于帕累托优化。

（2）提高资本配置的有效性。资产证券化通过自身独特的流动性设计和标准化证券产品设计，使得市场流动性增强，资金来源大大拓展。

（3）提高金融系统的安全性。通过资产证券化，能够将积压在银行体系的房地产贷款、不良资产等风险合理配置给社会各个层次的投资者，可以有效地避免诸如经济周期波动等风险。

### 三、金融资产转移与资产证券化的关系

资产证券化的操作对象是金融资产和金融负债。在新会计准则体系中，财政部借鉴国际会计准则，结合我国的实际情况，制定了《企业会计准则第 23 号——金融资产转移》，它规范了金融资产转移的确认和计量，解决了当前资产证券化、信托、债券买断式回购等会计处理的难题。

目前我国金融企业金融资产转移的最新工具是（信贷）资产证券化，例如国家开发银行"2005 年第一期开元信贷资产支持证券"、中国建设银行"建元 2005-1 个人住房抵押贷款支持证券"等都属于金融资产转移。《企业会计准则第 23 号——金融资产转移》是专门为规范资产证券化的会计处理而发布的，在《信贷资产证券化试点会计处理规定》的基础上，做出了更为完善的规定，系统全面地解决了包括资产证券化在内的金融资产转移的会计处理问题。以资产证券化为代表的金融工具转移业务，将会是我国未来相当长一段时间内金融资产转移的重要内容。

# 第二节　发起人的会计确认、计量与记录

### 一、发起人的确认

确认，是将一个项目作为一项资产、负债、收入、费用等正式记录并列入财务报表的过程。就资产或负债而言，确认不仅含有记录该项目的取得或发生（初始确认），还要记录它后来的变动（后续确认），以及应从财务报表中消除其后果的变动（终止确认）。

金融资产转移的会计确认问题的核心即是否终止确认的问题。对金融资产终止确认的判断标准，国际会计准则和美国财务会计准则经历了由风险与报酬分析法到金融合成法再到继续涉入法的发展过程。

（一）风险与报酬分析法（Risk and Reward Approach）

风险与报酬分析法是指金融资产和金融负债相关的风险和报酬是否已经全部实质性地被一个企业所放弃或由另一个企业所承受的判断方法。

企业会计准则首先借鉴了风险与报酬分析法的终止确认标准。《企业会计准则第23号——金融资产转移》第七条规定：企业已将金融资产所有权上几乎所有的风险和报酬转移给转入方的，应当确认该金融资产；保留了金融资产所有权上几乎所有的风险和报酬的，不应当终止确认该金融资产。

针对资产证券化的具体做法是：当发起人实质上转让了与资产相关的几乎所有风险和报酬时，证券化交易被视为销售，证券化资产将被停止确认并移出资产负债表，通过证券化所募集的资金则作为转让资产的收入，同时还要确认相关损益；但若发起人仍保留转让资产实质上几乎所有的风险和收益时，证券化交易被视为担保融资，证券化资产仍继续在发起人资产负债表中确认为一项资产，通过证券化所募集资金被确认为发起人的负债。

风险报酬法强调，只有当与某项金融资产相关的风险与报酬实质上发生转移时，出让方才终止确认该资产，这体现了"实质重于形式"的会计原则。

在风险和报酬分析法下，金融工具及其附属的风险和报酬被看成是一个不可分割的整体。它只反映了风险和报酬完全转移以及完全没有转移这两种极端的情况。如果金融资产的转移方保留了与金融资产相关的一部分风险和报酬，则转移方在其资产负债表上仍然要继续确认这项资产，从而把因金融资产的转移得来的现款视为抵押借款性质的融资负债。

会计资产定义中核心的要求是会计主体拥有对某一项目的控制权。在简单交易情况下，控制某项资产与从相应资产中承担相关的风险与收益是同等的概念。但是，在证券化交易中，由于存在复杂的合约安排，使控制权与风险、收益相分离。在这种情况下，根据风险与报酬法判定的结果，有可能不符合资产确认的原则。比如，资产证券化发起人为了保证证券化的实现，通常采取保留基础资产中的部分风险和义务的方法来提高证券的信用等级，如提供金融服务、发起人持有次级证券等方式，这些金融工具通常都隐含着多种合约，以便将基础金融资产组合的风险和收益分散到多方参与者中。这时，如果以与资产证券化交易有关的风险和报酬是否完全转移为标准，资产证券化交易就不能作为销售处理。但是风险和报酬在包括发起人在内的相关经济利益个体之间分散是资产证券化的典型特征，有时发起人保留部分风险和收益，并不能否认其基础资产已经销售的事实。所以当资产证券化交易包含多项分散风险和报酬的合约时，运用风险报酬法就不能真实、全面地反映会计信息。

（二）金融合成法（Financial Component Approach）

针对风险与报酬分析法的缺陷，美国财务会计准则委员会（FASB）颁布的第 140 号财务会计准则（FAS140）和国际会计准则理事会（IASC）颁布的国际会计准则第 39 号（IAS 39）《金融工具：确认和计量》开始采用金融合成分析法来解决资产证券化的会计确认和计量问题。

金融合成分析法将已经确认过的金融资产的终止确认问题与金融资产的转让合约所产生的新的金融工具的确认问题区分开来。对于已经确认过的金融资产的终止确认，其按照发起人是否放弃控制权来判断金融资产转让交易是销售行为还是融资行为。只要金融资产转让交易发生后，转让人（出让人）放弃了对所转让金融资产的控制权，该金融资产转让交易就可被认为是销售交易，所转让的金融资产就应该终止确认；反之，应被视为抵押担保融资，其所转让的金融资产就不能终止确认，而是继续保留在转让人的资产负债表中。

例如，假设甲公司将 400 万元的应收账款转移给乙公司以交换急需的现金 396 万元；但甲公司仍要承担应收账款不能收回的损失。双方为此签订了转移交易合同，并为甲公司应承担的损失额规定的上限是 300 万元。

这笔交易的明显结果是，甲公司失去了对这组应收账款的控制权，而由乙公司来接管催收。同时，甲公司根据转移合同承担了大部分坏账损失的风险即坏账损失的担保责任——金融负债。相应地，乙公司也拥有了一项由甲公司提供的赔偿损失担保的合同权利——金融资产。

这笔交易的会计处理，按照金融合成分析法，甲公司应终止确认这组应收账款，把它们从资产负债表上剔除；同时，按照转移合同确认相应的坏账损失的担保责任（金融负债）。乙公司则由于获得了对应收账款的控制权，因而要在其资产负债表上确认这项资产，同时将由甲公司提供坏账损失赔偿的担保合同权利确认为一项金融资产。

判断一个企业是否已对金融资产失去控制，既要看该企业（出让方）的情况，还要看受让方的情况。如果任何一方的情况均表明出让方对已转让资产仍然保留控制，则出让方不应将该资产从资产负债表上剔除。

金融合成分析法与风险报酬法相比，最大的优势是以控制权的转移作为资产转让的终止确认标准，符合资产的定义。"控制"不仅在资产定义中处于核心地位，也是合并报表范围或编制条件的关键因素。因此，运用"控制权的转移"作为资产终止确认的标准显然在理论上要优于风险报酬法，并且减少了判断是否实质上所有的风险和报酬已转移出去的不确定性。但也存在一些问题需要解决：①控制权标准较难确定。②金融合成法未考虑原金融资产的终止确认与新金融资产和金融负债的确认之间的关系。例如，在资产证券化中，当发起人发行包含优先级和次级的证券时，将优先级证券卖给投资者，而发起人保留次级证券，违约和其他损失由次级证券投资人（即发起人）承担，从而使优先级证券持有人与损失隔离。按照金融合成分析法，将基础资产完全确认为销售，但在这一证券化过程中，真正实现销售的只是与优先级证券相关的那部分基础资产，与次级证券相关的基础资产实际上并未实现销售，应该将这部分资产的确认和次级证券的确认对应起来。

（三）继续涉入法（Continuing Involvement Approach）

针对金融合成分析法的缺陷，修改后的 IAS39 提出了继续涉入法。

继续涉入法要求只要转让方对被转让资产的全部或部分存在任何的继续涉入，不考虑其继续涉入的程度，与继续涉入有关的这部分资产不符合终止确认的条件，应视为担保融资；不涉及继续涉入的那部分资产则应终止确认，视为销售。

与以往的概念不同，继续涉入法下的被转让资产被视为可以分割的单元，并对每个细分的单元考察其是否符合终止确认的条件。因此，一项资产转让可能导致一部分资产被终止确认，而另一部分资产则未被终止确认。与其他两种方法相比，它是一种比较折中的会计确认方法。

CAS23 号准则第七条规定，企业已将金融资产所有权上几乎所有风险和报酬转移给转入方的，应当终止确认该金融资产；保留了金融资产所有权上几乎所有的风险和报酬的，不应当终止确认该金融资产。

CAS23 号准则第九条规定，企业既没有转移也没有保留金融资产所有权上几乎所有的风险和报酬的（即不属于本准则第七条所指情形），应当分别下列情况处理：①放弃了对该金融资产控制的，应当终止确认该金融资产；②未放弃对该金融资产控制的，应当按照其继续涉入所转移金融资产的程度确认有关金融资产，并相应确认有关负债。

可见，CAS23 主要采用了风险报酬分析法和金融合成法相结合的方法，同时也引入了继续涉入法。

总之，金融资产满足下列条件之一的，应当终止确认：

（1）收取该金融资产现金流量的合同权利终止。

（2）该金融资产已转移，且企业已将金融资产所有权上几乎所有风险和报酬转移给转入方的，应当终止确认该金融资产；保留了金融资产所有权上几乎所有的风险和报酬的，不应当终止确认该金融资产。

（3）企业既没有转移也没有保留所有权上几乎所有风险和报酬，但放弃了对该金融资产控制的，应当终止确认该金融资产；未放弃对该金融资产控制的，应当按照其继续涉入所转移金融资产的程度确认有关金融资产，并相应确认有关负债。

## 二、发起人的计量与记录

（一）符合终止确认条件的会计计量

1. 金融资产整体转移的会计计量

满足终止确认条件的，应将以下两项金额的差额计入当期损益：

（1）所转移金融资产的账面价值；

（2）因转移而收到的对价，与原直接计入所有者权益的公允价值变动累计额（涉及转移的金融资产为可供出售金融资产的情形）之和。

如果企业因金融资产转移而获得了新金融资产或承担了新金融负债，应在转让日将该金融资产扣除金融负债后的净额（以公允价值计量）作为该对价的组成部分。

具体计算公式如下：

金融资产整体转移形成的损益＝因转移收到的对价－所转移金融资产账面价值±原直接计入所有者权益的公允价值变动累计利得（或损失）

其中：

因转移收到的对价＝因转移交易实际收到的价款＋新获得金融资产的公允价值＋因转移获得服务资产的公允价值－新承担金融负债的公允价值－因转移承担服务负债的公允价值

例10.1 20×8年1月20日，甲商业银行与乙金融资产管理公司签订协议，甲商业银行将其划分为次级类、可疑类和损失类的贷款共100笔打包出售给乙资产管理公司，该批贷款总金额为8 000万元，原已计提减值准备1 200万元，双方协议转让价为6 000万元，转让后甲银行不再保留任何权利和义务。20×8年2月20日，甲商业银行收到该批贷款出售款项。

根据上例，甲商业银行应作如下会计分录：

借：存放中央银行款项 60 000 000

　　贷款损失准备 12 000 000

　　金融资产转移损失 8 000 000

　　贷：贷款 80 000 000

例10.2 假设乙商业银行拥有一项贷款组合，账面价值为5 000万元，公允价值为5 500万元，将贷款出售为5 250万元，未保留任何对此贷款出售的服务性责任。该银行从转入方获取一项购买类似贷款的期权，公允价值为320万元；并承担了一项追索义务，价值为240万元。该银行同时与转入方达成一项利率互换协议，公允价值为200万元，根据该协议该银行可按高于市场利率收取固定利息。

乙行收到的现金对价＝250万元

转移中获得的新金融资产（买入期权和利率互换）的公允价值 = 320 万元 + 200 万元 = 520 万元

转移中承担的金融负债（追索义务）的公允价值 = 240 万元

该银行收到的总对价 = 5 250 + 520 - 240 = 5 530（万元）

该金融资产转移的当期损益 = 5 530 - 5 000 = 530（万元）

2. 部分转移满足终止确认的计量

满足终止确认条件的，应将所转移金融资产整体的账面价值、所转移金融资产原直接计入所有者权益的公允价值变动累计额在终止确认部分和未终止确认部分之间按照各自的相对公允价值进行分摊。并将以下两项金额的差额计入当期损益：

（1）终止确认部分的账面价值；

（2）终止确认部分的对价，与原直接计入所有者权益的公允价值变动累计额中对应终止确认部分之和。

企业应根据以下层次确定未终止确认部分的公允价值：

（1）企业出售过与未终止确认部分类似的金融资产，或发生过与未终止确认部分有关的其他市场交易的，按照最近实际交易价格确定；

（2）未终止确认部分在活跃市场上没有报价，且最近市场上也没有与其有关的实际交易价格的，应当按照所转移金融资产整体的公允价值扣除终止确认部分的对价后的余额确定；

（3）该金融资产整体的公允价值确实难以合理确定的，按照金融资产整体的账面价值扣除终止确认部分的对价后的余额确定。

例 10.3　A 商业银行与 B 商业银行签订一笔贷款转让协议，A 银行将该笔贷款 90% 的受益权转让给 B 银行，该笔贷款公允价值为 1 100 000 元，账面价值为 1 000 000 元。假定不存在其他服务性资产或负债，转移后该部分贷款的相关债权债务关系由 B 银行承担，当借款人不能偿还该笔贷款时，也不能向 A 银行追索。同时也不考虑其他相关因素，则 A 商业银行应作如下会计处理：

（1）判断应否终止确认

由于 A 银行将贷款的一定比例转移给 B 银行，并且转移后该部分的风险和报酬不再由 A 银行承担，A 银行也不再对所转移的贷款具有控制权，因此，符合《金融资产转移准则》中规定的部分转移的情形，也符合将所转移部分终止确认的条件。

（2）计算终止确认和未终止确认部分各自的公允价值

由于 A 银行将该笔贷款 90% 的受益权转让给 B 银行，根据例子所述情况，A 银行应确认此项出售所收到的价款为 990 000（1 100 000 × 90%）元，而保留的收益权为 110 000（1 100 000 - 900 000）元。

（3）将贷款整体的账面价值在终止确认部分和未终止确认部分进行分摊

由于所转移贷款整体的账面价值为 1 000 000 元，终止确认部分和未终止确认部分各自公允价值为 990 000 元和 110 000 元，应将贷款整体账面价值进行如下分摊，见表 10.1。

表 10.1　　　　　　　　　　　　　贷款整体账面价值分摊表

单元：元

|  | 各自公允价值 | 占整体公允价值的百分比 | 分摊后的账面价值 |
|---|---|---|---|
| 已转移部分 | 990 000 | 90% | 900 000 |
| 未转移部分 | 110 000 | 10% | 100 000 |
| 合计 | 1 100 000 | 100% | 1 000 000 |

经上述分摊后可见，已转移的贷款部分应分摊的账面价值为 900 000 元，即贷款应转销 900 000 元。

（4）此项转移应确认的损益

A 银行应确认的转移收益 = 990 000 - 900 000 = 90 000 （元）

（5）A 银行应作如下会计分录

借：存放中央银行款项　　　　　　　　　　　　　　　　990 000

　贷：贷款　　　　　　　　　　　　　　　　　　　　　　　900 000

　　　金融资产转移收益　　　　　　　　　　　　　　　　　　90 000

（二）不符合终止确认条件的会计计量

企业仍保留所转移金融资产所有权上几乎所有的风险和报酬的，应当继续确认所转移金融资产整体，并将收到的对价确认为一项金融负债。金融资产与确认的相关金融负债不得相互抵消。在随后的会计期间，企业应当继续确认该金融资产产生的收入和该金融负债产生的费用。所转移的金融资产以摊余成本计量的，确认的相关负债不得指定为以公允价值计量且其变动计入当期损益的金融负债。

例 10.4　20 × 7 年 4 月 1 日，甲公司将其持有的一笔国债出售给丙公司，售价为 200 000 元，年利率为 3.5%。同时，甲公司与丙公司签订了一项回购协议，3 个月后由甲公司将该笔国债购回，回购价为 201 750 元。20 × 7 年 7 月 1 日，甲公司将该笔国债购回。假定该笔国债合同利率与实际利率差异较小，甲公司应作如下会计处理：

（1）判断应否终止确认

由于此项出售属于附回购协议的金融资产出售，到期后甲公司应将该笔国债购回，因此可以判断，该笔国债几乎所有的风险和报酬都没有转移给丙公司，甲公司不应该终止确认该笔国债。

（2）20×7年4月1日，甲公司出售该笔国债

借：银行存款            200 000

 贷：卖出回购金融资产款      200 000

（3）资产负债表日确认利息费用

20×7年6月30日，甲公司应按实际利率计算确定卖出回购国债的利息费用，由于该笔国债合同利率与实际利率差异较小，甲公司可以以合同利率计算确定利息费用。

卖出回购国债的利息费用 = 20 000 × 3.5% × 3/12 = 1 750（元）

借：利息支出            1 750

 贷：卖出回购金融资产款       1 750

（4）20×7年7月1日，甲公司回购

借：卖出回购金融资产款       201 750

 贷：银行存款           201 750

### （三）继续涉入条件下的金融资产转移的计量

企业既没有转移也没有保留金融资产所有权上几乎所有的风险和报酬，且未放弃对该金融资产的控制，应当按照其继续涉入所转移金融资产的程度确认有关金融资产，并相应确认有关负债。

《企业会计准则》主要是在两方面对该类金融资产的会计计量进行了规范：

#### 1. 对所转移金融资产提供财务担保

企业通过对所转移金融资产提供财务担保方式继续涉入的，应当在转移日按照金融资产的账面价值和财务担保金额两者之中的较低者，确认继续涉入形成的资产，同时按照财务担保金额和财务担保合同的公允价值之和确认继续涉入形成的负债。这里的财务担保金额，是指企业所收到的对价中，将被要求偿还的最高金额。财务担保合同的公允价值，通常是指提供担保而收取的费用。如果财务担保合同的公允价值不能合理确定，则应当视同等于零。

例10.5 甲银行与乙银行签订一笔贷款转让协议，由甲银行将其本金为1 000万元、年利率为10%、贷款期限为9年的组合贷款出售给乙银行，售价为1 000万元。双方约定，由甲银行为该笔贷款提供担保，担保金额为300万元，实际贷款损失超过担保金额的部分由乙银行承担。转移日，该笔贷款（包括担保）的公允价值为1 000万元，其中，担保的公允价值为100万元。假定根据风险和控制权评估结果，甲银行既没有转移也没有保留该笔足额贷款所有权上几乎所有的风险和报酬，也未放弃对其的控制。

分析：根据上例，由于甲银行既没有转移也没有保留该笔组合贷款所有权上几乎所有的风险和报酬，也未放弃对其的控制，因此，应当按照继续涉入该笔贷款的程度确认

有关资产和负债。由于转移日该笔贷款的账面价值为 1 000 万元，提供的财务担保金额为 300 万元，甲银行应该按照 300 万元确认继续涉入形成的资产。由于财务担保合同的公允价值为 100 万元，所以甲银行确认继续涉入形成的金融负债为 400（300＋100）万元。因此，转移日甲银行应做以下会计分录：

借：存放中央银行款项                               10 000 000

      继续涉入资产                              3 000 000

      金融资产转移损失                         1 000 000

  贷：贷款                                   10 000 000

      继续涉入负债                             4 000 000

2. 卖出看跌期权或持有看涨期权

看跌期权是指期权的购买者拥有在期权合约有效期内按执行价格卖出一定数量标的物的权利，但不承担必须卖出的义务。看涨期权是指在协议规定的有效期内，协议持有人按规定的价格和数量购进股票的权利。

企业因卖出一项看跌期权或持有一项看涨期权，使所转移金融资产不符合终止确认条件，且按照摊余成本计量该金融资产的，应当在转移日按照收到的对价确认继续涉入形成的负债。

所转移金融资产在期权到期日的摊余成本和继续涉入形成的负债初始确认金额之间的差异，应当采用实际利率法摊销，计入当期损益；同时，调整继续涉入所形成负债的账面价值。相关期权行权的，应当在行权日，将继续涉入形成的负债的账面价值与行权价格之间的差额计入当期损益。

# 第三节 发起人的会计披露

包括资产证券化在内的金融资产转移发起人的信息披露主要是将证券化项目的运行情况（包括风险、收益等）在报表附注中向其他参与主体进行合理的报告。

## 一、我国的披露办法

对于资产证券化业务的信息披露，《信贷资产证券化试点会计处理规定》第十条和《企业会计准则第 37 号——金融工具列报》第二十条做出了相同的规定：发起机构未终止确认所转让信贷资产，或者按继续涉入信贷资产程度确认某项资产的，应当在会计报表附注中作如下披露：

（1）所转移金融资产的性质；

（2）发起机构仍保留的信贷资产所有权上风险和报酬的性质（如信用风险等）；

（3）发起机构继续确认所转让信贷资产整体的，应当披露所转让信贷资产的账面价值和相关负债的账面价值；

（4）发起机构继续涉入所转让信贷资产的，应当披露所转让信贷资产整体的账面价值、继续确认资产的账面价值以及相关负债的账面价值。

## 二、其他国家的披露办法

根据美国财务会计准则委员会（FASB）颁布的第 140 号财务会计准则（FAS140）的规定，发起人对资产证券化业务需要披露：

（1）资产证券化基本计量信息。包括资产证券化的会计政策、数量、现金流量、确定保留权益公允价值的关键假设以及公允价值对关键假设变动的灵敏程度。

（2）资产证券化风险测试。包括静态资产组合的现状及预计损失、由于提前支付及折扣率的不利变化可能对保留权益的公允价值降低的重点测试。

（3）现金流和发起人债权资产的信用度。包括本期证券化 SPE 与转让人之间的全部现金流量，转让人所管理的全部表内、表外资产中期末拖欠债务及本期的净信用损失。

IASC 在国际会计准则第 39 号（IAS 39）《金融工具：确认和计量》中也对证券化的会计披露进行了规定，特别规定了后续涉入情况下需要披露哪些信息。如果企业进行了证券化或签订了回购协议，则应就发生在当前财务报告期的这些交易和发生在以前财务报告期的交易形成的剩余留存利息，单独披露以下信息：

（1）这些交易的性质和范围，包括相关担保的说明，有关于计算新利息的留存利息公允价值的关键假设的数量信息。

（2）金融资产是否已经终止确认。

# 第十一章

## 衍生金融工具业务的核算

金融是现代经济的核心，金融市场的健康、可持续发展离不开金融工具的广泛运用和不断创新。近年来，我国的金融工具交易尤其是衍生金融工具交易有了较快的发展。2003 年我国开放了远期结售汇市场和金融衍生交易市场；2005 年开放人民币外汇掉期交易，在银行间债券市场开始推出债券远期交易业务；2006 年开放人民币利率掉期业务和商业银行代客外汇境外理财业务，在资本市场推出了万众瞩目的权证金融衍生产品；到 2007 年初，货币市场和债券市场的利率市场化基本实现，人民币衍生产品市场趋于成熟，本外币资金市场逐步融合。随着金融工具系列准则的颁布，对衍生金融工具的核算进行了规范。

## 第一节  衍生金融工具概述

### 一、衍生金融工具的概念

国际互换和衍生产品协会（International Swaps and Derivatives Sociation，ISDA）对金融衍生工具作了如下定义："衍生工具是有关互换现金流和旨在为交易者转移风险的双边合约。合约到期时，交易者所欠对方的金额由基础商品、证券或指数的价格决定。"①

---

① 叶永刚. 衍生金融工具. 北京：中国金融出版社，2004：1.

2004 年 2 月中国银监会发布实施的《金融机构衍生产品交易业务管理暂行办法》对国内衍生产品赋予如下定义："衍生产品是一种金融合约，其价值取决于一种或多种基础资产或指数，合约的基本种类包括远期、期货、掉期（互换）和期权。衍生产品还包括具有远期、期货、掉期（互换）和期权中一种或多种特征的结构化金融工具。"[1]

2006 年 2 月财政部发布的《企业会计准则第 22 号——金融工具确认与计量》第三条定义的衍生工具，是指本准则涉及的、具有下列特征的金融工具或其他合同：

（1）其价值随着特定利率、金融工具价格、金融价格、商品价格、汇率、价格指数、费率指数、信用等级、信用指数或其他类似变量的变动而变动，变量为非金融变量的（比如特定区域的地震损失指数、特定城市的气象指数等），该变量与合同的任一方不存在特定关系。即衍生工具的价格（价值的货币表现）派生于某标的物的价格。如股票期权价格派生于股票价格；大豆期货价格取决于大豆现货价格，等等。

（2）不要求初始净投资，或与对市场情况变动有类似反应的其他类型合同相比，要求很少的初始净投资。即指通常签订某项衍生工具合同时不需要支付等同于合同中名义金额的现金或现金等价物。例外的是，从市场上购入认股权证等需要支付一笔款项，但相对于行权时购入相应股份所需支付的款项，此项支付往往是很小的。又如，进行货币互换时，通常需要在合同签订时支付某种货币表示的一笔款项，但同时也会收到以另一种货币表示的等值的一笔款项，无论是从该企业的角度，还是从其对手（合同的另一方）看，初始净投资均为零。

（3）在未来某一日期结算。衍生工具在未来某一日期结算，表明衍生工具的结算需要经历一段特定的期间。衍生工具通常在未来某一特定日期结算，也可能在未来多个日期结算。例如，利率互换可能涉及合同到期前多个结算日期。另外，有些期权可能由于是价外期权而到期不行权，也是在未来日期结算的一种方式。

## 二、衍生金融工具的类别

衍生金融工具分为远期合同、期货合同、期权和互换四大类。

（一）远期合同

远期合同（Forward Contract），是指一种在确定的将来时刻按确定的价格购买或出售某项资产的协议。通常是在两个金融机构之间或金融机构与其公司客户之间签署该合同。根据标的的不同，金融远期合同主要包括远期外汇合同和远期利率协议。

远期合同的特点：

（1）通常不在规范的交易所内交易。

---

[1] 中国银监会. 金融机构衍生产品交易业务管理暂行办法.

（2）远期合同签署无需成本（即初始确认金额为零）。

（3）远期合同流动性差，难以转让，绝大部分远期合同都必须到期进行实际交割。

（二）期货合同（Futures Contract）

期货合同是指在特定的交易所买卖未来某一特定日期交付或收取特定规格等级现货商品的标准化合同。根据标的物属性不同，期货合同可以分为金融期货合同与商品期货合同。金融期货的标的物为利率、外汇、股价指数等金融产品；商品期货的标的物主要包括农产品和工业品两大类。

期货合同的特点：

（1）由于金融期货合同是标准化合同，具有较强的流动性，绝大多数合同在到期前被平仓，到期交割的比例极小。

（2）由于期货交易采取保证金结算制度，有较强的杠杆效应。

（三）期权

期权（Option），是指某一标的物的买卖权或选择权，具有在某一限定时间内按某一指定的价格买进或卖出某一特定商品或合同的权利。根据标的物属性不同，期权可以分为金融期权与商品期权。金融期权的标的物为利率、货币、股票、指数等金融产品；商品期权的标的物包括农产品、石油等能源类产品。

期权的特点：

（1）买卖双方权利与义务不对等。买方有执行期权的权利，也有不履约的权利；而卖方在买方要求执行权利时，必须无条件履约，履约是卖方的义务。

（2）投资者购买期权时必须支付权利金（期权费）。

期权分为看涨期权和看跌期权两种类型。看涨期权（Call Option）赋予期权合约持有者买入一种基础证券或基础商品的权利，看跌期权（Put Option）则赋予持有者卖出基础证券或基础商品的权利。根据行权日的不同，可以将期权分为美式期权和欧式期权。美式期权（American Style Option）指期权到期前任何一个日期都可以被执行的合约。欧式期权（European Style Option）则只能在到期日执行。

各种基础证券和基础商品都可以基于期权合约进行交易，所以期权包括股票期权（普通股票的期权合约）、货币期权（外汇期权合约）、利率期权（政府债券的期权合约）、商品期权（商品的期权合约）和期货期权合约（复合型衍生工具）。期权可以在有组织的交易所内交易，也可以在场外交易。

（四）互换

互换（Swaps）是指交易双方约定在未来某一时期相互交换某种资产的交易形式。更为准确地说，互换交易是当事人之间约定在未来某一期间内相互交换他们认为具有等价经济价值的现金流量的交易。较为常见的是货币互换交易和利率互换交易。

货币互换交易，是指两种货币之间的交换交易，在一般情况下，是指两种货币资金的本金交换。即涉及两种不同货币间按预定的汇率在现在和未来的兑换。货币互换的前提是要存在两个在期限和金额上利益相同而对货币需求相反的伙伴，双方按预先约定进行资本额的互换，互换后，每年以约定利率和资本额为基础进行利息支付的互换，协议到期后，再按照原约定的汇率将原资本额换回。也就是说，货币互换要在期初、计息日、到期日发生多次资金流动，而且资金的流动是双向的。

利率互换，从市场参与者的需求看，目前更多地侧重于负债管理。交易方向上，主要是为规避利率上升风险而将浮动利率贷款通过互换转变为固定利率贷款，或者是为降低当期财务成本而将固定利率负债转换成浮动利率负债。

只要存在利率波动，就会有对利率互换的交易需求。交易商不仅能够有效管理自身资产，规避利率上升或下降带来的风险；而且，由于利率互换无需交割相应金额的名义本金，信用风险较小，也将大大降低交易商风险管理的成本。

### 三、衍生金融工具的特点

相比较于基础金融工具，衍生金融工具具有如下特点：

（1）衍生性。衍生金融工具通常以一个或几个基本金融工具作为标的，其价值随着基础工具的价值变动。

（2）杠杆性和高风险性。在以衍生金融工具为投资对象时，只需要缴纳较少的押金或保证金，就能以小搏大，具有杠杆性；而杠杆性也使衍生金融工具的收益与风险系数被数倍地放大，从而具备了高风险性。

（3）高技术性。衍生金融工具既可以是原生性金融工具和衍生金融工具的组合，也可以是衍生金融工具的再组合，其中体现了较多的技术含量，因而也在很大程度上提高了核算与监管的难度。

（4）套期保值与投机套利共存。衍生金融工具出现的根本动因是为了规避金融工具价格波动的风险，而由于其以小搏大的特点，使其同样成了投机套利的工具。

（5）较高的价值波动性。衍生金融工具的价值在很大程度上受制于原生性金融工具的价格，并受多种因素的影响，呈现出较高的价值波动性。

（6）灵活性。衍生金融工具的设计可根据各种参与者所要求的时间、风险等级、杠杆效率、价格等指数的不同进行设计及组合，而且衍生金融交易的大部分交易活动是通过场外交易方式进行的，这些交易通常是非标准化的，具有较强的灵活性。

衍生金融工具的作用主要表现在以下几个方面：满足了市场对规避风险和保值的要求；促进了基础金融工具的发展；拓宽了金融机构的业务；提高了金融体系的效率；降低了企业的筹资成本（比如互换）；促进了金融市场的证券化。

### 四、衍生金融工具业务的分类

金融机构衍生产品交易业务可分为两大类：

（1）金融机构为规避自有资产、负债的风险或为获利而进行衍生产品交易。金融机构从事此类业务时被视为衍生产品的最终用户。

（2）金融机构向客户（包括金融机构）提供衍生产品交易服务。金融机构从事此类业务时被视为衍生产品的交易商，其中能够对其他交易商和客户提供衍生产品报价和交易服务的交易商被视为衍生产品的造市商。

中国银行业监督管理委员会是金融机构从事衍生产品交易业务的监管机构。金融机构开办衍生产品交易业务，应经中国银行业监督管理委员会审批，接受中国银行业监督管理委员会的监督与检查。非金融机构不得向客户提供衍生产品交易服务。金融机构从事与外汇、股票和商品有关的衍生产品交易以及场内衍生产品交易，应遵守国家外汇管理及其他相关规定。

### 五、衍生金融工具的会计处理原则及账户的设置

（一）衍生金融工具的会计处理原则

与套期保值无关的衍生金融工具，即为投机套利而持有的衍生金融工具应该确认为以公允价值计量且变动计入损益的金融资产或金融负债，其确认和计量方法与前述相同。一般来说，期权以外的衍生金融工具在初始确认时公允价值为零；对期权类衍生金融工具，期权费的支出应确认为交易性金融资产，期权费的收入应确认为交易性金融负债。衍生金融工具的合同名义本金在表外登记，不纳入表内核算。当衍生金融工具合同约定的交易实际发生时，即当实现了合同中载明的各种权利或收取金融资产现金流量的合同权利终止时，应当终止确认该金融资产；当一个企业金融负债的现时义务全部或部分已经解除的，应当终止确认该金融负债或其一部分。

与套期保值有关的衍生金融工具业务，由于套期改变了金融工具的风险，当套期满足《企业会计准则第24号——套期保值》第三章规定的条件时，套期工具和被套期项目的利得和损失应根据其规定的套期会计方法进行处理。

（二）衍生金融工具核算应设置和运用的账户

1．"衍生工具"账户

本账户核算商业银行持有的衍生金融工具（一般企业持有的在"交易性金融资产"或"交易性金融负债"账户核算）的公允价值及其变动形成的衍生金融资产或衍生金融负债。衍生金融工具作为套期工具的，在"套期工具"账户里核算。

"衍生工具"账户可按衍生工具类别进行明细核算，期末借方余额，反映企业衍生

工具形成的金融资产的公允价值；期末贷方余额，反映企业衍生工具形成的金融负债的公允价值。

2. "套期工具"账户

本账户核算企业开展套期保值业务（包括公允价值套期、现金流量套期和境外经营净投资套期）套期工具公允价值变动形成的资产或负债，可按套期工具类别进行明细核算。期末借方余额，反映企业套期工具形成金融资产的公允价值；期末贷方余额，反映企业套期工具形成的金融负债的公允价值。

3. "被套期项目"账户

本账户核算企业开展套期保值业务被套期项目公允价值变动形成的资产或负债，可按被套期项目类别进行明细核算。期末借方余额，反映企业被套期项目形成的金融资产的公允价值；期末贷方余额，反映企业被套期项目形成的金融负债的公允价值。

# 第二节　套期保值会计

## 一、套期保值概述

企业在风险管理实务中，经常会运用套期保值方法。比如，外商投资企业自主运用外汇远期合同锁定汇率，防范汇率风险；从事境内外商品期货交易来锁定价格风险等，都属于套期保值的运用。《企业会计准则第 24 号——套期保值》（以下简称套期保值准则）规范了企业的套期保值业务会计处理。套期会计方法是指以公允价值计量套期工具和被套期项目，套期工具公允价值变动形成的未实现损益，计入当期损益。与套期工具相对应的被套期项目的账面价值调整为公允价值，价值变动形成的未实现损益也在损益中确认。由于两者都在相同会计期间损益中确认公允价值变动，对损益的影响是两者公允价值变动额相抵后的差额。

（一）套期保值的概念

套期保值，是指企业为规避外汇风险、利率风险、商品价格风险、股票价格风险、信用风险等，指定一项或一项以上套期工具，使套期工具的公允价值或现金流量变动，预期抵消被套期项目全部或部分公允价值或现金流量变动。

企业运用商品期货进行套期时，其套期保值策略通常是买入（卖出）与现货市场数量相当、但交易方向相反的期货合同，以期在未来某一时间通过卖出（买入）期货合同来补偿现货市场价格变动所带来的实际价格风险。

相对于非金融企业，金融企业面临较多的金融风险，如利率风险、外汇风险、信用风险等，对套期保值有更多的需求。例如，某上市银行为规避汇率变动风险，与某金融机构签订外币期权合同，对现存数额较大的美元敞口进行套期保值。

（二）套期保值的分类

为运用套期会计方法，套期保值（以下简称套期）按套期关系（即套期工具和被套期项目之间的关系）可划分为公允价值套期、现金流量套期和境外净投资套期。

（1）公允价值套期，是指对已确认资产或负债、尚未确认的确定承诺，或该资产或负债、尚未确认的确定承诺中可辨认部分的公允价值变动风险进行的套期。该类价值变动源于某类特定风险，且将影响企业的损益。例如对固定利率债券因市场利率变化形成的公允价值变动风险进行套期。

（2）现金流量套期，是指对现金流量变动风险进行的套期。该类现金流量变动源于与已确认资产或负债、很可能发生的预期交易有关的某类特定风险，且将影响企业的损益。例如，商业银行对3个月后预期很可能发生的与可供出售金融资产处置相关的现金流量变动风险进行套期。对确定承诺的外汇风险进行的套期，金融企业可以作为现金流量套期或公允价值套期。

（3）境外经营净投资套期，是指对境外经营净投资外汇风险进行的套期。境外经营净投资，是指企业在境外经营净资产中的权益份额。例如，长江公司拥有一家国外子公司，净投资额为外币1 000万元。2008年3月1日，长江公司与某金融机构签订了一项3个月期限的远期合同，将卖出外币1 000万元，汇率为1外币=6.533 2元人民币。

企业既无计划也无可能于可预见的未来会计期间结算的长期外币货币性应收项目（含贷款），应当视同为境外经营净投资的组成部分。因销售商品或提供劳务等形成的期限较短的应收账款不构成境外经营净投资。

## 二、套期工具

（一）可以作为套期工具的金融工具

套期工具，是指企业为进行套期而指定的、其公允价值或现金流量变动预期可抵消被套期项目的公允价值或现金流量变动的衍生工具，对外汇风险进行套期还可以将非衍生金融资产或非衍生金融负债作为套期工具。

（1）衍生工具通常可以作为套期工具。衍生工具包括远期合同、期货合同、互换和期权，以及具有远期合同、期货合同、互换和期权中一种或一种以上特征的工具。例如，某企业为规避库存豆粕价格下跌的风险，可以卖出一定数量豆粕期货合同。其中的豆粕期货合同即是套期工具。

（2）非衍生金融资产或非衍生金融负债通常不能作为套期工具，但被套期风险为外汇风险时，某些非衍生金融资产或非衍生金融负债可以作为套期工具。例如，某种外币借款可以作为对同种外币结算的销售（确定）承诺的套期工具；又如，持有至到期投资可以作为规避外汇风险的套期工具。

（3）无论是衍生金融工具还是某些非衍生金融资产或非衍生金融负债，其作为套期工具的基本条件就是其公允价值应当能够可靠地计量。因此，在活跃市场上没有报价的权益工具投资，以及与该权益工具挂钩并须通过交付该权益工具进行结算的衍生工具，由于其公允价值难以可靠地计量，不能作为套期工具。企业自身的权益工具既非企业的金融资产也非金融负债，因而也不能作为套期工具。

（4）在运用套期会计方法时，只有涉及报告主体以外的主体的工具（含符合条件的衍生工具或非衍生金融资产或非衍生金融负债）才能作为套期工具。这里所指报告主体，指企业集团或集团内的各企业，也指提供分部信息的各分部。因此，在分部或集团内各企业的财务报表中，只有涉及这些分部或企业以外的主体的工具及相关套期指定，才能在符合套期保值准则规定条件时运用套期会计方法，而在集团合并财务报表中，如果这些套期工具及相关套期指定并不涉及集团外的主体，则不能对其运用套期会计方法进行处理。

（二）对套期工具的指定

（1）企业对套期工具进行计量时，通常以该工具整体为对象，采用单一的公允价值基础对其进行计量；同时，由于引起套期工具公允价值变动的因素具有相互关联性，因此，企业应当将其整体或其一定比例（例如其名义金额的50%）指定为套期工具。

但是，由于期权的内在价值和远期合同的升水通常可以单独计量，为便于提高某些套期策略的有效性，套期保值准则允许企业在对套期工具进行指定时，就期权和远期合同作出例外处理，即：对于期权，企业可以将期权的内在价值和时间价值分开，只就内在价值变动将期权指定为套期工具；对于远期合同，企业可以将远期合同的利息和即期价格分开，只就即期价格变动将远期合同指定为套期工具。

（2）企业通常可将单项衍生工具指定为对一种风险进行套期，但同时满足下列条件的，也可以指定为对一种以上的风险进行套期：

①各项被套期风险可以清晰辨认；

②套期有效性可以证明；

③可以确保该衍生金融工具与不同风险头寸之间存在具体指定关系。

其中，套期有效性，是指套期工具的公允价值或现金流量变动能够抵消被套期风险引起的被套期项目公允价值或现金流量变动的程度。

例如，甲企业的记账本位币是人民币，承担了一项5年期美元浮动利率负债。为规避该金融负债的外汇风险和利率风险，甲企业可以与某金融机构签订一项交叉货币利率互换合同，使该互换合同的条款与该金融负债的条款相匹配，并将该互换合同指定为套期工具。根据该互换合同，甲企业可以定期收取按美元浮动利率计算确定的利息，同时支付按人民币固定利率计算确定的利息。

（3）企业可以将两项或两项以上衍生金融工具的组合或该组合的一定比例指定为套期工具。对于外汇风险套期，企业可以将两项或两项以上非衍生金融工具的组合或该组合的一定比例，或将衍生金融工具和非衍生金融工具的组合或该组合的一定比例指定为套期工具。

（4）企业虽然可以将整体套期工具的一定比例指定为套期工具，但不能在套期关系中对套期工具剩余期限内的某一时段进行套期指定。

例如，某公司拥有一项支付固定利息、收取浮动利息的互换合同，打算将其用于对所发行的浮动利率债券进行套期。该互换合同的剩余期限为 10 年，而债券的剩余期限为 5 年。在这种情况下，甲公司不能在互换合同剩余期限中的某 5 年将互换指定为套期工具。

### 三、被套期项目

（一）可以作为被套期项目的项目

被套期项目，是指使企业面临公允价值或现金流量变动风险，且被指定为被套期对象的下列项目：①单项已确认资产、负债、确定承诺、很可能发生的预期交易，或境外经营净投资；②一组具有类似风险特征的已确认资产、负债、确定承诺、很可能发生的预期交易，或境外经营净投资；③分担同一被套期利率风险的金融资产或金融负债组合的一部分（仅适用于利率风险公允价值组合套期）。其中，确定承诺，是指在未来某特定日期或期间，以约定价格交换特定数量资源、具有法律约束力的协议；预期交易，是指尚未承诺但预期会发生的交易。

（1）作为被套期项目，应当使企业面临公允价值或现金流量变动风险（即被套期风险），在本期或未来期间会影响企业的损益。与之相关的被套期风险，通常包括外汇风险、利率风险、商品价格风险、股票价格风险、信用风险等。企业的一般经营风险（如固定资产毁损风险等）不能作为被套期风险，因为这些风险不能具体辨认和单独计量。同样地，在企业合并交易中，与购买另一个企业的确定承诺相关的风险（不包括外汇风险）也不能作为被套期风险。

（2）衍生金融工具不能作为被套期项目，但对于外购的、嵌在另一项金融工具（主合同）中的期权，如果其与主合同存在紧密关系，且混合工具没有被指定为以公允价值计量且其变动计入当期损益的金融工具，则可以作为被套期项目。

（3）对于信用风险或外汇风险，企业可以将持有至到期投资作为被套期项目，而对于利率风险或提前还款风险，则不可以其作为被套期项目。

（4）采用权益法核算的股权投资不能在公允价值套期中作为被套期项目，因为权益法下，投资方只是将其在联营企业或合营企业中的损益份额确认为当期损益，而不确认投资的公允价值变动。与之相类似，在母公司合并财务报表中，对子公司投资也不能作为被套期项目，但对境外经营净投资可以作为被套期项目，因为相关的套期指定针对的是外汇风险，而非境外经营净投资的公允价值变动风险。

（5）在运用套期会计方法时，只有涉及报告主体以外的主体的资产、负债、确定承诺或很可能发生的预期交易才能作为被套期项目。因此，企业集团内的各组成企业或分部之间发生的套期活动，只能在各组成企业的财务报表或分部的分部报告中运用套期会计方法，而不能在企业集团合并财务报表中对其予以反映。但是，发生在企业集团内两个组成企业或两个分部之间的外币交易形成的外币货币性项目（例如，外币应收款项），如果其外币汇兑损益不能相互抵消，则可以在企业集团合并财务报表中运用套期会计方法。例如，按照《企业会计准则第 19 号——外币折算》的规定，当企业集团内的两个关联企业采用不同的记账本位币时，它们之间形成的应收（应付）款项产生的外汇汇兑损益通常不能全额抵消。与之类似，企业集团内部两个关联企业之间很可能发生的预期交易，按照进行此项交易的主体的记账本位币以外的货币标价（即按外币标价），且相关的外汇风险将影响合并利润或损失的，该很可能发生的预期交易（外汇风险）可以在合并财务报表中作为被套期项目。

（二）对被套期项目的指定

1. 将金融项目指定为被套期项目

对于金融资产或金融负债而言，将其指定为被套期项目具有较多选择。只要被套期风险可以辨认且套期有效性可以计量，仅与金融资产或金融负债现金流量或公允价值的一部分相关的风险，均可以作为被套期风险。相应地，相关金融资产或金融负债可以指定为被套期项目。例如，某附息金融资产或金融负债全部利率风险中的可辨认且可单独计量的部分（如无风险利率组成部分），就可以作为被套期风险，与之相关的金融资产或金融负债也就可以被指定为被套期项目。

2. 将非金融项目指定为被套期项目

通常情况下，企业难以区分和计量与非金融项目特定风险（不包括外汇风险）相关的公允价值或现金流量变动。因此，企业在将非金融资产或非金融负债指定为被套期项目时，对应的被套期风险只限于与该非金融资产或非金融负债相关的全部风险或外汇风险。

例如，甲公司预期从乙公司购买一批轮胎。甲公司和乙公司的记账本位币分别为美元和人民币。由于轮胎是非金融项目，因此，甲公司只能将与轮胎有关的所有风险或其中的外汇风险指定为被套期风险。但是，甲公司不能将预期购买的轮胎所含橡胶成分的成本变动风险指定为被套期风险。

3. 将若干项目的组合指定为被套期项目

对具有类似风险特征的资产或负债组合进行套期时，该组合中的各单项资产或负债应当同时承担被套期风险，且该组合内各单项金融资产或单项金融负债由被套期风险引起的公允价值变动，应当预期与该组合由被套期风险引起的公允价值整体变动基本成比例。例如，当被套期组合因被套期风险形成的公允价值变动为10%时，该组合中各单项金融资产或单项金融负债因被套期风险形成的公允价值变动应当限制在9%～11%之间即较小的范围内。

套期有效性是通过比较套期工具（或一组类似的套期工具）和被套期项目（或一组类似的被套期项目）的公允价值或现金流量变动而确定的，因此，在运用套期会计方法时，企业不能将金融资产和金融负债形成的净头寸指定为被套期项目。在这种情况下，企业往往可以通过其他办法达到几乎相同的规避风险效果。例如，某商业银行有承担类似风险和到期期限的金融资产和金融负债分别为1亿元和9 000万元，两者形成的净头寸为1 000万元。对此，该商业银行可以仅将金融资产总额中的1 000万元指定为被套期项目。总而言之，如果相关的资产和负债是固定利率项目，对应的套期关系是公允价值套期；如果是浮动利率项目，则对应的套期关系是现金流量套期。

### 四、运用套期保值会计的条件

对于满足套期保值准则规定条件的公允价值套期、现金流量套期和境外经营净投资套期，企业可运用套期会计方法进行处理。套期会计方法，是指在相同会计期间将套期工具和被套期项目公允价值变动的抵消结果计入当期损益的方法。

套期保值准则规定，公允价值套期、现金流量套期或境外经营净投资套期同时满足下列条件的，才能运用套期会计方法进行处理：

第一，在套期开始时，企业对套期关系（即套期工具和被套期项目之间的关系）有正式指定，并准备了关于套期关系、风险管理目标和套期策略的正式书面文件。该文件至少载明了套期工具、被套期项目、被套期风险的性质以及套期有效性评价方法等内容。套期必须与具体可辨认并被指定的风险有关，且最终影响企业的损益。

第二，该套期预期高度有效，且符合企业最初为该套期关系所确定的风险管理策略。

第三，对预期交易的现金流量套期，预期交易应当很可能发生，且必须使企业面临最终将影响损益的现金流量变动风险。

第四，套期有效性能够可靠地计量，即被套期风险引起的被套期项目的公允价值或现金流量以及套期工具的公允价值能够可靠地计量。

第五，企业应当持续地对套期有效性进行评价，并确保该套期在套期关系被指定的会计期间内高度有效。

### 五、套期保值的确认和计量

（一）公允价值套期会计

1. 基本要求

公允价值套期满足运用套期会计方法条件的，应当按照下列规定处理：

（1）套期工具为衍生工具的，公允价值变动形成的利得或损失应当计入当期损益；套期工具为非衍生工具的，账面价值因汇率变动形成的利得或损失应当计入当期损益。

（2）被套期项目因被套期风险形成的利得或损失应当计入当期损益，同时调整被套期项目的账面价值。被套期项目为按成本与可变现净值孰低进行后续计量的存货、按摊余成本进行后续计量的金融资产或可供出售金融资产的，也应当按此规定处理。

2. 被套期项目利得或损失的具体处理要求

（1）对于金融资产或金融负债组合一部分的利率风险公允价值套期，企业对被套期项目形成的利得或损失可按下列方法处理：

①被套期项目在重新定价期间内是资产的，在资产负债表中"资产"项下单列项目反映，待终止确认时转销；

②被套期项目在重新定价期间内是负债的，在资产负债表中"负债"项下单列项目反映，待终止确认时转销。

（2）被套期项目是以摊余成本计量的金融工具的，对被套期项目账面价值所作的调整，应当按照调整日重新计算的实际利率在调整日至到期日的期间内进行摊销，计入当期损益。对利率风险组合的公允价值套期，在资产负债表中单列的相关项目，也应当按照调整日重新计算的实际利率在调整日至相关的重新定价期间结束日的期间内摊销。采用实际利率法进行摊销不切实可行的，可以采用直线法进行摊销。此调整金额应当于金融工具到期日前摊销完毕；对于利率风险组合的公允价值套期，应当于相关重新定价期间结束日前摊销完毕。

（3）被套期项目为尚未确认的确定承诺的，该确定承诺因被套期风险引起的公允价值变动累计额应当确认为一项资产或负债，相关的利得或损失应当计入当期损益。

（4）在购买资产或承担负债的确定承诺的公允价值套期中，该确定承诺因被套期风险引起的公允价值变动累计额（已确认为资产或负债），应当调整履行该确定承诺所取得的资产或承担的负债的初始确认金额。

**3. 终止运用公允价值套期会计方法的条件**

套期满足下列条件之一的，企业应终止运用公允价值套期会计：

（1）套期工具已到期、被出售、合同终止或已行使。套期工具展期或被另一项套期工具替换时，展期或替换是企业正式书面文件所载明的套期策略组成部分的，不作为已到期或合同终止处理。

（2）该套期不再满足运用套期会计方法的条件。

（3）企业撤销了对套期关系的指定。

例 11.1　20×7 年 1 月 1 日，ABC 银行以每股 50 元的价格，从二级市场上购入 MBI 公司股票 20 000 股（占 MBI 公司有表决权股份的 3%），且将其划分为可供出售金融资产。为规避该股票价格下降风险，ABC 银行于 20×7 年 12 月 31 日支付期权费 120 000 元购入一项看跌期权。该期权的行权价格为每股 65 元，行权日期为 20×9 年 12 月 31 日。见表 11.1 所示。

表 11.1　　　　　　　ABC 银行购入的 MBI 股票和卖出期权的公允价值

单位：元

| 项目 | 20×7 年 12 月 31 日 | 20×8 年 12 月 31 日 | 20×9 年 12 月 31 日 |
|---|---|---|---|
| MBI 股票 | | | |
| 每股价格 | 65 | 60 | 57 |
| 总价 | 1 300 000 | 1 200 000 | 1 140 000 |
| 卖出期权 | | | |
| 时间价值 | 120 000 | 70 000 | 0 |
| 内在价值 | | 100 000 | 160 000 |
| 总价 | 120 000 | 170 000 | 160 000 |

ABC 银行将该卖出期权指定为对可供出售金融资产（MBI 股票投资）的套期工具，在进行套期有效性评价时将期权的时间价值排除在外，即不考虑期权的时间价值变化。

假定 ABC 银行于 20×9 年 12 月 31 日行使了卖出期权，同时不考虑税费等其他因素的影响。据此，ABC 银行的账务处理如下：

（1）经套期有效性分析后，套期有效率为 100%。

（2）相关账务处理：

① 20×7 年 1 月 1 日：

借：可供出售金融资产　　　　　　　　　　　　　　　　　　　1 000 000

　　贷：存放中央银行款项　　　　　　　　　　　　　　　　　　　1 000 000

（确认购买 MBI 股票）

② 20×7 年 12 月 31 日：

借：可供出售金融资产 300 000

　　贷：资本公积——其他资本公积 300 000

（确认 MBI 股票价格上涨）

借：被套期项目——可供出售金融资产 1 300 000

　　贷：可供出售金融资产 1 300 000

（指定可供出售金融资产为被套期项目）

借：套期工具——卖出期权 120 000

　　贷：存放中央银行款项 120 000

（购入卖出期权并指定为套期工具）

③ 20×8 年 12 月 31 日：

借：套期工具——卖出期权 100 000

　　贷：套期损益 100 000

（确认套期工具公允价值变动——内在价值变动）

借：套期损益 100 000

　　贷：被套期项目——可供出售金融资产 100 000

（确认被套期项目公允价值变动）

借：套期损益 50 000

　　贷：套期工具——卖出期权 50 000

（确认套期工具公允价值变动——时间价值）

④ 20×9 年 12 月 31 日：

借：套期工具——卖出期权 60 000

　　贷：套期损益 60 000

（确认套期工具公允价值变动——内在价值变动）

借：套期损益 60 000

　　贷：被套期项目——可供出售金融资产 60 000

（确认被套期项目公允价值变动）

借：套期损益 70 000

　　贷：套期工具——卖出期权 70 000

（确认套期工具公允价值变动——时间价值）

借：存放中央银行款项 1 300 000

　　贷：套期工具——卖出期权 160 000

被套期项目——可供出售金融资产　　　　　　　　　　　　　　　1 140 000

（确认卖出期权行权）

借：资本公积——其他资本公积　　　　　　　　　　　　　　300 000

　　贷：套期损益　　　　　　　　　　　　　　　　　　　　　　　300 000

（将直接计入资本公积的可供出售金融资产价值变动转出，计入当期损益）

（二）现金流量套期

1. 基本要求

现金流量套期满足运用套期会计方法条件的，应当按照下列规定处理：

（1）套期工具利得或损失中属于有效套期的部分，应当直接确认为所有者权益，并单列项目反映。该有效套期部分的金额，按照下列两项的绝对额中较低者确定：

①套期工具自套期开始的累计利得或损失；

②被套期项目自套期开始的预计未来现金流量现值的累计变动额。

（2）套期工具利得或损失中属于无效套期的部分（即扣除直接确认为所有者权益后的其他利得或损失），应当计入当期损益。

（3）在风险管理策略的正式书面文件中，载明了在评价套期有效性时将排除套期工具的某部分利得或损失或相关现金流量影响的，被排除的该部分利得或损失的处理适用《企业会计准则第 22 号——金融工具确认和计量》。

2. 套期工具利得或损失的后续处理要求

（1）被套期项目为预期交易，且该预期交易使企业随后确认一项金融资产或一项金融负债的，原直接确认为所有者权益的相关利得或损失，应当在该金融资产或金融负债影响企业损益的相同期间转出，计入当期损益。但是，企业预期原直接在所有者权益中确认的净损失全部或部分在未来会计期间不能弥补时，应当将不能弥补的部分转出，计入当期损益。

（2）被套期项目为预期交易，且该预期交易使企业随后确认一项非金融资产或一项非金融负债的，企业可以选择下列方法处理：

①原直接在所有者权益中确认的相关利得或损失，应当在该非金融资产或非金融负债影响企业损益的相同期间转出，计入当期损益。但是，企业预期原直接在所有者权益中确认的净损失全部或部分在未来会计期间不能弥补时，应当将不能弥补的部分转出，计入当期损益。

②将原直接在所有者权益中确认的相关利得或损失转出，计入该非金融资产或非金融负债的初始确认金额。

非金融资产或非金融负债的预期交易形成了一项确定承诺时，该确定承诺满足运用套期保值准则规定的套期会计方法条件的，也应当选择上述两种方法之一处理。企业选择了上述两种处理方法之一作为会计政策后，应当一致地运用于相关的所有预期交易套期，不得随意变更。

（3）不属于以上（1）或（2）所指情况的，原直接计入所有者权益中的套期工具利得或损失，应当在被套期预期交易影响损益的相同期间转出，计入当期损益。

3. 终止运用现金流量套期会计方法的条件

（1）套期工具已到期、被出售、合同终止或已行使。在套期有效期间直接计入所有者权益中的套期工具利得或损失不应当转出，直至预期交易实际发生时，再按有关规定处理。套期工具展期或被另一项套期工具替换，且展期或替换是企业正式书面文件所载明套期策略组成部分的，不作为已到期或合同终止处理。

（2）该套期不再满足运用套期保值准则规定的套期会计方法的条件。在套期有效期间直接计入所有者权益中的套期工具利得或损失不应当转出，直至预期交易实际发生时，再按有关规定处理。

（3）预期交易预计不会发生。在套期有效期间直接计入所有者权益中的套期工具利得或损失应当转出，计入当期损益。

（4）企业撤销了对套期关系的指定。对于预期交易套期，在套期有效期间直接计入所有者权益中的套期工具利得或损失不应当转出，直至预期交易实际发生或预计不会发生。预期交易实际发生的，应按有关规定处理；预期交易预计不会发生的，原直接计入所有者权益中的套期工具利得或损失应当转出，计入当期损益。

例 11.2　20×7 年 1 月 1 日，DEF 公司预期在 20×7 年 6 月 30 日将销售一批商品 X，数量为 100 000 吨。为规避该预期销售有关的现金流量变动风险，DEF 公司于 20×7 年 1 月 1 日与某金融机构签订了一项衍生金融工具合同 Y，且将其指定为对该预期商品销售的套期工具。衍生金融工具 Y 的标的资产与被套期预期商品销售在数量、质量、价格变动和产地等方面相同，并且衍生金融工具 Y 的结算日和预期商品销售日均为 20×7 年 6 月 30 日。

20×7 年 1 月 1 日，衍生金融工具 Y 的公允价值为零，商品的预期销售价格为 1 100 000 元。20×7 年 6 月 30 日，衍生金融工具 Y 的公允价值上涨了 25 000 元，预期销售价格下降了 25 000 元。当日，DEF 公司将商品 X 出售，并将衍生金融工具 Y 结算。

DEF 公司采用比率分析法评价套期有效性，即通过比较衍生金融工具 Y 和商品 X 预期销售价格变动评价套期有效性。DEF 公司预期该套期完全有效。

假定不考虑衍生金融工具的时间价值、商品销售相关的增值税及其他因素，DEF 公司的账务处理如下（单位：元）：

（1）20×7 年 1 月 1 日，DEF 公司不做账务处理。

（2）20×7 年 6 月 30 日：

借：套期工具——衍生金融工具 Y　　　　　　　　　　　　　25 000
　　贷：资本公积——其他资本公积（套期工具价值变动）　　　　　　　25 000
（确认衍生金融工具的公允价值变动）

借：应收账款或银行存款　　　　　　　　　　　　　　　　1 075 000
　　贷：主营业务收入　　　　　　　　　　　　　　　　　　　1 075 000
（确认商品 X 的销售）

借：银行存款　　　　　　　　　　　　　　　　　　　　　　25 000
　　贷：套期工具——衍生金融工具 Y　　　　　　　　　　　　　25 000
（确认衍生金融工具 Y 的结算）

借：资本公积——其他资本公积（套期工具价值变动）　　　　　25 000
　　贷：主营业务收入　　　　　　　　　　　　　　　　　　　25 000
（确认将原计入资本公积的衍生金融工具公允价值变动转出，调整销售收入）

（三）境外经营净投资套期

对境外经营净投资的套期，企业应按类似于现金流量套期会计的规定处理：

（1）套期工具形成的利得或损失中属于有效套期的部分，应当直接确认为所有者权益，并单列项目反映。

处置境外经营时，上述在所有者权益中单列项目反映的套期工具利得或损失应当转出，计入当期损益。

（2）套期工具形成的利得或损失中属于无效套期的部分，应当计入当期损益。

例 11.3　20×7 年 10 月 1 日，XYZ 银行（记账本位币为人民币）在其境外子公司 FS 有一项境外净投资外币 5 000 万元（即 FC5 000 万元）。为规避境外经营净投资外汇风险，XYZ 银行与某境外金融机构签订了一项外汇远期合同，约定于 20×8 年 4 月 1 日卖出 FC5 000 万元。XYZ 银行每季度对境外净投资余额进行检查，且依据检查结果调整对净投资价值的套期。其他有关资料如表 11.2 所示。

表 11.2　　　　　　　　　　　　境外经营净投资套期

| 日　　期 | 即期汇率<br>（FC/人民币） | 远期汇率<br>（FC/人民币） | 远期合同的公允价值 |
|---|---|---|---|
| 20×7 年 10 月 1 日 | 1.71 | 1.70 | 0 元 |
| 20×7 年 12 月 31 日 | 1.64 | 1.63 | 3 430 000 元 |
| 20×8 年 3 月 31 日 | 1.60 | 不适用 | 5 000 000 元 |

XYZ 银行在评价套期有效性时，将远期合同的时间价值排除在外。假定 XYZ 银行

的上述套期满足运用套期会计方法的所有条件。XYZ 银行的账务处理如下（单位：人民币元）：

（1）20×7 年 10 月 1 日：

借：被套期项目——境外经营净投资       85 500 000

 贷：长期股权投资         85 500 000

（外汇远期合同的公允价值为零，不做账务处理）

（2）20×7 年 12 月 31 日：

借：套期工具——外汇远期合同        3 430 000

  汇兑损失           70 000

 贷：资本公积——其他资本公积       3 500 000

（确认远期合同的公允价值变动）

借：外币报表折算差额         3 500 000

 贷：被套期项目——境外经营净投资      3 500 000

（确认对子公司净投资的汇兑损益）

（3）20×8 年 3 月 31

借：套期工具——外汇远期合同        1 570 000

  汇兑损失           430 000

 贷：资本公积——其他资本公积（套期）     2 000 000

（确认远期合同的公允价值变动）

借：外币报表折算差额         2 000 000

 贷：被套期项目——境外经营净投资      2 000 000

（确认对子公司净投资的汇兑损益）

借：存放中央银行款项         5 000 000

 贷：套期工具——外汇远期合同       5 000 000

（确认外汇远期合同的结算）

注：境外经营净投资套期（类似现金流量套期）产生的利得在所有者权益中列示，直至子公司被处置。

# 第三节 嵌入衍生工具的确认和计量

## 一、嵌入衍生工具概念及与主合同的关系

### (一) 嵌入衍生工具概念

衍生金融工具通常是独立存在的，但也可能嵌入到非衍生金融工具或其他合同中。

嵌入衍生工具，是指嵌入到非衍生金融工具（即主合同）中，使混合工具的全部或部分现金流量随特定利率、金融工具价格、商品价格、汇率、价格指数、费率指数、信用等级、信用指数或其他类似变量的变动而变动的衍生工具。

（1）主合同通常包括租赁合同、保险合同、服务合同、特许权合同、债务工具合同、合营合同等。嵌入衍生工具与主合同构成混合工具，如企业持有的可转换公司债券等。

（2）在混合工具中，嵌入衍生工具通常以具体合同条款体现。例如，甲公司签订了按通货膨胀率调整租金的3年期租赁合同。根据该合同，第1年的租金先约定，从第2年开始，租金按前1年的一般物价指数调整。此例中，主合同是租赁合同，嵌入衍生工具体现为一般物价指数调整条款。除一般物价指数调整条款外，以下条款也可能体现嵌入衍生工具：可转换公司债券中嵌入的股份转换选择权条款（对应可转换公司债券）、与权益工具挂钩的本金或利息支付条款、与商品或其他非金融项目挂钩的本金或利息支付条款、看涨期权条款、看跌期权条款、提前还款权条款、信用违约支付条款等。

（3）附在主合同上的衍生工具，如果可以与主合同分开，并能够单独转让，则不能作为嵌入衍生工具，而应作为一项独立存在的衍生工具处理。例如，某贷款合同可能附有一项相关的利率互换。如该互换能够单独转让，那么该互换是一项独立存在的衍生工具，而不是嵌入衍生工具，即使该互换与主合同（贷款合同）的交易对手（借款人）是同一方也是如此。同样的道理，如果某工具是衍生工具与其他非衍生工具"合成"或"拼成"的，那么其中的衍生工具也不能视为嵌入衍生工具，而应作为单独存在的衍生工具处理。例如，某公司有一项5年期浮动利率债务工具和一项5年期支付浮动利率、收取固定利率的利率互换合同，两者放在一起创造了一项合成的5年期固定利率债务工具。在这种情况下，合成工具中的利率互换不应作为嵌入衍生工具处理。

（二）嵌入衍生工具与主合同的关系

企业对嵌入衍生工具进行会计处理时，应当合理地判断其与主合同的关系。通常情况下，应首先明确主合同的经济特征和风险。如果主合同没有明确的或事先确定的到期日，且代表了在某一企业净资产中的剩余利益，那么该主合同的经济特征和风险即为权益工具的经济特征和风险，而且嵌入衍生工具需要拥有和同一企业相关的权益特征才能视为与主合同紧密相关。如果主合同不是一项权益工具但符合金融工具的定义，那么该主合同的经济特征和风险即为权益工具的经济特征和风险。

其次，嵌入的非期权衍生工具（如嵌入的远期合同或互换合同），应基于标明或暗含的实质性条款而将其从主合同中分离出来，其在初始确认时的公允价值为零。嵌入期权的衍生工具（如嵌入的看跌期权、看涨期权、上限、下限或互换期权），应基于标明的期权特征的条款将其从主合同中分离出来，主合同的初始账面金额即为分离出嵌入衍生工具后的剩余金额。

最后，一项金融工具中的多项嵌入衍生工具通常应视同为一项混合嵌入衍生工具处理。但是，归类为权益的嵌入衍生工具应与归类为资产或负债的嵌入衍生工具分开核算。此外，如果某金融工具嵌入了多项嵌入衍生工具，而这些衍生工具又与不同的风险敞口相关，且这些嵌入衍生工具易于分离并相互独立，则这些嵌入衍生工具也应分别进行核算。

## 二、嵌入衍生工具的会计处理

嵌入衍生工具的会计处理，尽可能使嵌入衍生工具与单独存在的衍生工具采用一致的会计原则进行处理。金融工具确认和计量准则规定，单独存在的衍生工具，通常应采用公允价值进行初始计量和后续计量。但是，主合同（非衍生工具）可能因为划分的类别不同（如划分为持有至到期投资、贷款和应收款项等），不会采用公允价值后续计量。因此，如果混合工具没有整体指定为以公允价值计量且其变动计入当期损益的金融资产或金融负债，则应当考虑能否将其从混合工具中分拆出来。具体的会计处理流程见图 11.1。

（一）将混合工具指定为以公允价值计量且其变动计入当期损益的金融资产或金融负债的条件

企业之所以能够直接将混合工具指定为以公允价值计量且其变动计入当期损益，其理由在于：

（1）当一项混合工具包括的嵌入衍生工具不止一项时，仍要求企业将这些嵌入衍生工具进行分拆可能不符合"效益大于成本"原则。

（2）由于包括了若干衍生工具的结构化产品通常要求用衍生工具来对冲其所有或

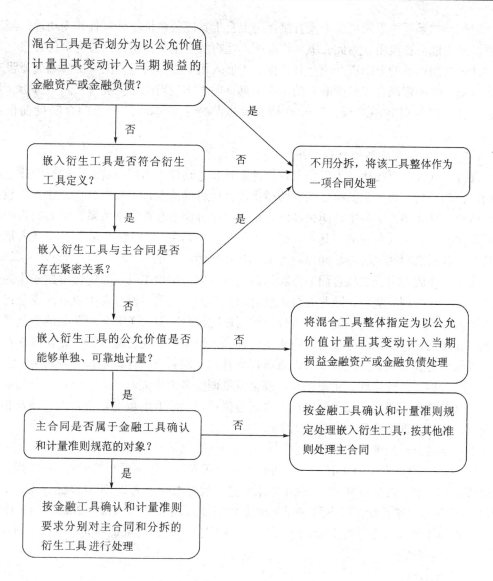

**图 11.1　嵌入衍生工具的会计处理**

几乎所有风险。至于这些嵌入衍生工具是否由于会计准则的要求而分拆，在风险管理中往往不太被关注，因此，最简单的方法就是直接指定混合工具按公允价值计量，以使风险对冲在会计处理上得以真实反映。

　　（3）确定混合工具整体的公允价值往往要比确定分拆出来的衍生工具的公允价值相对容易。

但是，如果不加限制地由企业直接指定混合工具以公允价值计量且其变动计入当期损益，又可能会被滥用。为此，下列情况下不能将混合工具指定为以公允价值计量且其变动计入当期损益的金融资产或金融负债：①嵌入衍生工具对混合工具的现金流量没有重大改变；②类似混合工具所嵌入的衍生工具，明显不应当从相关混合工具中分拆，例如嵌在贷款中的提前还款权，其允许持有者以与摊余成本大致相等的金额提前偿还贷款。

（二）嵌入衍生工具的分拆条件

混合工具没有直接指定为以公允价值计量且其变动计入当期损益的金融资产或金融负债的，如果嵌入衍生工具符合以下两项条件，应将其从混合工具中分拆，作为单独存在的衍生工具处理：①与主合同在经济特征及风险方面不存在紧密关系；②与嵌入衍生工具条件相同、单独存在的工具符合衍生工具定义。其中，"紧密关系"是指嵌入衍生工具与主合同之间在经济特征和风险方面存在相似性。

当企业在成为混合工具合同一方时，即应评价嵌入衍生工具是否应分拆出来作为单独的衍生工具处理。随后，除非混合工具合同条款的变化将对原混合工具合同现金流量产生重大影响，否则企业不能对是否分拆重新进行评价。混合工具合同条款的变化严重影响原混合工具合同现金流量时，应重新评价嵌入衍生工具是否应分拆。企业应在首次执行日与前述合同条款变化所要求的重新评价日两者较后日，评价是否将嵌入衍生工具从主合同分拆并单独处理。企业在确定现金流量调整是否重大时，应当分析判断与嵌入衍生工具、主合同或两者相关的预计未来现金流量发生改变的程度是否重大，以及相对于合同以前预计现金流量是否有重大的改变。

下面通过可转换债券来解释主合同和嵌入衍生工具的会计处理。

例11.4 2005年1月1日，天健股份有限公司发行3年期可转换债券2 000张，每张面值1 000元，票面利率8%，每年年末付息。发行总收入为2 400 000元，支付交易费用30 000元。债券发行时不附选择权的类似债券市场利率为10%。2005年12月31日该可转换债券市价为每张2 600元，2006年12月31日，所有债券转换为200 000股面值10元的普通股。

1. 初始计量

发行可转换公司债券时，按实际收到的金额，借记"银行存款"等账户；按该项可转换公司债券包含的负债成分的公允价值，贷记"应付债券——可转换公司债券（面值）"；按权益成分的公允价值，贷记"资本公积——其他资本公积"；按差额，贷记应"应付债券——可转换公司债券（利息调整）"。在例11.4中，可以用发行总收入和负债部分之间的差额来计算权益部分的价值。

（1）2005年1月1日：

负债部分的价值 = 160 000 × P/A(10%，3) + 2 000 000 × P/S(10%，3) = 1 900 504(元)

权益部分的价值 = 2 400 000 – 1 900 504 = 499 496(元)

（2）2005 年 1 月 1 日，天健发行可转换债券：

借：银行存款　　　　　　　　　　　　　　　　　　　　　　　　2 400 000

　　贷：应付债券——可转换公司债券（面值）　　　　　　　　　　　1 900 504

　　　　资本公积——其他资本公积　　　　　　　　　　　　　　　　499 496

借：财务费用　　　　　　　　　　　　　　　　　　　　　　　　　30 000

　　贷：银行存款　　　　　　　　　　　　　　　　　　　　　　　　30 000

2. 后续计量

对负债部分可使用未来现金流贴现的方法计算价值，对权益部分仍使用权益余值计价法计算价值。当可转换公司债券持有人行使转换权利，将其持有的债券转换为股票，按"应付债券——可转换公司债券（面值、利息调整）"的余额，借记"应付债券——可转换公司债券（面值、利息调整）"；按"资本公积——其他资本公积"账户中属于该项可转换公司债券的权益成分的金额，借记"资本公积——其他资本公积"账户；按股票面值和转换的股数计算的股票面值总额，贷记"股本"账户；按其差额，贷记"资本公积——股本溢价"账户。

（1）2005 年 12 月 31 日：

负债部分的价值 = 160 000 × P/A(10%，2) + 2 000 000 × P/S(10%，2) = 1 930 480(元)

权益部分的价值 = 2 600 000 – 1 930 480 = 669 520 （元）

权益部分价值变动 = （2 600 000 – 2 400 000）–（669 520 – 499 496）= 29 976(元)

借：资本公积——其他资本公积　　　　　　　　　　　　　　　　　29 976

　　贷：应付债券——可转换债券（利息调整）　　　　　　　　　　　　29 976

借：财务费用　　　　　　　　　　　　　　　　　　　　　　　　　160 000

　　贷：应付利息　　　　　　　　　　　　　　　　　　　　　　　　160 000

（2）2006 年 12 月 31 日，可转换债券换为普通股：

借：应付债券——可转换公司债券（面值）　　　　　　　　　　　1 900 504

　　　　　　　——可转换公司债券（利息调整）　　　　　　　　　　　29 976

　　资本公积——其他资本公积　　　　　　　　　　　　　　　　　469 520

　　贷：股本　　　　　　　　　　　　　　　　　　　　　　　　　2 000 000

　　　　资本公积——股本溢价　　　　　　　　　　　　　　　　　　400 000

借：财务费用　　　　　　　　　　　　　　　　　　　　　　　　　160 000

　　贷：应付利息　　　　　　　　　　　　　　　　　　　　　　　　160 000

# 第四节　衍生金融工具的列报

《企业会计准则第 30 号——财务报表列报》对财务报表列报所作的规定，具有普遍适用性。因此，金融工具列报应当符合《企业会计准则第 30 号——财务报表列报》的规定。但是，由于金融工具交易相对于企业的其他经济业务更具特殊性，具有与金融市场结合紧密、风险敏感性强、对企业财务状况和经营成果影响大等特点，因此，有必要单独制定准则对金融工具列报加以规范。

为了防范衍生金融工具可能产生的金融风险，新准则要求企业将衍生工具纳入表内核算，改变了我国长期以来衍生金融工具仅在表外披露的做法。使金融工具产生的风险成为定性的定量信息，是从会计核算上高度重视风险防范的进步。

## 一、金融工具一般信息披露要求

企业在披露金融工具（包括已确认和未确认的金融工具）信息时，应当根据所披露金融工具的性质和特征将金融工具进行恰当分类，同时还应提供足够的信息使之与财务报表内的项目反映的信息有机地联系起来。例如，在对金融资产和金融负债进行披露时，应当将其归为以摊余成本后续计量和以其他基础后续计量的金融资产和金融负债。又如，对衍生工具进行披露时，也应当将其恰当归类，如按外汇衍生工具、利率衍生工具、信用衍生工具等归类。

（一）企业应当披露编制财务报表时对金融工具所采用的重要会计政策、计量基础等信息

（1）对于指定为以公允价值计量且其变动计入当期损益的金融资产或金融负债的，应当披露下列信息：

①指定的依据；

②指定的金融资产或金融负债的性质；

③指定后如何消除或明显减少原来由于该金融资产或金融负债的计量基础不同所导致的相关利得或损失在确认或计量方面不一致的情况，以及是否符合企业正式书面文件载明的风险管理或投资策略的说明。

（2）指定金融资产为可供出售金融资产的条件。

（3）确定金融资产已发生减值的客观依据以及计算确定金融资产减值损失所使用的具体方法。

（4）金融资产和金融负债的利得和损失的计量基础。

（5）金融资产和金融负债终止确认的条件。

（6）其他与金融工具相关的会计政策。

例11.5 某金融企业20×7年年报对指定为以公允价值计量且其变动计入当期损益的金融资产或金融负债有关的会计政策作了如下披露：

指定为以公允价值计量且其变动计入当期损益的金融工具的条件是：

符合以下一项或一项以上标准的金融工具（不包括为交易目的所持有的金融工具）划分为此类，公司管理层也将其做了这类指定。

——公司的该项指定可以消除或明显减少由于金融资产或金融负债的计量基础不同所导致的相关利得或损失在确认或计量方面不一致的情况。

按照此标准，公司所指定金融工具主要包括：

（1）发行的长期债券

若干已发行的固定利率长期债券及次级债务的应付利息，已与"收固定/付浮动"利率互换的利息匹配，并在公司利率风险管理策略正式书面文件中进行了说明。如果这些债券仍以摊余成本计量，则会因为相关的衍生工具以公允价值计量且其变动计入当期损益而产生会计不匹配的现象。通过这项指定，公司将按公允价值对这些债券进行后续计量，且公允价值变动计入当期损益。

（2）投资合同项下的金融资产及金融负债

这些金融资产和金融负债均以公允价值为基础进行管理，且内部报告给管理层时相关的管理数据也以公允价值为基础。在投资联结合同项下对客户负债的计量，按联结合同项下资金所购资产的公允价值来确定，应该对客户负债的公允价值变动计入当期损益；而在投资联结合同以外的其他投资合同项下对客户的负债却以摊余成本计量。如果对与客户负债相关的资产不直接指定，则这些资产将划分为可供出售金融资产，从而其公允价值变动计入所有者权益。总体上看，难以真实地反映对客户负债与相关资产的风险对冲关系。因此，公司将投资合同项下的金融资产和金融负债指定为以公允价值计量且其变动计入当期损益，以使相关公允价值变动计入当期损益，且于利润表中在同一项目下列示。

——公司风险管理或投资策略的正式书面文件已载明，该金融资产组合、该金融负债组合或该金融资产和金融负债组合，以公允价值为基础进行管理、评价并向关键管理人员报告。根据此项标准，为履行公司保险合同项下的负债而持的某些金融资产是此类被指定金融工具的主要项目。公司有正式、书面的风险管理和投资策略文件明确以公允价值为基础管理这些金融资产，其中考虑了这些资产与相关负债之间存在分散市场风险的关系。有关这些金融资产的报告也会报告给管理层。而且，采用公允价值计量这些金融资产与这些保险业务适用的监管规则下的监管报告要求是一致的。

——该项指定运用于某些包含一项或一项以上嵌入衍生工具的金融工具，其中嵌入的衍生工具会极大地改变该金融工具现金流量形成方式。公司拥有的这类金融工具包括发行的债务工具和持有的债券等。

公司对上述公允价值指定，一经作出，将不会撤销。

（二）企业应当披露下列金融资产或金融负债的账面价值

（1）以公允价值计量且其变动计入当期损益的金融资产。

（2）持有至到期投资。

（3）贷款和应收款项。

（4）可供出售金融资产。

（5）以公允价值计量且其变动计入当期损益的金融负债。

（6）其他金融负债。

（三）企业将单项或一组贷款或应收款项指定为以公允价值计量且其变动计入当期损益的金融资产的，应当披露下列信息

（1）资产负债表日该贷款或应收款项使企业面临的最大信用风险敞口金额，以及相关信用衍生工具或类似工具分散该信用风险的金额。其中，信用风险是指金融工具的一方不能履行义务，造成另一方发生财务损失的风险。

（2）该贷款或应收款项本期因信用风险变化引起的公允价值变动额和累计变动额，相关信用衍生工具或类似工具本期公允价值变动额以及自该贷款或应收款项指定以来的累计变动额。

例 11.6　某商业银行对指定为以公允价值计量且其变动计入当期损益的贷款和垫款有关的信息披露如下（金额单位：万元）：

对于指定为以公允价值计量且其变动计入当期损益的贷款和垫款：

——截至 20×7 年 12 月 31 日，使企业面临的最大信用风险敞口　　　3 696 300

——信用风险引起的公允价值累计变动额　　　　　　　　　　　　35 410

在实务中，将贷款或应收款项指定为以公允价值计量且其变动计入当期损益的金融资产比较少见。

（四）企业将某项金融负债指定为以公允价值计量且其变动计入当期损益的金融负债的，应当披露下列信息

（1）该金融负债本期因相关信用风险变化引起的公允价值变动额和累计变动额。

（2）该金融负债的账面价值与到期日按合同约定应支付金额之间的差额。

（五）企业将金融资产重新分类的披露

企业将金融资产进行重新分类，使该金融资产后续计量基础由成本或摊余成本改为

公允价值，或由公允价值改为成本或摊余成本的，应当披露该金融资产重新分类前后的公允价值或账面价值和重新分类的原因。

（六）对于不满足《企业会计准则第 23 号——金融资产转移》规定的金融资产终止确认条件的金融资产转移，企业应当披露下列信息

（1）所转移金融资产的性质。

（2）仍保留的与所有权有关的风险和报酬的性质。

（3）继续确认所转移金融资产整体的，披露所转移金融资产的账面价值和相关负债的账面价值。

（4）继续涉入所转移金融资产的，披露所转移金融资产整体的账面价值、继续确认资产的账面价值以及相关负债的账面价值。

（七）企业应当披露与作为担保物的金融资产有关的下列信息

（1）本期作为负债或或有负债的担保物的金融资产的账面价值。

（2）与担保物有关的期限和条件。

（八）企业收到的担保物（金融资产或非金融资产）在担保物所有人没有违约时就可以出售或再作为担保物的，应当披露下列信息

（1）所持有担保物的公允价值。

（2）已将收到的担保物出售或再作为担保物的，应披露该担保物的公允价值，以及企业是否承担了将担保物退回的义务。

（3）与担保物使用相关的期限和条件。

（九）企业金融资产减值损失的披露

企业应当披露每类金融资产减值损失的详细信息，包括前后两期可比的金融资产减值准备期初余额、本期计提数、本期转回数、期末余额之间的调节信息等。

（十）企业应当披露与违约借款有关的下列信息

（1）违约（本期没有按合同如期还款的借款本金、利息等）性质及原因。

（2）资产负债表日违约借款的账面价值。

（3）在财务报告批准对外报出前，就违约事项已采取的补救措施、与债权人协商将借款展期等情况。

（十一）企业应当披露与每类套期保值有关的下列信息

（1）套期关系的描述。

（2）套期工具的描述及其在资产负债表日的公允价值。

（3）被套期风险的性质。

（十二）企业应当披露与现金流量套期有关的下列信息

（1）现金流量预期发生及其影响损益的期间。

（2）以前运用套期会计方法处理但预期不会发生的预期交易的描述。

（3）本期在所有者权益中确认的金额。

（4）本期从所有者权益中转出、直接计入当期损益的金额。

（5）本期从所有者权益中转出、直接计入预期交易形成的非金融资产或非金融负债初始确认的金额。

（6）本期无效套期形成的利得或损失。

（十三）公允价值套期

对于公允价值套期，企业应当披露本期套期工具形成的利得或损失，以及被套期项目因被套期风险形成的利得或损失。

（十四）境外经营净投资套期

对于境外经营净投资套期，企业应当披露本期无效套期形成的利得或损失。

（十五）公允价值信息的披露

企业在披露金融资产或金融负债的公允价值信息时，除非这些金融资产或金融负债是账面价值与公允价值相差很小的短期金融资产或金融负债，或者是在活跃市场中没有报价的权益工具投资，以及与该权益工具挂钩并须通过交付该权益工具结算的衍生工具，否则应当按照每类金融资产和金融负债披露下列公允价值信息：

（1）确定公允价值所采用的方法，包括全部或部分直接参考活跃市场中的报价或采用估值技术等。采用估值技术的，按照各类金融资产或金融负债分别披露相关估值假设，包括提前还款率、预计信用损失率、利率或折现率等。

（2）公允价值是否全部或部分采用估值技术确定，而该估值技术没有以相同金融工具的当前公开交易价格和易于获得的市场数据作为估值假设。这种估值技术对估值假设具有重大敏感性的，披露这一事实及改变估值假设可能产生的影响，同时披露采用这种估值技术确定的公允价值的本期变动额计入当期损益的数额。

企业在判断估值技术对估值假设是否具有重大敏感性时，应当综合考虑净利润、资产总额、负债总额、所有者权益总额（适用于公允价值变动计入所有者权益的情形）等因素。

金融资产和金融负债的公允价值应当以总额为基础披露（在资产负债表中金融资产和金融负债按净额列示的除外），且披露方式应当有利于财务报告使用者比较金融资产和金融负债的公允价值和账面价值。

企业在作上述披露时，对于不存在活跃市场的金融资产或金融负债，其计量不是以实际交易价格为基础，而是采用更公允的相同金融工具的公开交易价格或估值结果计量的，应当按照金融资产或金融负债的类别披露下列信息：

（1）在损益中确认原实际交易价格与公允价值之间形成的差异所采用的会计政策。

（2）该项差异的期初和期末余额。

（十六）企业应当披露在活跃市场中没有报价的权益工具投资，以及与该权益工具挂钩并须通过交付该权益工具结算的衍生工具有关的下列信息

（1）因公允价值不能可靠计量而未作相关公允价值披露的事实。

（2）该金融工具的描述、账面价值以及公允价值不能可靠计量的原因。

（3）该金融工具相关市场的描述。

（4）企业是否有意处置该金融工具以及可能的处置方式。

（5）本期已终止确认该金融工具的，应当披露该金融工具终止确认时的账面价值以及终止确认形成的损益。

（十七）企业应当披露与金融工具有关的下列收入、费用、利得或损失

（1）本期以公允价值计量且其变动计入当期损益的金融资产或金融负债、持有至到期投资、贷款和应收款项、可供出售金融资产、按摊余成本计量的金融负债的净利得或净损失。

（2）本期按实际利率法计算确认的金融资产或金融负债利息收入总额或利息费用总额。

（3）下列项目形成的、在确定实际利率时未包括的手续费收入或支出：

①以公允价值计量且其变动计入当期损益的金融资产或金融负债以外的金融资产或金融负债；

②企业为他人管理信托财产和其他托管行为。

（4）已发生减值的金融资产产生的利息收入。

（5）持有至到期投资、贷款和应收款项、可供出售金融资产本期发生的减值损失。

## 二、金融工具风险信息披露要求

（一）总体要求

企业既应披露金融工具风险的描述性信息，同时还应披露金融工具风险的数量信息。

1. 描述性信息

（1）风险敞口及其形成原因。

（2）风险管理目标、政策和过程以及计量风险的方法。

上述描述性信息在本期发生改变的，应当作相应说明。

2. 数量信息

（1）资产负债表日风险敞口总括数据。企业在提供该数据时，应当以内部提供给关键管理人员的相关信息为基础。企业运用多种方法管理风险的，应当说明哪种方法能

提供最相关和可靠的信息。

（2）信用风险、流动性风险、市场风险等方面的数量信息。

（3）资产负债表日风险集中信息。风险集中信息应当包括管理层如何确定风险集中点的说明、确定各风险集中点的参考因素（包括交易对手、地理区域、货币种类、市场类型等）、各风险集中点相关的风险敞口金额。

上述数量信息不能代表企业本期风险敞口情况的，应当进一步提供相关信息。

（二）信用风险信息

1. 企业应当披露与每类金融工具信用风险有关的下列信息

（1）在不考虑可利用的担保物或其他信用增级（如不符合相互抵消条件的净额结算协议等）的情况下，最能代表企业资产负债表日最大信用风险敞口的金额，以及可利用担保物或其他信用增级的信息。

（2）尚未逾期和发生减值的金融资产的信用质量信息。

未逾期金融资产指本金和利息都没有逾期的金融资产。

（3）原已逾期或发生减值但相关合同条款已重新商定过的金融资产的账面价值。假如这些金融资产在企业资产负债表日又出现逾期，就作为已逾期金融资产披露。

2. 最能代表企业资产负债表日最大信用风险敞口的金融资产金额，应当是金融资产的账面余额扣除下列两项金额后的余额

（1）满足金融资产和金融负债相互抵消条件、已抵消的金额。

（2）已对该金融资产确认的减值损失。

3. 企业应当按照类别披露已逾期或发生减值的金融资产的下列信息

（1）资产负债表日已逾期但未减值的金融资产的期限分析。

（2）资产负债表日单项确定为已发生减值的金融资产信息，以及判断该金融资产发生减值所考虑的因素。

已逾期金融资产指本金或利息逾期 1 天或以上的金融资产。已发生减值的金融资产指单独进行减值测试后确定的已发生减值的金融资产。

（3）企业持有的、与各类金融资产对应的担保物和与其他信用增级对应的资产及其公允价值。相关公允价值确实难以估计的，应当予以说明。

4. 企业本期因债务人违约而处置担保物或其他信用增级对应的资产所取得的金融资产或非金融资产满足资产确认条件的，应当披露下列信息

（1）所取得资产的性质和账面价值。

（2）这些资产不易转换为现金的，应当披露处置这些资产或拟将其用于日常经营的计划等。

（三）流动性风险信息

（1）企业应当披露金融资产和金融负债按剩余到期日所作的到期期限分析，以及管理这些金融资产和金融负债流动性风险的方法。

流动性风险，是指企业在履行与金融负债有关的义务时遇到资金短缺的风险。

（2）企业在披露金融资产和金融负债到期期限分析时，应当运用职业判断确定适当的时间段。列入各时间段内的金融资产和金融负债金额，应当是未经折现的合同现金流量。

企业可以但不限于按下列时间段进行到期期限分析：

①一个月以内（含本数，下同）；

②一个月至三个月以内；

③三个月至一年以内；

④一年至五年以内；

⑤五年以上。

（3）债权人可以选择收回债权时间的，债务人应当将相应的金融负债列入债权人要求收回债权的最早时间段内。

债务人应付债务金额不固定的，应当根据资产负债表日的情况确定用于到期期限分析的金额。

债务人承诺分期支付金融负债的，债权人应当把每期将收取的款项列入相应的最早时间段内；债务人应当把每期将支付的款项列入相应的最早时间段内。

债权人吸收的活期存款以及其他具有活期性质的存款，应当列入最早的时间段内。

（四）市场风险信息

金融工具的市场风险，是指金融工具的公允价值或未来现金流量因市场价格变动而发生波动的风险，包括外汇风险、利率风险和其他价格风险。其中，外汇风险，是指金融工具的公允价值或未来现金流量因外汇汇率变动而发生波动的风险；利率风险，是指金融工具的公允价值或未来现金流量因市场利率变动而发生波动的风险；其他价格风险，是指外汇风险和利率风险以外的市场风险。

（1）企业应当披露与敏感性分析有关的下列信息：

①资产负债表日所面临的各类市场风险的敏感性分析。该项披露应当反映资产负债表日相关风险变量发生合理、可能的变动时，将对企业当期损益或所有者权益产生的影响。

②本期敏感性分析所使用的方法和假设。该方法和假设与前一期不同的，应当披露发生改变的原因。

（2）企业采用风险价值法或类似方法进行敏感性分析能够反映风险变量之间（如

利率和汇率之间等）的关联性，且企业已采用该种方法管理财务风险的，可不按照上述（1）的要求进行披露，但应当披露下列信息：

①用于该种敏感性分析的方法、选用的主要参数和假设。

②所使用方法的目的，以及使用该种方法不能充分反映相关金融资产和金融负债公允价值的可能性。

（3）如果按上述（1）或（2）对敏感性分析的披露不能反映金融工具内在市场风险的，企业应当披露这一事实及其原因。

# 第十二章

# 金融企业损益的核算

企业损益的多少反映了企业经营的经济效益，其损益又是收入与费用的差额，因此，要核算金融企业的损益，就要核算金融企业的收入与费用。如何规范收入与费用的确认和计量，确保财务报表反映的收入和费用的信息真实、可靠，已成为人们普遍关注的焦点。金融企业的损益主要由营业利润、利润总额、净利润三部分构成：

营业利润 = 营业收入 − 营业支出

利润总额 = 营业利润 + 营业外收入 − 营业外支出

净利润 = 利润总额 − 所得税费用

但由于金融企业业务的差异性，其收入和费用的核算又有其特殊性。

## 第一节 银行业收入、费用的核算

### 一、银行业收入的核算

商业银行的收入是指商业银行对外提供金融产品服务或让渡资产使用权而取得的收入。它包括营业收入和营业外收入。其中，营业收入主要包括利息收入、手续费及佣金收入、投资收益、公允价值变动损益、汇兑损益和其他业务收入等。银行收入不包括为第三方或者客户代收的款项，如企业代垫的工本费、代邮电部门收取的邮电费、代水电部门收取的水电费等。

（一）利息收入

利息收入是指银行业发放各类贷款（银团贷款、贸易融资、贴现和转贴现融出资金、协议透支、信用卡透支、转贷款、垫款等）、与其他金融机构（中央银行、同业等）之间发生资金往来业务、买入返售金融资产等实现的利息收入。利息收入在银行营业收入中占有较大比重，在银行财务成果中也占有重要的地位。在核算时，应设置"利息收入"账户进行核算。其明细账户可按业务类别设置。

资产负债表日，银行应按合同利率计算确定的应收未收利息，借记"应收利息"等账户；按摊余成本和实际利率计算确定的利息收入，贷记"利息收入"账户；按其差额，借记或贷记"贷款——利息调整"等账户。

实际利率与合同利率差异较小的，也可以采用合同利率计算确定利息收入。

期末，应将"利息收入"账户余额转入"本年利润"账户，结转后本账户无余额。

（二）手续费及佣金收入

手续费及佣金收入是指银行在为他人办理结算业务、咨询业务、担保业务、代保管等代理业务以及办理受托贷款及投资业务等取得的手续费及佣金，如结算手续费收入、佣金收入、业务代办手续费收入、基金托管收入、咨询服务收入、担保收入、受托贷款手续费收入、代保管收入，代理兑付证券、代理保管证券、代理保险业务等代理业务以及其他相关服务实现的手续费及佣金收入等。在核算时，应设置"手续费及佣金收入"账户进行核算，明细账户可按手续费及佣金收入类别设置。

银行确认的手续费及佣金收入，按应收的金额，借记"应收手续费及佣金"等账户，贷记"手续费及佣金收入"。实际收到手续费及佣金，借记"存放中央银行款项"、"银行存款"、"吸收存款"等账户，贷记"应收手续费及佣金"等账户。

期末，应将"手续费及佣金收入"账户余额转入"本年利润"账户，结转后本账户无余额。

（三）投资收益

投资收益是指商业银行进行各项投资所取得的投资收益或投资损失。在核算时，应设置"投资收益"账户，对商业银行确认的长期股权投资收益，持有交易性金融资产、持有至到期投资、可供出售金融资产期间取得的收益以及处置交易性金融资产（或负债）、持有至到期投资和可供出售金融资产实现的收益进行核算。其明细账户可按投资项目设置。有关投资收益的会计处理见各章。

（四）公允价值变动损益

公允价值变动损益是指商业银行所持有的交易性金融资产、交易性金融负债，以及采用公允价值模式计量的投资性房地产、衍生金融工具、套期保值业务等公允价值变动形成的应计入当期损益的利得或损失。在核算时，应设置"公允价值变动损益"账户进行核算，其明细账户可按交易性金融资产、交易性金融负债、投资性房地产等进行设置。

（1）资产负债表日，银行应按交易性金融资产的公允价值高于其账面余额的差额，借记"交易性金融资产——公允价值变动"账户，贷记"公允价值变动损益"账户；公允价值低于其账面余额的差额，做相反的会计分录。

出售交易性金融资产时，应按收到的金额，借记"银行存款"、"存放中央银行款项"等账户；按该金融资产的账面余额，贷记"交易性金融资产"账户；按其差额，借记或贷记"投资收益"账户。同时，将原计入该金融资产的公允价值转出，借记或贷记"公允价值变动损益"，贷记或借记"投资收益"账户。

（2）资产负债表日，交易性金融负债的公允价值高于其账面余额的差额，借记"公允价值变动损益"账户，贷记"交易性金融负债"账户；公允价值低于其账面余额的差额，做相反的会计分录。

处置交易性金融负债，应按该金融负债的账面余额，借记"交易性金融负债"账户，贷记"银行存款"、"存放中央银行款项"等账户；按其差额，贷记或借记"投资收益"账户；同时，按该金融负债的公允价值变动，贷记或借记"公允价值变动损益"账户，借记或贷记"投资收益"账户。

（3）期末，应将"公允价值变动损益"账户余额转入"本年利润"账户，结转后本账户无余额。

（五）汇兑损益

汇兑损益是指商业银行在从事外汇交易、外币兑换业务中，因不同期限、不同货币之间，以及国际之间的利率、汇率水平的差异而获得的收入。即已经收入的外币资金在使用时，或已经发生的外币债权、外币债务在偿还时，由于期末汇率与记账汇率的不同而发生的折合为记账本位币的差额。

在核算时，应设置"汇兑损益"账户进行核算。

采用统账制核算的，各外币货币性项目的外币期（月）末余额，应当按照期（月）末汇率折算为记账本位币金额。按照期（月）末汇率折算的记账本位币金额与原账面记账本位币金额之间的差额，如为汇兑收益，借记有关账户，贷记汇兑损益账户；如为汇兑损失，做相反的会计分录。

采用分账制核算的，期（月）末将所有以外币表示的"货币兑换"科目余额按照期（月）末汇率折算为记账本位币金额，折算后的记账本位币金额与"货币兑换——记账本位币"账户余额进行比较，为贷方差额的，借记"货币兑换——记账本位币"账户，贷记"汇兑损益"账户；为借方差额的，做相反的会计分录。

期末，应将"汇兑损益"账户余额转入"本年利润"账户，结转后本账户无余额。

（六）其他业务收入

其他业务收入是指商业银行取得的除主营业务活动以外的其他业务活动实现的收入。这包括出租固定资产、出租无形资产等。在核算时，应设置"其他业务收入"账户进行核算，其明细账户可按其他业务收入种类进行设置。

银行确认的其他业务收入，借记"银行存款"、"其他应收款"等账户，贷记"其他业务收入"账户等。

期末，应将"其他业务收入"账户余额转入"本年利润"账户，结转后本账户无余额。

## 二、银行业费用的核算

商业银行费用由营业成本和营业费用构成。银行的营业成本是银行在从事经营活动过程中发生的与业务经营有关的耗费和支出，包括利息支出、手续费及佣金支出、投资损失、公允价值变动损失及汇兑损失等。银行的营业费用，是银行在从事经营活动过程中发生的与业务经营不直接相关的各项费用，包括营业税金及附加、业务及管理费、资产减值损失及其他业务支出等。

（一）利息支出

商业银行发生的利息支出，包括吸收的各种存款（单位存款、个人存款、信用卡存款、特种存款、转贷款资金等）、与其他金融机构（中央银行、同业等）之间发生资金往来业务、卖出回购金融资产等产生的利息支出。利息支出在银行全部支出中占较大的比重，应区分不同情况进行账务处理。核算时应设置"利息支出"账户，可按利息支出项目进行明细核算。

资产负债表日，商业银行应按摊余成本和实际利率计算确定的利息费用金额，借记"利息支出"账户；按合同利率计算确定的应付未付利息，贷记"应付利息"账户；按其差额，借记或贷记"吸收存款——利息调整"等账户。实际利率与合同利率差异较小的，也可以采用合同利率计算确定利息费用。

期末，应将"利息支出"账户余额转入"本年利润"账户，结转后本账户无余额。

（二）手续费及佣金支出

手续费及佣金支出是商业银行发生的与其经营活动相关的各项手续费、佣金等支出。核算时应设置"手续费及佣金支出"账户，可按支出类别进行明细核算。

商业银行发生预期与经营活动相关的手续费、佣金等支出时，借记"手续费及佣金支出"，贷记"银行存款"、"存放中央银行款项"、"存放同业"、"库存现金"、"应付手续费及佣金"等账户。

期末，应将"手续费及佣金支出"账户余额转入"本年利润"账户，结转后本账户无余额。

投资损失、公允价值变动损失及汇兑损失等的核算在本节"一、银行业收入的核算"中已有述及。

（三）营业税金及附加

营业税金及附加是商业银行经营活动中发生的营业税、消费税、城市维护建设税、资源税和教育费附加等相关税费，以及与投资性房地产相关的房产税、土地使用税等。核算时应设置"营业税金及附加"账户。

商业银行按规定计算确定的与经营活动相关的税费，借记"营业税金及附加"账户，贷记"应交税费"账户。

期末，应将"营业税金及附加"账户余额转入"本年利润"账户，结转后本账户无余额。

（四）业务及管理费

业务及管理费是商业银行在业务经营过程中所发生的各项费用，包括折旧费、业务宣传费、业务招待费、电子设备运转费、钞币运送费、安全防范费、邮电费、劳动保护费、外事费、印刷费、低值易耗品摊销、职工工资及福利费、差旅费、水电费、职工教育经费、工会经费、会议费、诉讼费、公证费、咨询费、无形资产摊销、长期待摊费用摊销、取暖降温费、聘请中介机构费、技术转让费、绿化费、董事会费、财产保险费、劳动保险费、住房公积金、物业管理费、研究费用、房产税、车船使用税、土地使用税、印花税等。核算时应设置"业务及管理费"账户，可按费用项目进行明细核算。

商业银行发生各项业务及管理费时，借记"业务及管理费——工资、固定资产折旧支出、业务宣传费等"账户，贷记"应付职工薪酬"、"累计折旧"、"库存现金"等账户。

期末，应将"业务及管理费"账户余额转入"本年利润"账户，结转后本账户无余额。

（五）资产减值损失

资产减值损失是商业银行计提各项资产减值准备所形成的损失。核算时应设置"资产减值损失"账户，可按资产减值损失的项目进行明细核算。

商业银行的贷款、持有至到期投资、抵债资产、应收款项、长期股权投资、固定资产、无形资产等资产发生减值的，应按减记的金额，借记"资产减值损失"，贷记"贷款损失准备"、"持有至到期投资减值准备"、"抵债资产减值准备"、"坏账准备"、"固定资产减值准备"、"无形资产减值准备"等账户。

商业银行计提贷款损失准备、持有至到期投资减值准备、坏账准备等，相关资产的价值又得以恢复的，应在原已计提的减值准备金额内，按恢复增加的金额，借记"贷款损失准备"、"持有至到期投资减值准备"、"坏账准备"等账户，贷记"资产减值损失"账户。

期末，应将"资产减值损失"账户余额转入"本年利润"账户，结转后本账户无余额。

（六）其他业务支出

其他业务支出是商业银行发生的除营业税金及附加、业务及管理费、资产减值损失等营业费用以外的其他业务支出。核算时应设置"其他业务支出"账户，可按其他业务成本的种类进行明细核算。

商业银行发生其他业务支出时，借记"其他业务支出"，贷记"累计折旧"、"累计摊销"等账户。

期末，应将"其他业务支出"账户余额转入"本年利润"账户，结转后本账户无余额。

# 第二节　保险业收入、费用的核算

## 一、保险企业收入的核算

保费收入是保险企业销售保险产品所取得的收入，是保险企业的主要收入项目。保险企业的收入包括保费收入、投资收益、公允价值变动损益、汇兑损益和其他业务收入等。

（一）保费收入

保费收入是保险企业的主要收入，它是指保险企业确认的保费收入。核算时应设置"保费收入"账户，可按保险合同和险种进行明细核算。

（1）保险企业确认原保险合同保费收入时，借记"应收保费"、"预收保费"、"银行存款"、"库存现金"等账户，贷记"保费收入"账户。

非寿险原保险合同提前解除的，按原保险合同约定计算确定的应退还投保人的金额，借记"保费收入"账户，贷记"库存现金"、"银行存款"等账户。

（2）保险企业确认再保险合同分保费收入时，借记"应收分保账款"账户，贷记"保费收入"账户。

收到分保业务账单时，按账单标明的金额对分保收入进行调整，按调整增加额，借记"应收分保账款"账户，贷记"保费收入"账户；调整减少额，做相反的会计分录。

期末，应将"保费收入"账户余额转入"本年利润"账户，结转后本账户无余额。

（二）投资收益、公允价值变动损益、汇兑损益

投资收益、公允价值变动损益、汇兑损益等收入的核算，可参考银行业收入的核算进行。

**二、保险企业费用的核算**

保险企业费用由营业成本和营业费用构成。保险企业的营业成本是在从事经营活动过程中发生的与业务经营有关的耗费和支出，包括退保支出、赔付支出、提取保险责任准备金、保单红利支出、分出保费、分保费用、分保赔付支出、投资损失、公允价值变动损失及汇兑损失等。保险企业的营业费用，是在从事经营活动过程中发生的与业务经营不直接相关的各项费用，包括营业税金及附加、业务及管理费、资产减值损失及其他业务支出等。

（一）赔付支出

赔付支出是保险企业支付的原保险合同赔付款项和再保险合同赔付款项。核算时应设置"赔付支出"账户，可按保险合同和险种进行明细核算。

（1）保险企业在确定支付赔付款项金额或实际发生理赔费用的当期，借记"赔付支出"账户，贷记"银行存款"、"库存现金"等账户。

（2）承担赔付保险金责任后，应当确认的代位追偿款，借记"应收代位追偿款"账户，贷记"赔付支出"账户。

收到代位追偿款时，应按实际收到的金额，借记"库存现金"、"银行存款"等账户；按应收代位追偿款的账面余额，贷记"应收代位追偿款"账户；按其差额，借记或贷记"赔付支出"账户。已计提坏账准备的，还应同时结转坏账准备。

（3）承担赔偿保险金责任后取得的损余物资，应按同类或类似资产的市场价格计算确定的金额，借记"损余物资"账户，贷记"赔付支出"账户。

处置损余物资，应按实际收到的金额，借记"库存现金"、"银行存款"等账户；按损余物资的账面余额，贷记"损余物资"账户；按其差额，借记或贷记"赔付支出"账户。已计提跌价准备的，还应同时结转跌价准备。

（4）再保险接受人收到分保业务账单的当期，应按账单标明的分保赔付款项金额，借记"赔付支出"账户，贷记"应付分保账款"账户。

期末，应将"赔付支出"账户余额转入"本年利润"账户，结转后本账户无余额。

（二）提取保险责任准备金

提取保险责任准备金是保险企业提取的原保险合同责任准备金，包括提取的未决赔款准备金、提取的寿险责任准备金、提取的长期健康险责任准备金。核算时，应设置

"提取保险责任准备金"账户，可按保险责任准备金类别、险种和保险合同进行明细核算。

（1）保险企业确认寿险保费收入时，应按保险精算确定的寿险责任准备金、长期健康险责任准备金，借记"提取保险责任准备金"账户，贷记"保险责任准备金"账户。

投保人发生非寿险保险合同约定的保险事故当期，保险企业应按保险精算确定的未决赔款准备金，借记"提取保险责任准备金"账户，贷记"保险责任准备金"账户。

对保险责任准备金进行充足性测试时，应按补提的保险责任准备金，借记"提取保险责任准备金"账户，贷记"保险责任准备金"账户。

（2）原保险合同保险人确定支付赔付款项金额或实际发生理赔费用的当期，应按冲减的相应保险责任准备金余额，借记"保险责任准备金"账户，贷记"提取保险责任准备金"账户。

再保险接受人收到分保业务账单的当期，应按分保保险责任准备金的相应冲减金额，借记"保险责任准备金"账户，贷记"提取保险责任准备金"账户。

（3）寿险原保险合同提前解除的，应按相关寿险责任准备金、长期健康险责任准备金余额，借记"保险责任准备金"账户，贷记"提取保险责任准备金"账户。

期末，应将"提取保险责任准备金"账户余额转入"本年利润"账户，结转后本账户无余额。

（三）退保金

退保金是保险企业寿险原保险合同提前解除时按照约定应当退还投保人的保单现金价值。核算时应设置"退保金"账户，可按险种进行明细核算。保险企业寿险原保险合同提前解除的，应按原保险合同约定的应退还投保人的保单现金价值，借记"退保金"账户，贷记"库存现金"、"银行存款"等账户。

期末，应将"退保金"账户余额转入"本年利润"账户，结转后本账户无余额。

（四）保单红利支出

保单红利支出是保险企业按原保险合同约定支付给投保人的红利。核算时应设置"保单红利支出"账户，可按保单红利来源进行明细核算。

保险企业按原保险合同约定计提应支付的保单红利时，借记"保单红利支出"账户，贷记"应付保单红利"账户。

期末，应将"保单红利支出"账户余额转入"本年利润"账户，结转后本账户无余额。

（五）分出保费

分出保费是保险企业（再保险分出人）向再保险接受人分出的保费。核算时应设置"分出保费"账户，可按险种进行明细核算。

期末，应将"分出保费"账户余额转入"本年利润"账户，结转后本账户无余额。

（六）分保费用

分保费用是保险企业（再保险接受人）向再保险分出人支付的分保费用。核算时应设置"分保费用"账户，可按险种进行明细核算。

期末，应将"分保费用"账户余额转入"本年利润"账户，结转后本账户无余额。

投资损失、公允价值变动损失及汇兑损失等的核算，以及营业税金及附加、业务及管理费、资产减值损失及其他业务支出等营业费用的核算，可参考银行业费用的核算进行。

# 第三节　证券业收入、费用的核算

## 一、证券业收入的核算

证券经营收入包括手续费及佣金收入、利息收入、投资收益、公允价值变动损益、汇兑损益和其他业务收入等。

（一）手续费及佣金收入

证券公司的手续费及佣金收入指证券公司为客户办理各种业务收取的手续费及佣金，包括代理买卖证券、代理兑付证券、代理保管证券和代理承销证券等代理业务及其他相关服务实现的手续费及佣金收入。核算时应设置"手续费及佣金收入"账户，可按手续费及佣金收入类别进行明细核算。

证券公司确认的手续费及佣金收入，按应收的金额，借记"应收手续费及佣金"、"代理承销证券款"等账户，贷记"手续费及佣金收入"。实际收到手续费及佣金，借记"存放中央银行款项"、"银行存款"、"结算备付金"等账户，贷记"应收手续费及佣金"等账户。

期末，应将"手续费及佣金收入"账户余额转入"本年利润"账户，结转后本账户无余额。

（二）投资收益、公允价值变动损益、汇兑损益和其他业务收入

投资收益、公允价值变动损益、汇兑损益和其他业务收入等的核算，可参考银行业收入的核算进行。

（三）利息收入

它包括买入返售金融资产等实现的利息收入。

（1）资产负债表日，应计算确定买入返售金融资产的利息收入。其会计分录为：

借：应收利息

　　贷：利息收入

（2）返售日，按实际收到金额，借记"存放中央银行款项"、"结算备付金"等账户；按其账面余额，贷记"买入返售金融资产"、"应收利息"账户；按其差额，贷记"利息收入"账户。其会计分录为：

借：存放中央银行款项等

　　贷：买入返售金融资产

　　　　应收利息

　　　　利息收入

## 二、证券业费用的核算

证券业费用由营业成本和营业费用构成。证券公司的营业成本是在从事经营活动过程中发生的与业务经营有关的耗费和支出，包括手续费及佣金支出、利息支出、投资损失、公允价值变动损失及汇兑损失等。证券公司的营业费用，是在从事经营活动过程中发生的与业务经营不直接相关的各项费用，包括营业税金及附加、业务及管理费、资产减值损失及其他业务支出等。

（一）手续费及佣金支出

手续费及佣金支出是证券公司发生的与其经营活动相关的各项手续费、佣金等支出。核算时应设置"手续费及佣金支出"账户，可按支出类别进行明细核算。

证券公司发生的与其经营活动相关的手续费、佣金等支出，借记"手续费及佣金支出"账户，贷记"银行存款"、"结算备付金"、"存放同业"、"库存现金"、"应付手续费及佣金"等账户。

期末，应将"手续费及佣金支出"账户余额转入"本年利润"账户，结转后本账户无余额。

（二）利息支出

它包括向银行借款、卖出回购金融资产款等产生的利息支出。

（1）资产负债表日，应计算确定卖出回购金融资产的利息费用。其会计分录为：

借：利息支出

　　贷：应付利息

（2）回购日，按其账面余额，借记"卖出回购金融资产款"、"应付利息"账户；按实际支付的金额，贷记"存放中央银行款项"、"结算备付金"等账户；按其差额，借记"利息支出"账户。其会计分录为：

借：卖出回购金融资产款
　　应付利息
　　利息支出
　　贷：存放中央银行款项

投资损失、公允价值变动损失及汇兑损失等的核算，以及营业税金及附加、业务及管理费、资产减值损失及其他业务支出等营业费用的核算，可参考银行业费用的核算进行。

# 第四节　金融企业利得与损失的核算

以上就三大金融企业的营业收入和营业支出的具体内容的核算作了讲解，下面进一步就金融企业的利得和损失作出说明。

## 一、利得

（一）利得的概念

利得是指企业非日常活动所形成的、会导致所有者权益增加的、与所有者投入资本无关的经济利益的流入。

利得包括直接计入所有者权益的利得和直接计入当期利润的利得。

直接计入所有者权益的利得主要是指可供出售金融资产的公允价值的变动收益，现金流量套期中套期工具公允价值的变动收益，自用房地产或存货转换为采用公允价值模式计量的投资性房地产时其原有价值与公允价值的差额等。

直接计入当期利润的利得主要是指罚款收入、出纳长款及结算长款收入、清理睡眠户收入、抵债资产溢价收入以及固定资产盘盈、处置固定资产净收益、出售无形资产净收益、非货币性资产交换利得、债务重组利得、政府补助利得、确实无法支付而按规定程序经批准后转销的应付款项等。

本节的核算针对计入当期利润的利得。

（二）利得的核算

1. 应设置和运用的账户

金融企业应设置"营业外收入"账户核算计入当期利润的利得，本账户按营业外收入项目进行明细核算。

金融企业在经营过程中，若发生营业外收入，应根据收入项目按实际发生额做出账务处理。会计分录为：

借：待处理财产损溢——××户

或：固定资产清理——××项目户

或：××科目——××户

　　贷：营业外收入——××户

2. 账务处理

例12.1　某银行在财产清查中发现出纳长款1 000元，属确实无法查清的长款，经批准转入该行的营业外收入。根据有关凭证做出账务处理：

（1）发生出纳长款时：

借：库存现金——××机构业务现金户　　　　　　　　　　　　　　　1 000

　　贷：其他应付款——出纳长款户　　　　　　　　　　　　　　　　1 000

（2）经批准作为该行收益时：

借：其他应付款——出纳长款户　　　　　　　　　　　　　　　　　　1 000

　　贷：营业外收入——出纳长款收入户　　　　　　　　　　　　　　1 000

例12.2　某行处置某项抵债资产，取得净收入500万元，该项抵债资产的入账公允价值是450万元。根据有关凭证做出账务处理：

借：××科目——××户　　　　　　　　　　　　　　　　　　　5 000 000

　　贷：抵债资产　　　　　　　　　　　　　　　　　　　　　　4 500 000

　　贷：营业外收入——抵债资产溢价收入户　　　　　　　　　　　500 000

例12.3　开户甲单位因违反结算纪律，银行按照《支付结算办法》和《票据管理实施办法》的规定对其处以2 000元的罚款。根据有关凭证做出账务处理：

借：吸收存款——活期存款××户　　　　　　　　　　　　　　　　2 000

或：库存现金　　　　　　　　　　　　　　　　　　　　　　　　2 000

　　贷：营业外收入——××罚款收入户　　　　　　　　　　　　　2 000

## 二、损失

### （一）损失的概念

损失是指企业非日常活动所发生的、会导致所有者权益减少的、与向所有者分配利润无关的经济利益的流出。

损失包括直接计入所有者权益的损失和直接计入当期利润的损失。

直接计入所有者权益的损失主要是指可供出售金融资产的公允价值的变动损失、现金流量套期中套期工具公允价值的变动损失、自用房地产或存货转换为采用公允价值模式计量的投资性房地产时其原有价值与公允价值的差额等。

　　直接计入当期利润的损失包括罚款支出、出纳短款及结算赔款支出、抵债资产折价支出以及固定资产盘亏、处置固定资产净损失、出售无形资产净损失、非常损失、公益救济性捐赠支出、违法经营缴纳罚款及被没收财产、证券交易差错损失等。

　　本节的核算针对计入当期利润的损失。

　　（二）损失的核算

　　1. 应设置和运用的账户

　　金融企业应设置"营业外支出"账户核算计入当期利润的损失，本账户按营业外支出项目进行明细核算。

　　金融企业在经营过程中，若发生营业外支出，应根据支出项目按实际发生数做出账务处理。会计分录为：

　　借：营业外支出——××户
　　　贷：待处理财产损溢——××户
　　　或：固定资产清理——××项目户
　　　或：××科目——××户

　　2. 账务处理

　　例 12.4　某银行在财产清查中发现出纳短款 2 000 元，企业核定出纳负主要责任，应赔偿 1 500 元，其余损失由企业承担，经批准转入该行的营业外支出。根据有关凭证做出账务处理：

　　（1）发生出纳短款时：

　　借：待处理财产损溢——出纳短款户　　　　　　　　　　　　　2 000
　　　贷：库存现金——××机构业务现金户　　　　　　　　　　　2 000

　　（2）经批准处理时：

　　借：其他应收款——××出纳　　　　　　　　　　　　　　　　1 500
　　　　营业外支出——出纳短款　　　　　　　　　　　　　　　　500
　　　贷：待处理财产损溢——出纳短款户　　　　　　　　　　　　2 000

　　例 12.5　某证券公司由于交易差错给客户造成一定的损失，经协商，该证券公司赔付客户 10 000 元。根据有关凭证做出账务处理：

　　借：营业外支出——证券交易差错损失　　　　　　　　　　　10 000
　　　贷：库存现金——××机构业务现金户　　　　　　　　　　10 000

### 三、利得与损失在期末的核算

　　金融企业记入"营业外收入"和"营业外支出"的利得和损失虽然与企业生产经营活动无直接因果关系，但也是金融企业利润总额的构成项目。因此，"营业外收入"

和"营业外支出"期末应转入"本年利润"账户，增加或减少当期的利润总额。

（一）"营业外收入"的结转

借：营业外收入

　　贷：本年利润

（二）"营业外支出"的结转

借：本年利润

　　贷：营业外支出

# 第十三章

## 金融企业财务报表

与其他企业一样，金融企业要定期或不定期向投资者、债权人、金融监管当局等提供财务会计信息，使其了解金融企业经营成果和财务状况、现金流量等财务信息，作为信息使用者投资决策或监管的依据。同时，金融企业财务会计报告也是企业自身加强和完善经营管理的重要依据。

企业财务报告由财务报表和财务报表附注两部分内容组成。财务报表以统一的表格形式提供企业的财务状况、经营成果和现金流量的信息；财务报表附注以文字的形式对报表的某些项目做进一步的补充说明，并对企业的会计政策和重大事项等予以披露。本章只介绍财务报表的编制。

会计报表是财务会计报告的核心和基本手段，主要由资产负债表、利润表、现金流量表、所有者权益变动表等组成。金融企业在编制会计报表时，必须坚持做到会计报表信息真实可靠、全面完整和编报及时，以保证会计报表的质量及其作用的充分发挥。

## 第一节　资产负债表

### 一、资产负债表概述

资产负债表是反映企业某一特定日期财务状况的会计报表，它是根据资产、负债和所有者权益（或股东权益，下同）之间的相互关系，按照一定的分类标准和一定的顺序，对企业一定日期的资产、负债和所有者权益各项目予以适当排列，并对日常工作中形成的大量数据进行高度浓缩整理后编制而成的。金融企业资产负债表表明了金融企业在某一特定日期所拥有或控制的经济资源、所承担的现时义务和所有者对净资产的要求权。它揭示和反映了金融企业一定时点的理财结构。

## 二、资产负债表的格式

金融企业资产负债表中的资产按照流动性的大小依次排列。流动性大的在前面，流动性小的在后面。金融企业资产负债表中的负债按照偿还期的长短排列。偿还期短的排在前面，偿还期长的排在后面。金融企业资产负债表中的所有者权益按照其在企业保留的时间长短排列。在企业保留时间长的排在前面，反之则在后面。所有者权益主要包括：实收资本（或股本）、资本公积、盈余公积和未分配利润等。此外，金融企业的一般风险准备也是金融企业所有者权益的组成部分。

按照我国有关法律法规的规定，我国的金融企业不能混业经营，只能分业经营，因而各金融企业的资产负债表会因其经营业务内容的不同而有所不同，但其排列格式和基本内容相同。

## 三、资产负债表的内容

（一）商业银行的资产负债表

表 13.1　　　　　　　　　　　　　商业银行资产负债表

会商银 01 表

编制单位：_____年____月____日

单位：元

| 资　　　产 | 期末余额 | 年初余额 | 负债和所有者权益（或股东权益） | 期末余额 | 年初余额 |
|---|---|---|---|---|---|
| 资产： | | | 负债： | | |
| 现金及存放中央银行款项 | | | 向中央银行借款 | | |
| 存放同业款项 | | | 同业及其他金融机构存放款项 | | |
| 贵金属 | | | 拆入资金 | | |
| 拆出资金 | | | 交易性金融负债 | | |
| 交易性金融资产 | | | 衍生金融负债 | | |
| 衍生金融资产 | | | 卖出回购金融资产款 | | |
| 买入返售金融资产 | | | 吸收存款 | | |
| 应收利息 | | | 应付职工薪酬 | | |

表 13.1（续）

| 资　　产 | 期末余额 | 年初余额 | 负债和所有者权益（或股东权益） | 期末余额 | 年初余额 |
|---|---|---|---|---|---|
| 发放贷款和垫款 | | | 应交税费 | | |
| 可供出售金融资产 | | | 应付利息 | | |
| 持有至到期投资 | | | 预计负债 | | |
| 长期股权投资 | | | 应付债券 | | |
| 投资性房地产 | | | 递延所得税负债 | | |
| 固定资产 | | | 其他负债 | | |
| 无形资产 | | | 负债合计 | | |
| 递延所得税资产 | | | 所有者权益（或股东权益） | | |
| 其他资产 | | | 实收资本（或股本） | | |
| | | | 资本公积 | | |
| | | | 减：库存股 | | |
| | | | 盈余公积 | | |
| | | | 一般风险准备 | | |
| | | | 未分配利润 | | |
| | | | 所有者权益（或股东权益）合计 | | |
| 资产总计 | | | 负债和所有者权益（或股东权益）总计 | | |

（二）保险公司资产负债表

表 13.2　　　　　　　　　　　　保险公司资产负债表

会保 01 表

编制单位：_____年____月____日　　　　　　　　　　　单位：元

| 资　　产 | 期末余额 | 年初余额 | 负债和所有者权益（或股东权益） | 期末余额 | 年初余额 |
|---|---|---|---|---|---|
| 资产： | | | 负债： | | |
| 货币资金 | | | 短期借款 | | |
| 拆出资金 | | | 拆入资金 | | |
| 交易性金融资产 | | | 交易性金融负债 | | |
| 衍生金融资产 | | | 衍生金融负债 | | |
| 买入返售金融资产 | | | 卖出回购金融资产款 | | |
| 应收利息 | | | 预收保费 | | |
| 应收保费 | | | 应付手续费及佣金 | | |
| 应收代位追偿款 | | | 应付分保账款 | | |
| 应收分保账款 | | | 应付职工薪酬 | | |
| 应收分保未到期责任准备金 | | | 应交税费 | | |
| 应收分保未决赔款准备金 | | | 应付赔付款 | | |
| 应收分保寿险责任准备金 | | | 应付保单红利 | | |
| 应收分保长期健康险责任准备金 | | | 保户储金及投资款 | | |
| 保户质押贷款 | | | 未到期责任准备金 | | |
| 定期存款 | | | 未决赔款准备金 | | |
| 可供出售金融资产 | | | 寿险责任准备金 | | |
| 持有至到期投资 | | | 长期健康险责任准备金 | | |
| 长期股权投资 | | | 长期借款 | | |
| 存出资本保证金 | | | 应付债券 | | |
| 投资性房地产 | | | 独立账户负债 | | |
| 固定资产 | | | 递延所得税负债 | | |

表 13.2（续）

| 资　　产 | 期末余额 | 年初余额 | 负债和所有者权益（或股东权益） | 期末余额 | 年初余额 |
|---|---|---|---|---|---|
| 无形资产 | | | 其他负债 | | |
| 独立账户资产 | | | 负债合计 | | |
| 递延所得税资产 | | | 所有者权益（或股东权益） | | |
| 其他资产 | | | 实收资本（股本） | | |
| | | | 资本公积 | | |
| | | | 减：库存股 | | |
| | | | 盈余公积 | | |
| | | | 一般风险准备 | | |
| | | | 未分配利润 | | |
| | | | 所有者权益（或股东权益）合计 | | |
| 资产总计 | | | 负债和所有者权益（或股东权益）总计 | | |

（三）证券公司资产负债表

表 13.3　　　　　　　　　　证券公司资产负债表

会证 01 表

编制单位：　　　　　　_____年___月___日　　　　　　单位：元

| 资　　产 | 期末余额 | 年初余额 | 负债和所有者权益（或股东权益） | 期末余额 | 年初余额 |
|---|---|---|---|---|---|
| 资产： | | | 负债 | | |
| 货币资金 | | | 短期借款 | | |
| 其中：客户资金存款 | | | 其中：质押借款 | | |
| 结算备付金 | | | 拆入资金 | | |
| 其中：客户备付金 | | | 交易性金融负债 | | |
| 拆出资金 | | | 衍生金融负债 | | |
| 交易性金融资产 | | | 卖出回购金融资产款 | | |

表 13.3（续）

| 资　产 | 期末余额 | 年初余额 | 负债和所有者权益（或股东权益） | 期末余额 | 年初余额 |
|---|---|---|---|---|---|
| 衍生金融资产 | | | 代理买卖证券款 | | |
| 买入返售金融资产 | | | 代理承销证券款 | | |
| 应收利息 | | | 应付职工薪酬 | | |
| 存出保证金 | | | 应交税费 | | |
| 可供出售金融资产 | | | 应付利息 | | |
| 持有至到期投资 | | | 预计负债 | | |
| 长期股权投资 | | | 长期借款 | | |
| 投资性房地产 | | | 应付债券 | | |
| 固定资产 | | | 递延所得税负债 | | |
| 无形资产 | | | 其他负债 | | |
| 其中：交易席位费 | | | 负债合计 | | |
| 递延所得税资产 | | | 所有者权益（或股东权益）： | | |
| 其他资产 | | | 实收资本（或股本） | | |
| | | | 资本公积 | | |
| | | | 减：库存股 | | |
| | | | 盈余公积 | | |
| | | | 一般风险准备 | | |
| | | | 未分配利润 | | |
| | | | 所有者权益（或股东权益）合计 | | |
| 资产总计 | | | 负债和所有者权益（或股东权益）总计 | | |

### 四、资产负债表的编制

资产负债表是一种静态的会计报表，资产负债表的编制主要是根据有关科目总账和分户账的期末余额直接或汇总填列。有些项目根据总账和（或）分户账余额计算填列；有些项目不能直接根据有关科目的期末余额填列，必须对有关账户资料进行分析、调整、计算后填列。

资产负债表中，"年初余额"栏内各项数字，应根据上年末资产负债表"期末余额"栏内所列数字填列。如果本年度资产负债表规定的各个项目的名称和内容与上年度有所不同，应对上年年末资产负债表各项目的名称和数字按照本年度的规定进行调整后，再填入本表"年初余额"栏内。

以商业银行为例，资产负债表各项目的内容和填列方法如下：

（一）资产项目

1."现金及存放中央银行款项"项目

该项目反映银行货币资金的情况。它根据"库存现金"、"存放中央银行款项"账户的期末余额合计填列。

2."存放同业款项"项目

该项目反映银行与同业之间资金往来业务而存放于同业的资金。它根据"存放同业"账户的期末余额填列。

3."贵金属"项目

该项目反映银行在国家允许的范围内买入的黄金、白银等贵重金属按成本与可变现净值孰低计量的价值。它根据"贵金属"账户的期末余额填列。

4."拆出资金"项目

该项目反映银行拆借给境内、境外其他金融机构的款项。它根据"拆出资金"账户的期末余额，减去"贷款损失准备"账户所属相关明细科目的期末余额后填列。

5."交易性金融资产"项目

该项目反映银行企业为交易目的所持有的债券投资、股票投资、基金投资等。它根据"交易性金融资产"账户的期末余额填列。

6."衍生金融资产"项目

该项目反映银行企业期末持有的衍生工具、套期工具、被套期项目中属于衍生金融资产的金额，它根据"衍生工具"、"套期工具"、"被套期工具"等账户的期末借方余额填列。

7."买入返售金融资产"项目

该项目反映银行企业期末持有的买入返售金融资产价值。它根据"买入返售金融资产"账户的期末余额填列。买入返售金融资产计提了坏账准备的，还要减去"坏账准备"所属相关明细账户的期末余额。

8."应收利息"项目

该项目反映银行因经营业务发生的各种应收利息。它根据"应收利息"等账户的期末余额填列。

9. "发放贷款和垫款"项目

该项目反映银行企业发放的贷款和贴现资产扣减贷款损失准备后的金额。它根据"贷款"、"贴现资产"等账户的期末借方余额合计，减去"贷款损失准备"所属相关明细账户的期末余额后填列。

10. "可供出售金融资产"项目

该项目反映银行企业持有的按公允价值计量的可供出售的股票投资、债券投资等金融资产。它根据"可供出售金融资产"账户的期末余额，减去"可供出售金融资产减值准备"账户的期末余额后的金额填列。

11. "持有至到期投资"项目

该项目反映银行企业持有的以摊余成本计量的持有至到期投资。它根据"持有至到期投资"账户的期末余额，减去"持有至到期投资减值准备"账户的期末余额后的金额填列。

12. "长期股权投资"项目

该项目反映银行企业持有的对子公司、联营企业、合营企业的长期股权投资。它根据"长期股权投资"账户的期末余额，减去"长期股权投资减值准备"账户的期末余额后的金额填列。

13. "投资性房地产"项目

该项目反映银行企业持有的投资性房地产。企业采用成本模式计量的，该项目根据"投资性房地产"账户的期末余额，减去"投资性房地产累计折旧"和"投资性房地产减值准备"账户的期末余额后的金额填列；企业采用公允价值模式计量的，该项目根据"投资性房地产"账户的期末余额填列。

14. "固定资产"项目

该项目反映银行企业自有和融资性租入固定资产的净值。该项目根据"固定资产"账户的期末余额，减去"累计折旧"和"固定资产减值准备"账户的期末余额后的金额填列。

15. "无形资产"项目

该项目反映银行企业持有的各项无形资产的价值。它根据"无形资产"账户的期末余额，减去"累计摊销"和"无形资产减值准备"账户的期末余额后的金额填列。

16. "递延所得税资产"项目

该项目反映银行企业确认的可抵扣暂时性差异的递延所得税资产。它根据"递延所得税资产"账户的期末余额填列。

17. 其他资产

该项目反映银行除以上资产以外的其他资产。如存出保证金、应收股利、其他应收款等的账面余额。它根据有关账户的期末余额填列。已计提减值准备的，还应扣减相应的减值准备。

长期应收款账面余额扣减累计减值准备和未实现融资收益后的净额、低债资产账面余额扣减累计跌价准备后的净额、"代理兑付证券"减去"代理兑付证券款"后的借方余额，也在本项目反映。

（二）负债项目

1."向中央银行借款"项目

该项目反映银行从中央银行借入的款项。它根据"向中央银行借款"账户的期末余额填列。

2."同业及其他金融机构存放款项"项目

该项目反映银行与同业进行资金往来而发生的同业存放于本银行的款项。它根据"同业存放"等账户的期末余额填列。

3."拆入资金"项目

该项目反映从其他银行或其他金融公司借入的短期资金。它根据"拆入资金"账户的期末余额填列。

4."交易性金融负债"项目

该项目反映银行企业为交易目的购买债券、股票、基金等而形成的负债。它根据"交易性金融负债"账户的期末余额填列。

5."衍生金融负债"项目

该项目反映银行企业衍生工具、套期项目、被套期工具中属于衍生金融负债的金额。它根据"衍生工具"、"套期项目"、"被套期工具"等账户的期末贷方余额填列。

6."卖出回购金融资产款"项目

该项目反映银行企业卖出回购证券业务所形成的负债。它根据"卖出回购金融资产款"账户的期末余额填列。

7."吸收存款"项目

该项目反映银行企业吸收存款业务所形成的负债。它根据"吸收存款"账户的期末余额填列。

8."应付职工薪酬"项目

该项目反映银行企业根据有关规定应付给职工的工资、职工福利、社会保险费、住房公积金、工会经费、职工教育经费、非货币性福利、辞退福利等各种薪酬。它根据"应付职工薪酬"账户的期末余额填列。

9."应交税费"项目

该项目反映银行应交未交的各种税费。它根据"应交税费"账户的期末余额填列。

如"应交税费"账户为借方余额，应以"-"号填列。

10."应付利息"项目

该项目反映银行吸收的各种存款及各种借款当期应付未付的利息。它根据"应付利息"账户的期末余额填列。

11."预计负债"项目

该项目反映银行的预计负债。它根据"预计负债"账户的期末余额填列。

12."应付债券"项目

该项目反映银行为筹集长期资金而发行的债券本金和利息。它根据"应付债券"账户的期末余额填列。

13."递延所得税负债"项目

该项目反映银行确认的应纳税暂时性差异产生的所得税负债。它根据"递延所得税负债"账户的期末余额填列。

14."其他负债"项目

该项目反映银行除以上负债外的其他负债。如存入保证金、应付股利、其他应付款、递延收益等负债。它根据"存入保证金"、"应付股利"、"其他应付款"、"递延收益"账户的期末余额填列。

长期应付款账面余额扣减未确认融资费用后的净额、"代理兑付证券"减去"代理兑付证券款"后的贷方余额，也在本项目反映。

（三）所有者权益项目

1."实收资本（或股本）"项目

该项目反映银行实际收到的资本（或股本）总额。它根据"实收资本"或"股本"账户的期末余额填列。

2."资本公积"项目

该项目反映银行资本公积的情况。它根据"资本公积"账户的期末余额填列。

3."库存股"项目

该项目反映银行企业持有的尚未转让或注销的本公司股份金额。它根据"库存股"账户的期末余额填列。

4."盈余公积"项目

该项目反映银行企业盈余公积的情况。它根据"盈余公积"账户的期末余额填列。

5."一般风险准备"项目

该项目反映银行按一定比例从净利润中提取的一般风险准备。它根据"一般风险准备"账户的期末余额填列。

6. "未分配利润" 项目

该项目反映银行盈利尚未分配部分。它根据 "本年利润" 账户和 "利润分配" 账户的 "未分配利润" 明细账的期末余额填列。未弥补的亏损在本项目用 "－" 号填列。

# 第二节　利润表

## 一、利润表概述

利润表是反映金融企业一定期间经营成果的会计报表。它是将金融企业一定期间的营业收入与其同一会计期间相关的营业费用进行配比，以计算出金融企业一定时期的净利润（或净亏损）的报表。通过利润表反映的收入、费用等情况，能够反映金融企业经营收益和成本耗费情况，表明企业经营成果；同时，通过利润表提供的不同时期的比较数字（本期金额、上期金额），可以分析企业今后利润的发展趋势及获利能力。由于利润是企业经营业绩的综合体现，又是进行利润分配的主要依据，因此，利润表是会计报表中的主要报表。

利润表是根据 "收入－费用＝利润" 这一会计等式所体现的动态要素之间的内在联系来设计和编制的。

## 二、利润表的格式

我国主要采用多步式格式的利润表。利润表主要反映以下几方面内容：

（1）构成营业利润的各项要素。金融企业营业利润是指营业收入减去营业支出的差额。

（2）构成利润总额的各项要素。金融企业利润总额是营业利润加上营业外收入减去营业外支出后得出的金额。

（3）构成净利润（或净亏损）的各项要素。金融企业净利润是在利润总额（或亏损总额）的基础上，减去本期的所得税费用后得出的金额。

### 三、利润表的内容

（一）商业银行利润表

表 13.4　　　　　　　　　　　　商业银行利润表

会商银 02 表

编制单位：　　　　　　　　　　　年　　月　　日　　　　　　　　　　单位：元

| 项　　目 | 本期金额 | 上期金额 |
|---|---|---|
| 一、营业收入 | | |
| 　利息净收入 | | |
| 　　利息收入 | | |
| 　　利息支出 | | |
| 　手续费及佣金净收入 | | |
| 　　手续费及佣金收入 | | |
| 　　手续费及佣金支出 | | |
| 　投资收益（损失以"－"号填列） | | |
| 　　其中：对联营企业和合营企业的投资收益 | | |
| 　公允价值变动收益（损失以"－"号填列列） | | |
| 　汇兑收益（损失以"－"号填列） | | |
| 　其他业务收入 | | |
| 二、营业支出 | | |
| 　营业税金及附加 | | |
| 　业务及管理费 | | |
| 　资产减值损失 | | |
| 　其他业务成本 | | |
| 三、营业利润（亏损以"－"号填列） | | |
| 　加：营业外收入 | | |
| 　减：营业外支出 | | |
| 四、利润总额（亏损总额以"－"号填列） | | |
| 　减：所得税费用 | | |
| 五、净利润（净亏损以"－"号填列） | | |
| 六、每股收益： | | |
| 　（一）基本每股收益 | | |
| 　（二）稀释每股收益 | | |

（二）保险公司利润表

表 13.5 保险公司利润表

会保 02 表

编制单位： _____年___月___日 单位：元

| 项 目 | 本期金额 | 上期金额 |
|---|---|---|
| 一、营业收入 | | |
| 已赚保费 | | |
| 保险业务收入 | | |
| 其中：分保费收入 | | |
| 减：分出保费 | | |
| 提取未到期责任准备金 | | |
| 投资收益（损失以"－"填列） | | |
| 其中：对联营企业和合营企业的投资收益 | | |
| 公允价值变动收益（损失以"－"号填列） | | |
| 汇兑收益（损失以"－"号填列） | | |
| 其他业务收入 | | |
| 二、营业支出 | | |
| 退保金 | | |
| 赔付支出 | | |
| 减：摊回赔付支出 | | |
| 提取保险责任准备金 | | |
| 减：摊回保险责任准备金 | | |
| 保单红利支出 | | |
| 分保费用 | | |
| 营业税金及附加 | | |
| 手续费及佣金支出 | | |
| 业务及管理费 | | |
| 减：摊回分保费用 | | |
| 其他业务成本 | | |

表 13.5（续）

| 项　　目 | 本期金额 | 上期金额 |
|---|---|---|
| 　资产减值损失 | | |
| 三、营业利润（亏损以"－"号填列） | | |
| 　加：营业外收入 | | |
| 　减：营业外支出 | | |
| 四、利润总额（亏损总额以"－"号填列） | | |
| 　减：所得税费用 | | |
| 五、净利润（净亏损以"－"号填列） | | |
| 六、每股收益： | | |
| 　（一）基本每股收益 | | |
| 　（二）稀释每股收益 | | |

（三）证券公司利润表

表 13.6　　　　　　　　　　　**证券公司利润表**

会证 02 表

编制单位：　　　　　　　　　　＿＿＿＿＿年＿＿月＿＿日　　　　　　　　　　单位：元

| 项　　目 | 本期金额 | 上期金额 |
|---|---|---|
| 一、营业收入 | | |
| 　手续费及佣金净收入 | | |
| 　　其中：代理买卖证券业务净收入 | | |
| 　　　　　证券承销业务净收入 | | |
| 　　　　　受托客户资产管理业务净收入 | | |
| 　利息净收入 | | |
| 　投资收益（损失以"－"号填列） | | |
| 　　其中：对联营企业和合营企业的投资收益 | | |
| 　公允价值变动收益（损失以"－"号填列） | | |
| 　汇兑收益（损失以"－"号填列） | | |
| 　其他业务收入 | | |

表 13.6（续）

| 项　　目 | 本期金额 | 上期金额 |
|---|---|---|
| 二、营业支出 | | |
| 营业税金及附加 | | |
| 业务及管理费 | | |
| 资产减值损失 | | |
| 其他业务成本 | | |
| 三、营业利润（亏损以"－"号填列） | | |
| 加：营业外收入 | | |
| 减：营业外支出 | | |
| 四、利润总额（亏损总额以"－"号填列） | | |
| 五、净利润（净亏损以"－"号填列） | | |
| 六、每股收益： | | |
| （一）基本每股收益 | | |
| （二）稀释每股收益 | | |

### 四、利润表的编制

利润表的编制主要是根据有关损益类账户的发生额分析填列。

利润表中，"上期金额"栏内各项数字，应根据上年该期利润表"本期金额"栏内所列数字填列。如果本年该期利润表规定的各个项目的名称和内容与上年该期有所不同，应将上年该期利润表各项目的名称和数字按照本期的规定进行调整后，再填入本表"上期金额"栏内。利润表"本期金额"栏内各项数字应根据损益类账户的发生额分析填列。

以商业银行为例，利润表各项目的内容和填列方法如下：

1. "营业收入"项目

该项目反映银行经营业务各种收入的总额。它根据"利息净收入"、"手续费及佣金净收入"、"投资收益"、"公允价值变动收益"、"汇兑收益"、"其他业务收入"等项目的金额合计填列。

2. "利息净收入"项目

它根据"利息收入"项目金额，减去"利息支出"项目金额后的差额填列。

3. "手续费及佣金净收入"项目

它根据"手续费及佣金收入"项目金额，减去"手续费及佣金支出"项目金额后的差额填列。

4. "汇兑收益"项目

该项目反映银行进行外汇买卖或外币兑换等业务而发生的汇兑收益。它根据"汇兑收益"账户发生额填列。如为净损失，用"－"号填列。

5. "投资收益"项目

该项目反映银行对外投资获取的投资利润、股票股利和债券利息收入。它根据"投资收益"账户的借贷发生额的差额填列。

6. "其他业务收入"项目

该项目反映银行除存款、贷款、投资、政府债券买卖和代理业务、结算业务以及金融机构往来外获取的收入。它根据"其他业务收入"账户的发生额填列。

7. "营业支出"项目

该项目反映银行各项营业支出的总额。它根据"营业税金及附加"、"业务及管理费"、"资产减值损失"、"其他业务成本"等项目的金额合计填列。

8. "业务及管理费"项目

该项目反映银行企业在经营和管理过程中发生的电子设备运转费、安全防范费、物业管理费等费用。它根据"业务及管理费"账户的发生额填列。

9. "营业利润"项目

该项目反映银行实现的经营利润。它根据"营业收入"项目减去"营业支出"项目的金额填列。

10. "利润总额"项目

该项目反映银行当期收入、费用事项所形成的全部利润或亏损。它根据"营业利润"项目，加上"营业外收入"项目，减去"营业外支出"项目的金额填列。

11. "净利润"项目

该项目反映银行扣除所得税后当期获得的净收益。它根据"利润总额"减去"所得税费用"项目后填列。

# 第三节　现金流量表

## 一、现金流量表概述

现金流量表是综合反映金融企业在一定期间内现金的流入和流出，表明企业获得现金和现金等价物能力的财务报表。依据现金流量表，会计报表使用者可以了解金融企业获取现金的能力，预测其未来现金流量，评价金融企业经营业绩，衡量其财务资源和财务风险并预测其未来前景，从而做出正确的投资决策。

## 二、现金流量表的编制基础

现金流量表以现金及现金等价物为基础编制，划分为经营活动、投资活动和筹资活动，按照收付实现制原则编制，将权责发生制下的盈利信息调整为收付实现制下的现金流量信息。

## 三、现金流量的分类及列示

（一）现金流量的分类

根据企业业务活动的性质和现金流量的来源，现金流量表准则将企业一定期间产生的现金流量分为三类：经营活动现金流量、投资活动现金流量和筹资活动现金流量。

1. 经营活动

经营活动是指企业投资活动和筹资活动以外的所有交易和事项。各类企业由于行业特点不同，对经营活动的认定存在一定差异。对于工商企业而言，经营活动主要包括销售商品、提供劳务、购买商品、接受劳务、支付税费等。对于商业银行而言，经营活动主要包括吸收存款、发放贷款、同业存放、同业拆借等。对于保险公司而言，经营活动主要包括原保险业务和再保险业务等。对于证券公司而言，经营活动主要包括自营证券、代理承销证券、代理兑付证券、代理买卖证券等。

2. 投资活动

投资活动是指企业长期资产的购建和不包括在现金等价物范围内的投资及其处置活动。长期资产是指固定资产、无形资产、在建工程、其他资产等持有期限在一年或一个营业周期以上的资产。这里所讲的投资活动，既包括实物资产投资，也包括金融资产投资。这里之所以将"包括在现金等价物范围内的投资"排除在外，是因为已经将包括在现金等价物范围内的投资视同现金。不同企业由于行业特点不同，对投资活动的认定也存在差异。例如，交易性金融资产所产生的现金流量，对于工商企业而言，属于投资活动现金流量，而对于证券公司而言，属于经营活动现金流量。

3. 筹资活动

筹资活动是指导致企业资本及债务规模和构成发生变化的活动。这里所说的资本，既包括实收资本（股本），也包括资本溢价（股本溢价）；这里所说的债务，指对外举债，包括向银行借款、发行债券以及偿还债务等。通常情况下，应付账款、应付票据等属于经营活动，不属于筹资活动。

对于企业日常活动之外不经常发生的特殊项目，如自然灾害损失、保险赔款、捐赠等，应当归并到相关类别中，并单独反映。比如，对于自然灾害损失和保险赔款，如果能够确指，属于流动资产损失，应当列入经营活动产生的现金流量；属于固定资产损失，应当列入投资活动产生的现金流量。如果不能确指，则可以列入经营活动产生的现金流量。捐赠收入和支出，可以列入经营活动。如果特殊项目的现金流量金额不大，则可以列入现金流量类别下的"其他"项目，不单列项目。

（二）现金流量的列示

通常情况下，现金流量应当分别按照现金流入和现金流出总额列报，从而全面揭示企业现金流量的方向、规模和结构。但是，下列各项可以按照净额列报：

（1）代客户收取或支付的现金以及周转快、金额大、期限短项目的现金流入和现金流出。例如，证券公司代收的客户证券买卖交割费、印花税等，旅游公司代游客支付的房费、餐费、交通费、文娱费、行李托运费、门票费、票务费、签证费等费用。这些项目由于周转快，在企业停留的时间短，企业加以利用的余地比较小，净额更能说明其对企业支付能力、偿债能力的影响；反之，如果以总额反映，反而会对评价企业的支付能力和偿债能力、分析企业的未来现金流量产生误导。

（2）金融企业的有关项目，主要指期限较短、流动性强的项目。对于商业银行而言，主要包括短期贷款发放与收回的贷款本金、活期存款的吸收与支付、同业存款和存放同业款项的存取、向其他金融企业拆借资金等；对于保险公司而言，主要包括再保险业务收到或支付的现金净额；对于证券公司而言，主要包括自营证券和代理业务收到或支付的现金净额等。

下面以商业银行为例，阐述现金流量表的有关内容：

1. 经营活动产生的现金流量

经营活动是指金融企业投资活动和筹资活动以外的所有交易和事项。它主要包括贷款的发放与收回、存款的吸收与支付、存款利息支出、贷款利息收入等。经营活动产生的现金流具体有如下内容：

（1）客户存款和同业存放款项净增加额；

（2）向中央银行借款净增加额；

（3）向其他金融机构拆入资金净增加额；

（4）收取利息、手续费及佣金的现金；

（5）客户贷款及垫款净增加额；

（6）支付手续费及佣金的现金；

（7）支付给员工以及为员工支付的现金；

（8）支付的各项税费；

（9）支付其他与经营活动有关的现金。

现金流量表中反映的经营活动产生的现金流入和流出，说明企业经营活动对现金流入和流出净额的影响程度。

2. 投资活动产生的现金流量

投资活动是指金融企业长期资产的购建和不包括在现金等价物范围内的资产投资及其处置活动。它包括购买与处置固定资产、无形资产和其他长期资产，取得和收回权益性证券投资、债券投资等。投资活动产生的现金流主要有：

（1）收回投资收到的现金；

（2）取得投资收益收到的现金；

（3）收到其他与投资收益活动有关的现金；

（4）投资支付的现金；

（5）购建固定资产、无形资产和其他长期资产支付的现金；

（6）支付其他与投资活动有关的现金。

现金流量表中反映的投资活动产生的现金流量，可以说明金融企业通过投资获取现金流量对企业现金流量净额的影响程度。

3. 筹资活动产生的现金流量

筹资活动是指导致金融企业资本及债务规模构成变化的活动。它主要包括吸收权益性资本、发行和偿还债券、借入和偿还资金、支付利息、分配利润等。筹资活动产生的现金流主要有：

（1）吸收投资收到的现金；

（2）发行债券收到的现金；

（3）收到其他与筹资活动有关的现金；

（4）偿还债务支付的现金；

（5）分配股利、利润或偿付利息支付的现金。

在现金流量表中，筹资活动产生的现金流量反映了金融企业筹资活动对企业现金流量净额的影响程度。

### 四、现金流量表的基本格式

按照规定，现金流量表分为主表和补充资料两个部分。

（一）商业银行现金流量表格式

表 13.7                                          现金流量表

会商银 03 表

编制单位：　　　　　　　年　　月　　日                          单位：元

| 项　　　目 | 本期金额 | 上期金额 |
|---|---|---|
| 一、经营活动产生的现金流量： | | |
| 　客户存款和同业存放款项净增加额 | | |
| 　向中央银行借款净增加额 | | |
| 　向其他金融机构拆入资金净增加额 | | |
| 　收取利息、手续费及佣金的现金 | | |
| 　　　　经营活动现金流入小计 | | |
| 　客户贷款及垫款净增加额 | | |
| 　支付手续费及佣金的现金 | | |
| 　支付给员工以及为员工支付的现金 | | |
| 　支付的各项税费 | | |
| 　支付其他与经营活动有关的现金 | | |
| 　　　　经营活动现金流出小计 | | |
| 　　　经营活动产生的现金流量净额 | | |
| 二、投资活动产生的现金流量： | | |
| 　收回投资收到的现金 | | |
| 　取得投资收益收到的现金 | | |
| 　收到其他与投资收益活动有关的现金 | | |
| 　　　　投资活动现金流入小计 | | |
| 　投资支付的现金 | | |
| 　购建固定资产、无形资产和其他长期资产支付的现金 | | |

表13.7（续）

| 项　目 | 本期金额 | 上期金额 |
|---|---|---|
| 支付其他与投资活动有关的现金 | | |
| 投资活动现金流出小计 | | |
| 投资活动产生的现金流量净额 | | |
| 三、筹资活动产生的现金流量 | | |
| 吸收投资收到的现金 | | |
| 发行债券收到的现金 | | |
| 收到其他与筹资活动有关的现金 | | |
| 筹资活动现金流入小计 | | |
| 偿还债务支付的现金 | | |
| 分配股利、利润或偿付利息支付的现金 | | |
| 筹资活动现金流出小计 | | |
| 筹资活动产生的现金流量净额 | | |
| 四、汇率变动对现金及现金等价物的影响 | | |
| 五、现金及现金等价物净增加额 | | |
| 加：期初现金及现金等价物余额 | | |
| 六、期末现金及现金等价物余额 | | |

## （二）保险公司现金流量表格式

表13.8　　　　　　　　　　　　**现金流量表**

会商银03表

编制单位：　　　　　　　　　　　_____年___月___日　　　　　　　　　　　单位：元

| 项　目 | 本期金额 | 上期金额 |
|---|---|---|
| 一、经营活动产生的现金流量： | | |
| 收到原保险合同保险费取得的现金 | | |
| 收到再保险业务现金净额 | | |
| 保户储金及投资款净增加额 | | |
| 收到其他与经营活动相关的现金 | | |

表 13.8（续）

| 项　　目 | 本期金额 | 上期金额 |
|---|---|---|
| 经营活动现金流入小计 | | |
| 支付原保险合同赔付款项的现金 | | |
| 支付手续费及佣金的现金 | | |
| 支付保单红利的现金 | | |
| 支付给职工以及为职工支付的现金 | | |
| 支付的各项税费 | | |
| 支付其他与经营活动有关的现金 | | |
| 经营活动现金流出小计 | | |
| 经营活动产生的现金流量净额 | | |
| 二、投资活动产生的现金流量： | | |
| 收回投资收到的现金 | | |
| 取得投资收益收到的现金 | | |
| 收到其他与投资收益活动有关的现金 | | |
| 投资活动现金流入小计 | | |
| 投资支付的现金 | | |
| 质押贷款净增加额 | | |
| 购建固定资产、无形资产和其他长期资产支付的现金 | | |
| 支付其他与投资活动有关的现金 | | |
| 投资活动现金流出小计 | | |
| 投资活动产生的现金流量净额 | | |
| 三、筹资活动产生的现金流量 | | |
| 吸收投资收到的现金 | | |
| 发行债券收到的现金 | | |
| 收到其他与筹资活动有关的现金 | | |
| 筹资活动现金流入小计 | | |
| 偿还债务支付的现金 | | |

表 13.8（续）

| 项　　　目 | 本期金额 | 上期金额 |
|---|---|---|
| 　　分配股利、利润或偿付利息支付的现金 | | |
| 　　　　筹资活动现金流出小计 | | |
| 　　　　筹资活动产生的现金流量净额 | | |
| 四、汇率变动对现金及现金等价物的影响 | | |
| 五、现金及现金等价物净增加额 | | |
| 　　加：期初现金及现金等价物余额 | | |
| 六、期末现金及现金等价物余额 | | |

### （三）证券公司现金流量表格式

表 13.9　　　　　　　　　　　　　　**现金流量表**

会证 03 表

编制单位：　　　　　　　　　　＿＿＿年＿＿月＿＿日　　　　　　　　　　　单位：元

| 项　　　目 | 本期金额 | 上期金额 |
|---|---|---|
| 一、经营活动产生的现金流量： | | |
| 　　处置交易性金融资产净增加额 | | |
| 　　收取利息、手续费及佣金的现金 | | |
| 　　拆入资金净增加额 | | |
| 　　回购业务资金净增加额 | | |
| 　　收到其他与经营活动有关的现金 | | |
| 　　　　经营活动现金流入小计 | | |
| 　　支付利息、手续费及佣金的现金 | | |
| 　　支付给职工以及为职工支付的现金 | | |
| 　　支付的各项税费 | | |
| 　　支付其他与经营活动有关的现金 | | |
| 　　　　经营活动现金流出小计 | | |
| 　　　　经营活动产生的现金流量净额 | | |

表 13.9（续）

| 项　　目 | 本期金额 | 上期金额 |
|---|---|---|
| 二、投资活动产生的现金流量： | | |
| 　　收回投资收到的现金 | | |
| 　　取得投资收益收到的现金 | | |
| 　　收到其他与投资活动有关的现金 | | |
| 　　　　投资活动现金流入小计 | | |
| 　　投资支付的现金 | | |
| 　　购建固定资产、无形资产和其他长期资产支付的现金 | | |
| 　　支付其他与投资活动有关的现金 | | |
| 　　　　投资活动现金流出小计 | | |
| 　　　　投资活动产生的现金流量净额 | | |
| 三、筹资活动产生的现金流量： | | |
| 　　吸收投资收到的现金 | | |
| 　　发行债券收到的现金 | | |
| 　　收到其他与筹资活动有关的现金 | | |
| 　　　　筹资活动现金流入小计 | | |
| 　　偿还债务支付的现金 | | |
| 　　分配股利、利润或偿付利息支付的现金 | | |
| 　　支付其他与筹资活动有关的现金 | | |
| 　　　　筹资活动现金流出小计 | | |
| 　　　　筹资活动产生的现金流量净额 | | |
| 四、汇率变动对现金及现金等价物的影响 | | |
| 五、现金及现金等价物净增加额 | | |
| 　　加：期初现金及现金等价物余额 | | |
| 六、期末现金及现金等价物余额 | | |

（四）现金流量表附注

现金流量表附注适用于一般企业、商业银行、保险公司、证券公司等各类企业。

企业应当采用间接法在现金流量表附注中披露将净利润调节为经营活动现金流量的信息。

表 13.10 现金流量表附注

| 补充资料 | 本期金额 | 上期金额 |
|---|---|---|
| 1. 将净利润调节为经营活动现金流量 | | |
| 净利润 | | |
| 加：资产减值准备 | | |
| 固定资产折旧、油气资产折耗、生产性物资资产折旧 | | |
| 无形资产摊销 | | |
| 长期待摊费用摊销 | | |
| 处置固定资产、无形资产和其他长期资产的损失（收益以"－"号填列） | | |
| 固定资产报废损失（收益以"－"号填列） | | |
| 公允价值变动损失（收益以"－"号填列） | | |
| 财务费用（收益以"－"号填列） | | |
| 投资损失（收益以"－"号填列） | | |
| 递延所得税资产减少（增加以"－"号填列） | | |
| 递延所得税负债增加（减少以"－"号填列） | | |
| 存货的减少（增加以"－"号填列） | | |
| 经营性应收项目的减少（增加以"－"号填列） | | |
| 经营性应收项目的增加（减少以"－"号填列） | | |
| 其他 | | |
| 经营活动产生的现金流量净额 | | |
| 2. 不涉及现金收支的重大投资和筹资活动 | | |
| 债务转为资本 | | |
| 一年内到期的可转换公司债券 | | |
| 融资租入固定资产 | | |
| 3. 现金及现金流量等价物净变动情况： | | |
| 现金的期末余额 | | |
| 减：现金的期初余额 | | |
| 加：现金等价物的期末余额 | | |
| 减：现金等价物的期初余额 | | |
| 现金及现金等价物净增加额 | | |

### 五、现金流量表的编制方法

（一）商业银行现金流量表的编制

商业银行应按照《现金流量表准则应用指南》列示的现金流量表格式（具体格式参见《企业会计准则应用指南》）编制现金流量表。政策性银行、信托投资公司、租赁公司、财务公司、典当公司应当执行商业银行现金流量表格式规定，如有特别需要，可以结合本企业的实际情况，进行必要的调整和补充。

商业银行现金流量表的编制，除下列项目外，应比照一般企业现金流量表编制处理：

1. 客户存款和同业存放款项净增加额

本项目反映商业银行本期吸收的境内外金融机构以及非同业存放款项以外的各种存款的净增加额。本项目可以根据"吸收存款"、"同业存放"等账户的记录分析填列。

商业银行可以根据需要增加项目，例如，本项目可以分解成"吸收活期存款净增加额"、"吸收活期存款以外的其他存款"、"支付活期存款以外的其他存款"、"同业存放净增加额"等项目。

2. 向中央银行借款净增加额

本项目反映商业银行本期向中央银行借入款项的净增加额。本项目可以根据"向中央银行借款"账户的记录分析填列。

3. 向其他金融机构拆入资金净增加额

本项目反映商业银行本期从境内外金融机构拆入款项所取得的现金，减去拆借给境内外金融机构款项而支付的现金后的净额。本项目可以根据"拆入资金"和"拆出资金"等账户的记录分析填列。本项目如为负数，应在"经营活动现金流出"类中单独列示。

4. 收取利息、手续费及佣金的现金

本项目反映商业银行本期收到的利息、手续费及佣金，减去支付的利息、手续费及佣金的净额。本项目可以根据"利息收入"、"手续费及佣金收入"、"应收利息"等账户的记录分析填列。

5. 客户贷款及垫款净增加额

本项目反映商业银行本期发放的各种客户贷款，以及办理商业票据贴现、转贴现融出及融入资金等业务的款项的净增加额。本项目可以根据"贷款"、"贴现资产"、"贴现负债"等账户的记录分析填列。

商业银行可以根据需要增加项目，例如，本项目可以分解成"收回中长期贷款"、"发放中长期贷款"、"发放短期贷款净增加额"、"垫款净增加额"等项目。

6. 存放中央银行和同业款项净增加额

本项目反映商业银行本期存放于中央银行以及境内外金融机构的款项的净增加额。本项目可以根据"存放中央银行款项"、"存放同业"等账户的记录分析填列。

7. 支付手续费及佣金的现金

本项目反映商业银行本期支付的利息、手续费及佣金。本项目可以根据"手续费及佣金支出"等账户的记录分析填列。

8. 发行债券收到的现金

本项目反映商业银行发行债券收到的现金，本项目可以根据"应付债券"等账户的记录分析填列。

（二）保险公司现金流量表的编制

保险公司应按照《现金流量表准则应用指南》列示的现金流量表格式（具体格式参见《企业会计准则应用指南》）编制现金流量表。担保公司应当执行保险公司现金流量表格式及附注规定，如有特别需要，可以结合本企业的实际情况，进行必要的调整和补充后实施。

保险公司现金流量表的编制，除下列项目外，应比照一般企业现金流量表编制处理：

1. 收到原保险合同保费取得的现金

本项目反映保险公司本期收到的原保险合同保费取得的现金。包括本期收到的原保险保费收入、本期收到的前期应收原保险办法、本期预售的原保险保费和本期代其他企业收取的原保险保费，扣除本期保险合同提前解除以现金支付的退保费。本项目应根据"现金"、"银行存款"、"应收账款"、"预收账款"、"保费收入"等账户的记录分析填列。

2. 收到再保险业务现金净额

本项目反映保险公司本期从事再保险业务实际收支的现金净额。本项目可以根据"银行存款"、"应收分保账款"、"应付分保账款"等账户的记录分析填列。

3. 支付原保险合同赔付款项的现金

本项目反映保险公司本期实际支付原保险合同赔付的现金。本项目应根据"赔付支出"等账户的记录分析填列。

4. 保户储金净增加额

本项目反映保险公司向投保人收取的以储金利息作为保费收入的储金，以及以投资收益作为保费收入的投资保障型保险业务的投资本金，减去保险公司向投保人返还的储金和投资本金后的净额。本项目可以根据"现金"、"银行存款"、"保户储金"、"应收保户储金"等账户的记录分析填列。

5. 支付手续费及佣金的现金

本项目反映保险公司本期实际支付手续费及佣金等现金。本项目应根据"应付账款"、"手续费及佣金支出"等账户的记录分析填列。

6. 质押贷款净增加额

本项目反映保险公司本期发放保户质押贷款的现金净额。本项目可以根据"贷款"、"银行存款"等账户的记录分析填列。

保险公司可以单独设置"处置损余物资收到的现金净额"和"代位追偿款收到的现金"等项目，或者在"收到的其他与经营活动有关的现金"项目中反映。

（三）证券公司现金流量表的编制

证券公司应按照《现金流量表准则应用指南》列示的现金流量表格式（具体格式参见《企业会计准则应用指南》）编制现金流量表。资产管理公司、基金公司、期货公司应当执行证券公司现金流量表格式规定，如有特别需要，可以结合本企业的实际情况，进行必要的调整和补充。

证券公司现金流量表的编制，除下列项目外，应比照一般企业现金流量表编制处理：

1. 处置交易性金融资产净额

本项目反映证券公司本期自行买卖交易性金融资产所取得的现金净增加额。本项目可以根据"交易性金融资产"等账户的记录分析填列。本项目如为负数，应在"经营活动现金流出"类项目中单独列示。

2. 拆入资金净增加额

本项目反映证券公司本期从境内外金融机构拆入款项所取得的现金，减去拆借给境内外金融机构款项而支付的现金后的净额。本项目可以根据"拆入资金"、"拆出资金"等账户的记录分析填列。本项目如为负数，应在"经营活动现金流出"类项目中列示。

3. 回购业务资金净增加额

本项目反映证券公司本期按回购协议卖出票据、证券、贷款等金融资产所融入的现金，减去按返售协议约定先买入再按固定价格返售给卖出方的票据、证券、贷款等金融资产所融出的现金后的现金增加额。本项目可以根据"买入返售金融资产"、"卖出回购金融资产款"等账户的记录分析填列。本项目如为负数，应在"经营活动现金流出"类项目中单独列示。证券公司可以根据协议将本项目分为"买入返售证券收到的现金净额"、"卖出回购证券支付的现金净额"等项目列示。

此外，证券公司还可以根据需要单独设置"代理买卖业务的现金净额"、"代理兑付债券的现金净额"等项目，以反映证券公司从事代理业务产生的现金流量。

［相关链接］为了规范上市公司信息披露情况，中国证券监督管理委员会发布了一系

列公告，对金融企业信息披露编报规则做出了具体说明。自 2008 年 9 月 1 日开始执行。

# 第四节　所有者权益变动表

### 一、所有者权益变动表概述

所有者权益变动表是反映构成所有者权益的各个组成部分当期的增减变动情况的报表。

所有者权益变动表，分别反映上年和本年所有权益各项目的增减变动。它不仅要列示引起所有者权益增加的净利润，而且还要列示企业直接计入所有者权益的利得和损失等项目。由于这些项目构成企业的综合收益，它有助于人们全面了解企业的所有者权益在年度内的变化情况。在资本市场日趋完善的情况下，所有者权益报表所提供的相关信息，越来越受到会计用户的关注，成为他们投资决策的重要依据。

所有者权益变动表的作用，可以概括为以下几个方面：

（一）有助于会计用户了解企业本期所有者权益增减变动的原因及其结果

由于所有者权益是企业资产扣除负债后由所有者享有的剩余权益，因此它不仅直接关系到所有者的利益，而且也是其他会计用户判断企业盈利能力、偿债能力，进而做出投资、贷款等决策的重要指标。虽然在一般情况下，企业净利润的增加是导致企业净资产增加的主要因素，但是采用公允价值对可供出售的金融资产、自用房地产或存货转换投资性房地产等进行计量，当公允价值大于其账面价值时，其差额对所有者权益也会发生影响。

企业所有者权益减少的主要原因：一是当期亏损；二是利润分配；三是投资者按法定程序撤走资本。由不同原因引起的资本减少，其结果是不同的。

企业所有者权益年末与年初的变动，反映了当期企业净资产的增加或减少。一个会计期间的所有者权益综合变动，代表了当期企业经营活动形成的收益总额和费用总额。因此，会计用户只有借助于所有者权益变动表，才能对各组成项目进行深入的分析，以确定各项目对所有者权益的影响程度，从而做出相关的决策。

（二）有助于人们了解企业本期所有者权益结构的变化

所有者权益包括实收资本、资本公积、盈余公积和未分配利润等项目，由于不同的项目所反映的经济内容不同，所以会计用户通过对企业所有者权益构成内容的分析、比较，并结合其他报表的相关资料，就可以判断企业所有者权益各项目比重的合理性、盈利能力以及未来资本结构变化的趋势，有利于会计信息使用者深入分析企业股东权益的增减变化情况，并进而对企业的资本保值增值情况做出正确的判断，从而获得对决策有用的信息。

### 二、所有者权益变动表的基本结构

所有者权益增减变动表具体说明所有者权益增减的各项内容，包括股本（实收资本）、资本公积、法定和任意盈余公积、一般风险准备、未分配利润等。

所有者权益变动表具体由四部分内容构成，各部分内容分别按本年金额与上年金额反映所有者权益构成的具体内容。每个项目中，又分别具体情况列示其不同内容。

所有者权益变动表的基本结构，如表 3.11 所示。

表 3.11　　　　　　　　　　　所有者权益变动表

会商银 04 表

编制单位：　　　　　　　　　　　　　　　年度　　　　　　　　　　　　单位：元

| 项　目 | 本年金额 | | | | | | | 上年金额 | | | | | | |
|---|---|---|---|---|---|---|---|---|---|---|---|---|---|---|
| | 实收资本（或股本） | 资本公积 | 减：库存股 | 盈余公积 | 一般风险准备 | 未分配利润 | 所有者权益合计 | 实收资本（或股本） | 资本公积 | 减：库存股 | 盈余公积 | 一般风险准备 | 未分配利润 | 所有者权益合计 |
| 一、上年年末余额 | | | | | | | | | | | | | | |
| 加：会计政策变更 | | | | | | | | | | | | | | |
| 　前期差错更正 | | | | | | | | | | | | | | |
| 二、本年年初余额 | | | | | | | | | | | | | | |
| 三、本年增减变动金额（减少以"－"号填列） | | | | | | | | | | | | | | |
| （1）净利润 | | | | | | | | | | | | | | |
| （2）直接计入所有者权益的利得和损失 | | | | | | | | | | | | | | |
| ①可供出售金融资产公允价值变动净额 | | | | | | | | | | | | | | |
| a. 计入所有者权益的金额 | | | | | | | | | | | | | | |
| b. 转入当期损益的金额 | | | | | | | | | | | | | | |
| ②现金流量套期工具公允价值变动净额 | | | | | | | | | | | | | | |
| a. 计入所有者权益的金额 | | | | | | | | | | | | | | |
| b. 转入当期损益的金额 | | | | | | | | | | | | | | |
| c. 计入被套期项目初始确认金额中的金额 | | | | | | | | | | | | | | |
| ③权益法下被投资单位其他所有者权益变动的影响 | | | | | | | | | | | | | | |

表3.11(续)

| 项　目 | 本年金额 | | | | | | | 上年金额 | | | | | | |
|---|---|---|---|---|---|---|---|---|---|---|---|---|---|---|
| | 实收资本(或股本) | 资本公积 | 减:库存股 | 盈余公积 | 一般风险准备 | 未分配利润 | 所有者权益合计 | 实收资本(或股本) | 资本公积 | 减:库存股 | 盈余公积 | 一般风险准备 | 未分配利润 | 所有者权益合计 |
| ④与计入所有者权益项目相关的所得税项目 | | | | | | | | | | | | | | |
| ⑤其他 | | | | | | | | | | | | | | |
| 上述(1)和(2)小计 | | | | | | | | | | | | | | |
| (3)所有者投入和减少资本 | | | | | | | | | | | | | | |
| ①所有者投入资本 | | | | | | | | | | | | | | |
| ②股份支付计入所有者权益的金额 | | | | | | | | | | | | | | |
| ③其他 | | | | | | | | | | | | | | |
| (4)利润分配 | | | | | | | | | | | | | | |
| ①提取盈余公积 | | | | | | | | | | | | | | |
| ②提取一般风险准备 | | | | | | | | | | | | | | |
| ③对所有者(或股东)的分配 | | | | | | | | | | | | | | |
| ④其他 | | | | | | | | | | | | | | |
| (5)所有者权益内部结转 | | | | | | | | | | | | | | |
| ①资本公积转增资本(或股本) | | | | | | | | | | | | | | |
| ②盈余公积转增资本(或股本) | | | | | | | | | | | | | | |
| ③盈余公积弥补亏损 | | | | | | | | | | | | | | |
| ④一般风险准备弥补亏损 | | | | | | | | | | | | | | |
| ⑤其他 | | | | | | | | | | | | | | |
| 四、本年年末余额 | | | | | | | | | | | | | | |

第一部分反映所有者权益上年年末余额。在此基础上加上由于会计政策变更和前期差错更正对所有者权益的影响。

第二部分反映所有者权益本期年初余额。

第三部分反映所有者权益本期增减变动金额。

本部分内容是该表的核心，它按影响所有者权益变动的具体原因，分别列示：

(1) 净利润；

(2) 直接计入所有者权益的利得和损失；

(3) 所有者投入和减少的资本；

(4) 利润分配；

（5）所有者权益内部结转。

第四部分反映所有者权益年末余额。

各部分内容之间的内在联系，用公式表示如下：

本年年初余额＋本年增加金额－本年减少金额＝本年年末余额

### 三、所有者权益变动表的编制

所有者权益（或股东权益）变动表是反映企业年末所有者权益（或股东权益）增减变动情况的报表。所有者权益（或股东权益）增减变动表各项目应根据"实收资本（或股本）"、"资本公积"、"盈余公积"、"库存股"、"一般风险准备"、"利润分配"账户的发生额分析填列。

［相关链接］为了规范上市公司信息披露情况，公司应披露如下股东情况：

（1）报告期末股东总数。

（2）期末持有本公司5%以上（含5%）股份（股权）的股东的名称、年度内股份（股权）增减变动的情况、年末持股数量（出资金额）及百分比、所持股份（股权）的质押或冻结情况及股东单位期末净资产。若持股5%（含5%）以上的股东少于10名，则应列出至少前10名股东的持股情况。如前10名股东之间存在关联关系，应予以说明。

（3）对期末持股10%以上的前5名法人股东，应详细介绍股东单位的法定代表人、总经理、主营业务、注册资本。若股东为自然人的，应介绍其姓名、国籍、是否取得其他国家或地区居留权、最近5年内的职业及职务。

图书在版编目(CIP)数据

金融企业财务会计/方萍,郭峨主编.—2 版.—成都:西南财经大学出版社,
2009.9(2016.3 重印)
ISBN 978 - 7 - 81138 - 510 - 6

Ⅰ.金…　Ⅱ.①方…②郭…　Ⅲ.金融会计　Ⅳ.F830.42

中国版本图书馆 CIP 数据核字(2009)第 156189 号

**金融企业财务会计(第二版)**
主　编:方萍　郭峨


责任编辑:王利　王艳
封面设计:大涛传媒
责任印制:封俊川


| 出版发行 | 西南财经大学出版社(四川省成都市光华村街55号) |
| --- | --- |
| 网　　址 | http://www.bookcj.com |
| 电子邮件 | bookcj@foxmail.com |
| 邮政编码 | 610074 |
| 电　　话 | 028 - 87353785　87352368 |
| 照　　排 | 四川胜翔数码印务设计有限公司 |
| 印　　刷 | 郫县犀浦印刷厂 |
| 成品尺寸 | 180mm×230mm |
| 印　　张 | 21.75 |
| 字　　数 | 445 千字 |
| 版　　次 | 2009 年 9 月第 2 版 |
| 印　　次 | 2016 年 3 月第 4 次印刷 |
| 印　　数 | 8001— 10000 册 |
| 书　　号 | ISBN 978 - 7 - 81138 - 510 - 6 |
| 定　　价 | 38.80 元 |